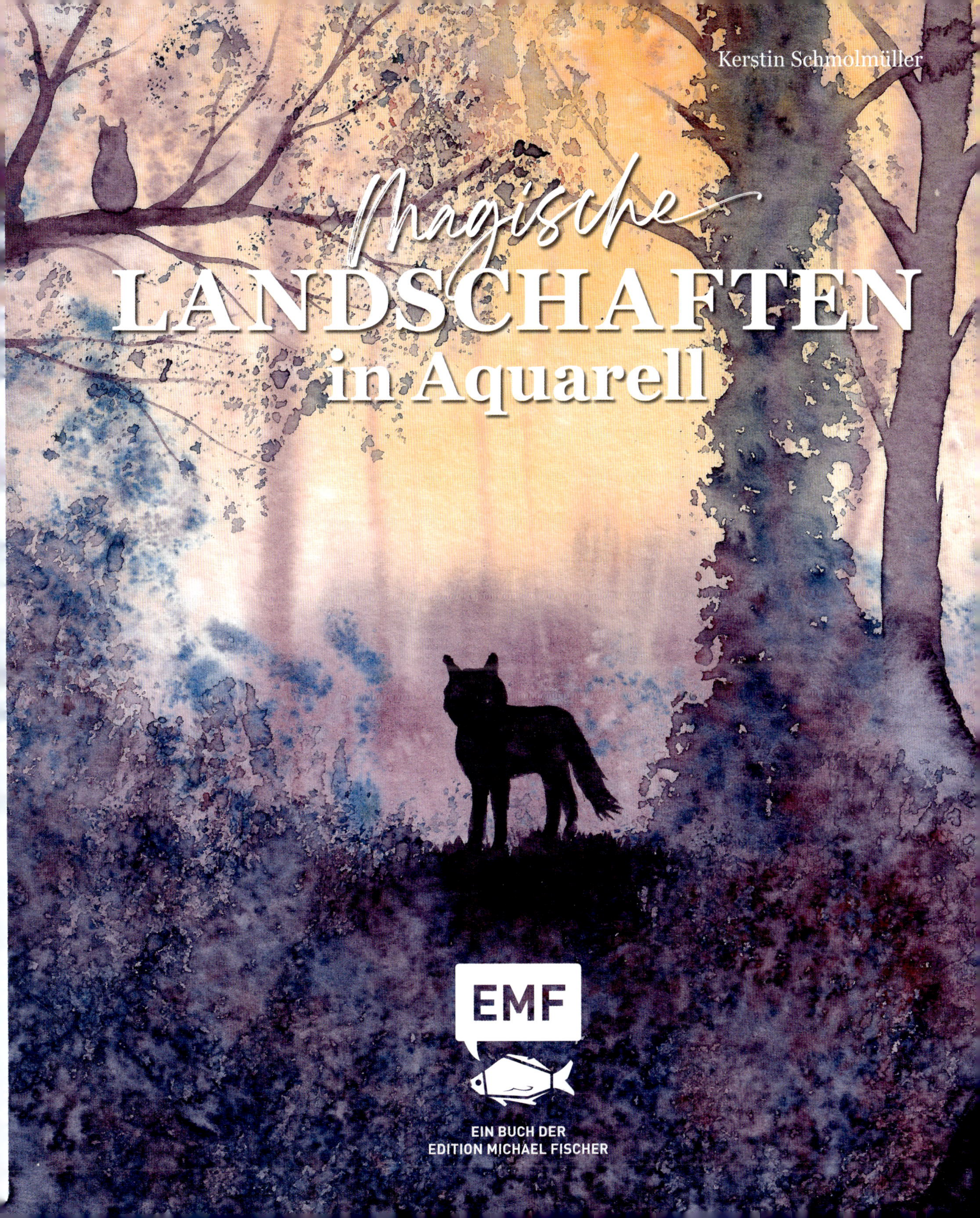
Kerstin Schmolmüller
Magische
LANDSCHAFTEN
in Aquarell
EMF
EIN BUCH DER
EDITION MICHAEL FISCHER

Inhalt

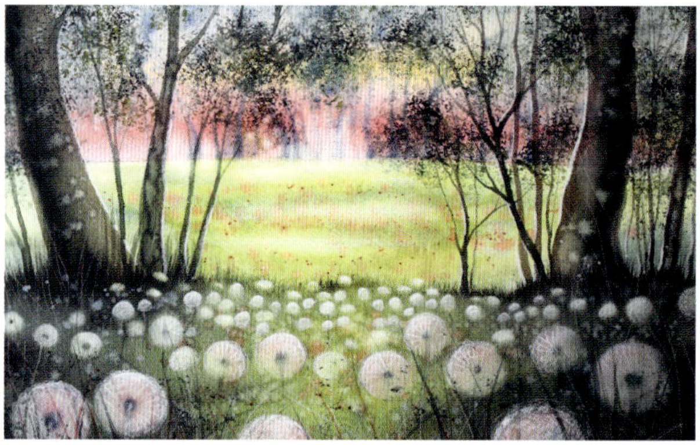

Wish auf S. 74

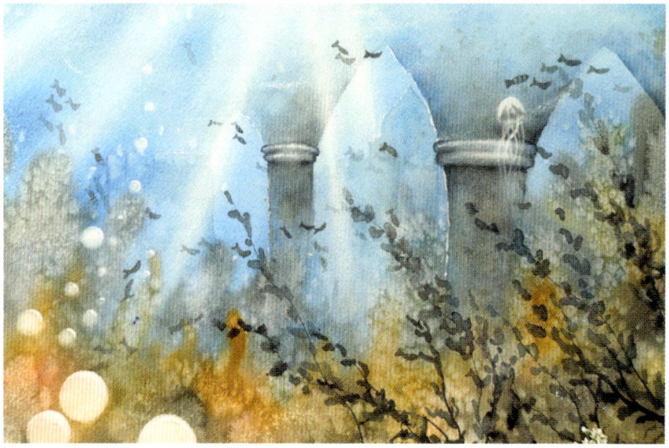

Atlantis auf S. 62

Projekte 53

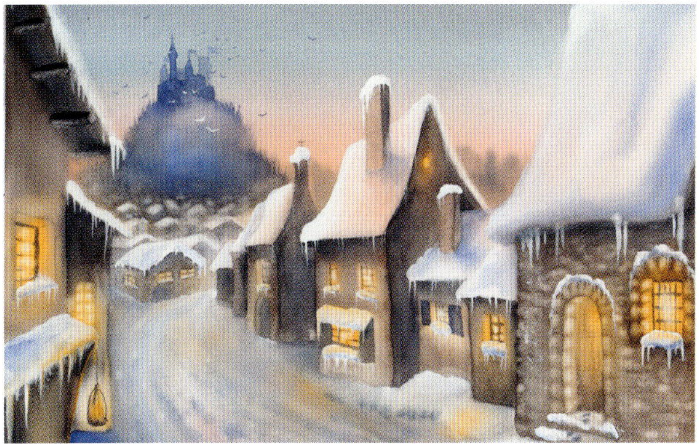

Heimkehr auf S. 107

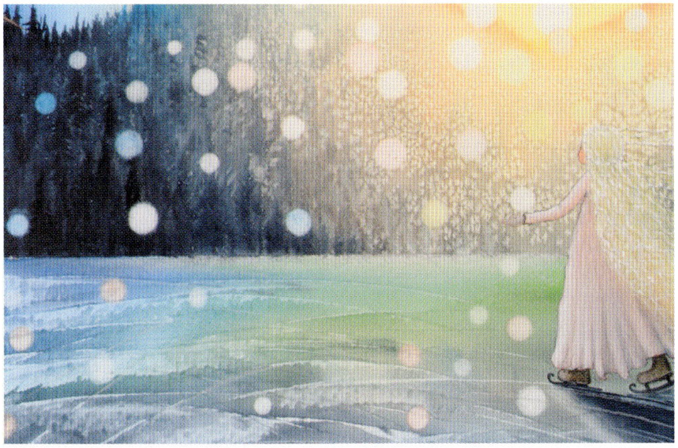

Eistanz auf S. 87

Vorwort

KOMM MIT ZU MEINEN KRAFTORTEN DER FARBMAGIE!

Schöne, magische Plätze sind oft an einem Kraftort oder werden durch ihre besondere Stimmung zu einem solchen. In jedem meiner Bilder versuche ich, einen Zauber einzufangen und einen Ort der Kraft zu kreieren, der positiv auf die Psyche wirkt und beruhigend und stärkend ist in seiner Atmosphäre. Die Inspirationen für diese magischen Landschaften strömen mir durch einen Duft, ein Foto, eine Geschichte, eine Melodie oder aber auf einem Gang durch die Natur zu. Das löst in mir Gefühle aus, Erinnerungen und innere Bilder, die oft noch nicht ganz greifbar sind. Sie machen mein Leben erst bunt, tragen mich durch die Tage und verbinden sich allmählich mit Imaginationen, die dann als verzauberte Landschaften aufs Papier kommen. Eine magische Landschaft hat vor allem eines: Atmosphäre. Manchmal ist sie warm, manchmal kalt, oft geheimnisvoll, dissonant oder harmonisch. In einem Bild versuche ich immer, eine Stimmung zu erschaffen. Es soll Gefühle wecken und Lust darauf machen, aktiv zu werden, Schönes zu gestalten – oder einfach innezuhalten.

Wenn wir an magische Orte denken, an Orte der Kraft, haben wir wohl schnell ein Bild großer Steine, Menhire und Dolmen vor Augen. Die Kraft im Stein und die Magie dieser geschichtsträchtigen Orte haben eine sehr belebende Wirkung. Es sind Plätze, an welchen man zu sich selber findet, meditiert und müßig in innerem Frieden verweilt. Diese atmosphärischen Orte können in uns Glücksgefühle, Sehnsucht, vielleicht sogar einen Hauch Traurigkeit auslösen. All dies versuche ich, mit meinen Bildern einzufangen.

In diesem Buch möchte ich dich nun an die Hand nehmen und an meine Orte der Magie führen. Im ersten Teil stelle ich dir mein Material und meine Techniken vor. Hier mischen wir zusammen Farben, üben das Malen von Bäumen, schauen auf die Perspektiven und zeichnen Figuren. Im zweiten Teil folgen magische Projekte, die du Schritt für Schritt nachmalen kannst. Zusätzlich verrate ich dir meine Inspirationsquellen und erzähle dir von meinen Imaginationen, die mich letztendlich zu genau diesen Bildern geführt haben.

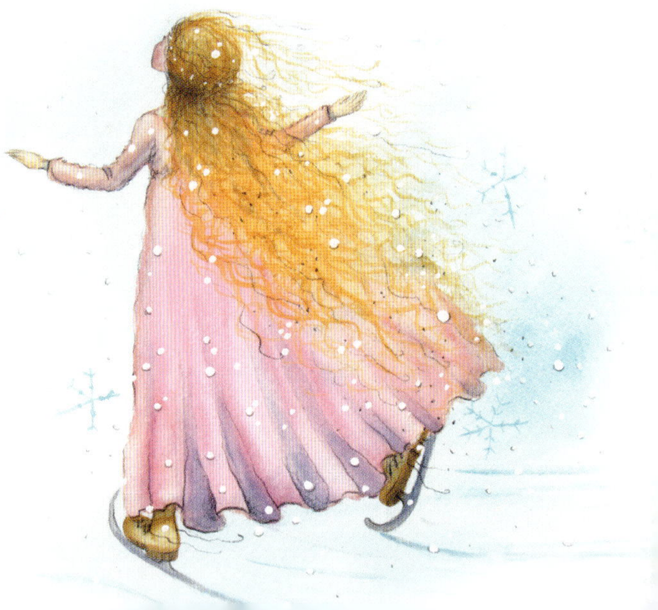

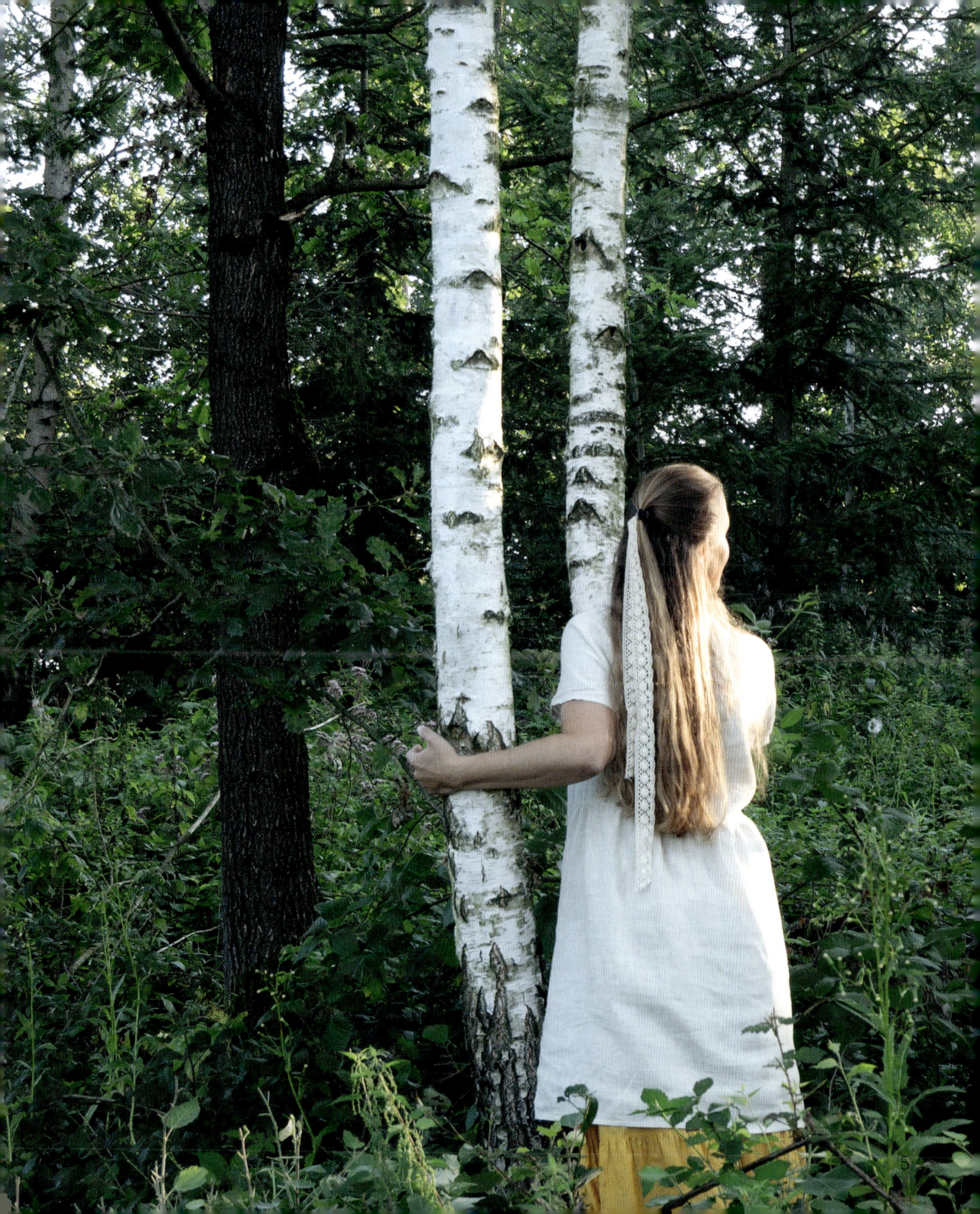

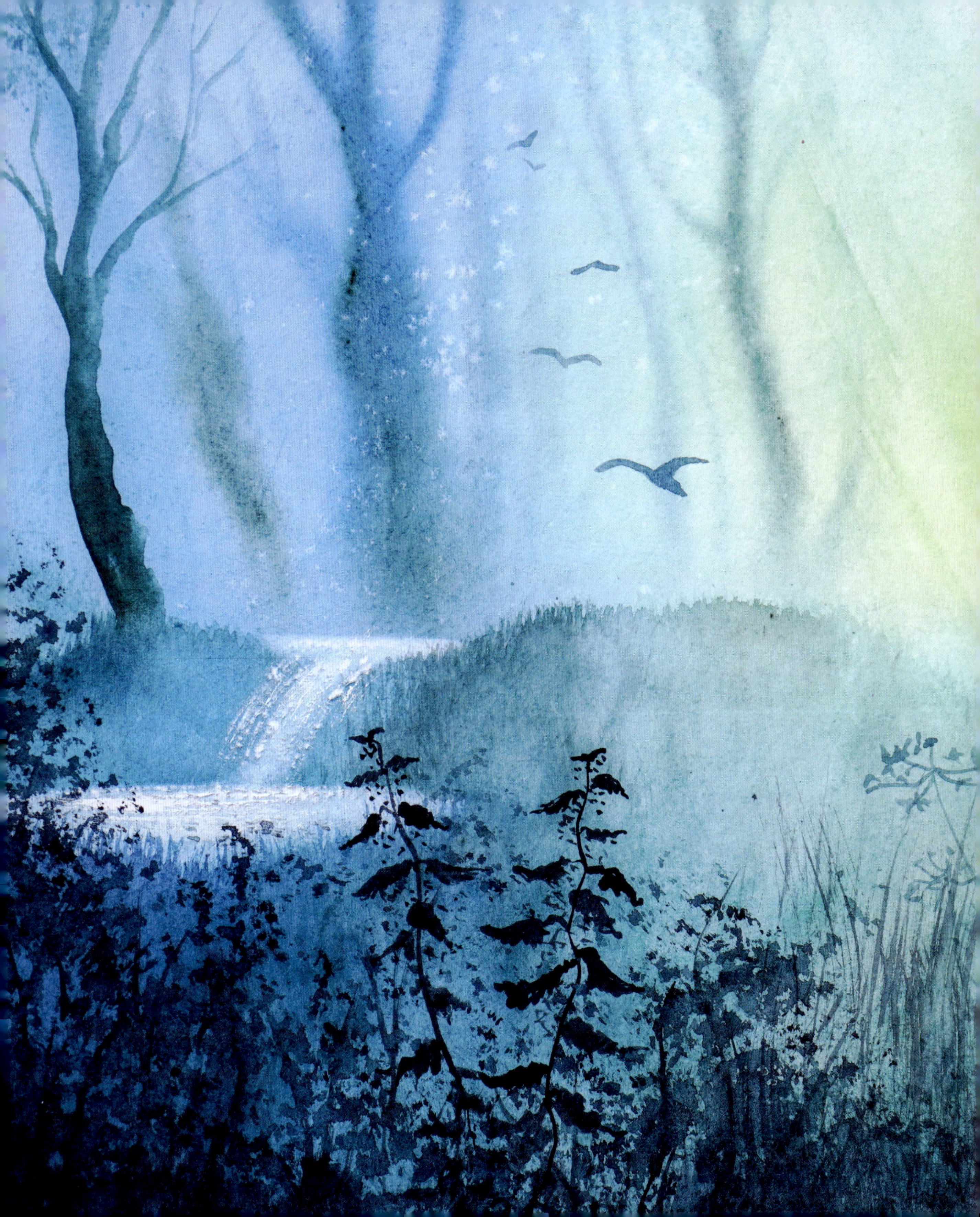

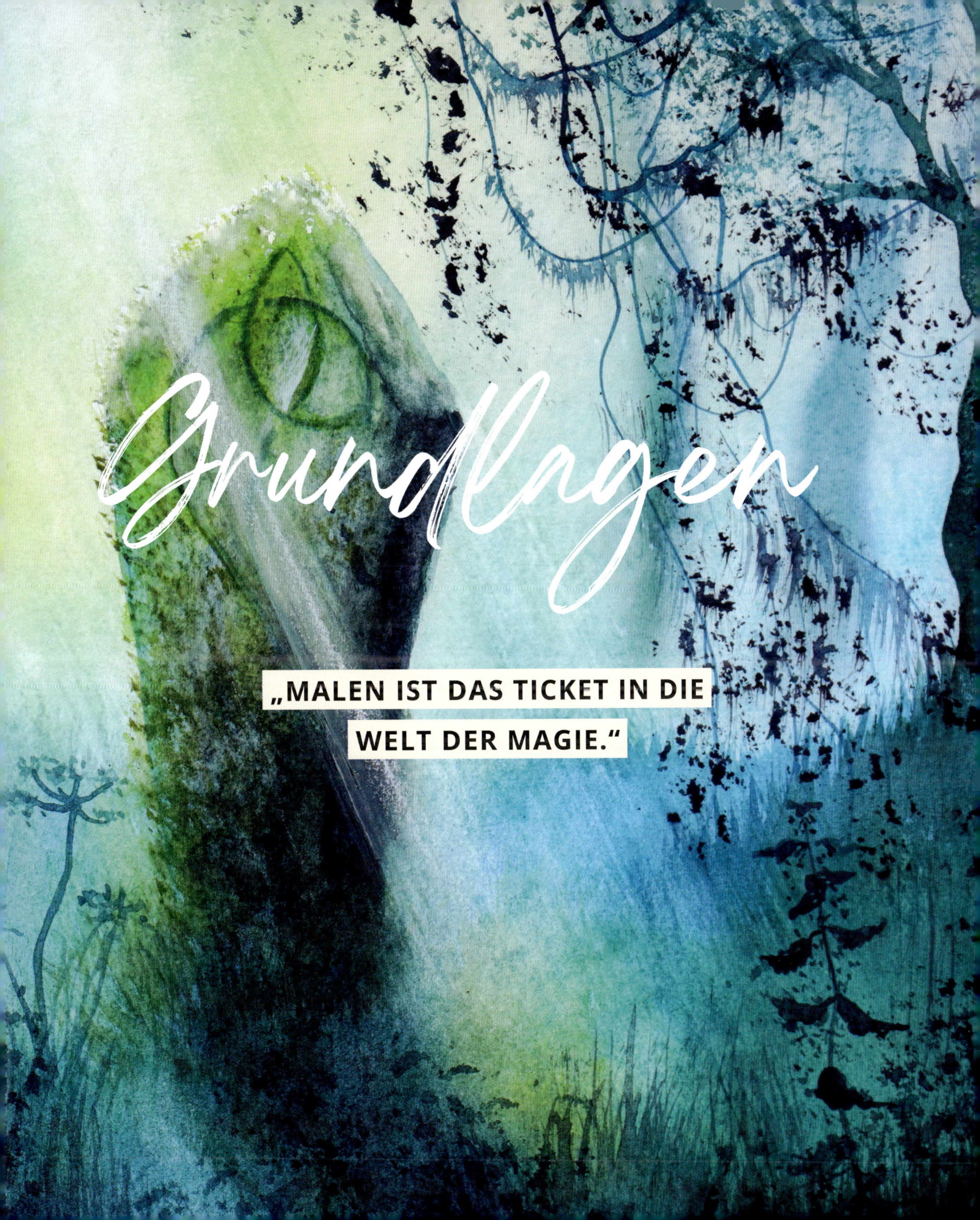

Grundlagen

„MALEN IST DAS TICKET IN DIE WELT DER MAGIE."

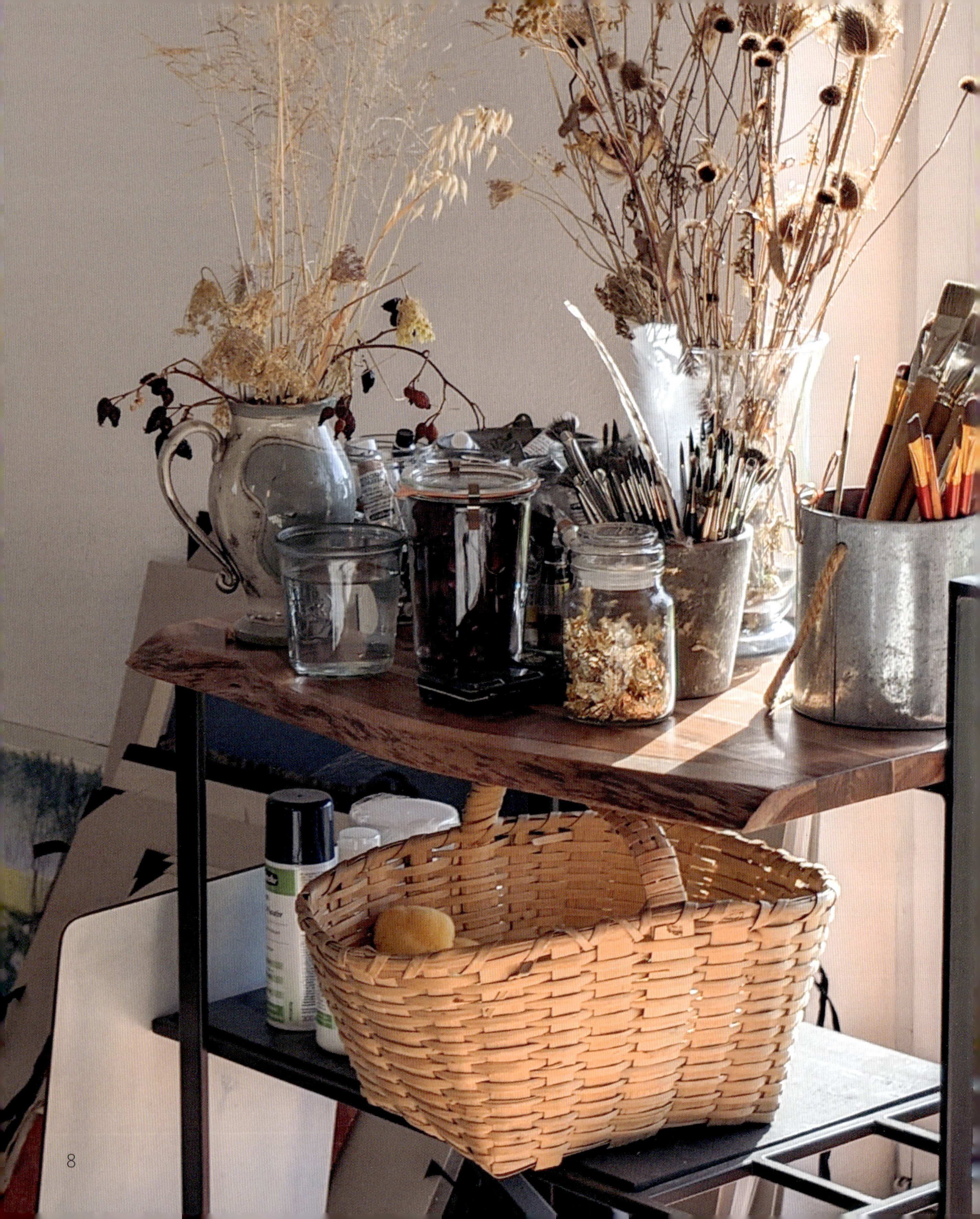

Material

Es gibt sehr viel Aquarellmaterial von unterschiedlicher Qualität. Ich habe hier versucht, dir das Wichtigste zusammenzustellen. Natürlich gibt es ein paar Grundwerkzeuge, die nicht fehlen dürfen. Doch nicht immer ist das Teuerste das Beste. Bevor du einen Künstlerfachmarkt betrittst, solltest du dir alles aufschreiben, was du kaufen möchtest. Die Fülle des Angebots könnte dich sonst verunsichern. Mit der Zeit und dem Malen wirst auch du deine eigenen Lieblingspapiere, -pinsel und -farben finden. Neben dem Material ist das Wichtigste die Freude am Malen, dass du deine magischen Landschaften und Kraftorte entdeckst und aus ihnen schöpfen kannst. Jeder hat Fantasie! Lass deine Imagination einfach fließen!

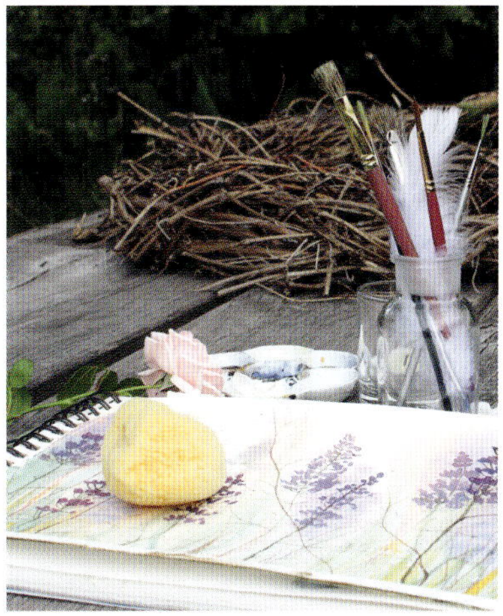

Tipp

Starte lieber mit weniger Farben, dafür mit Freude und Zuversicht!

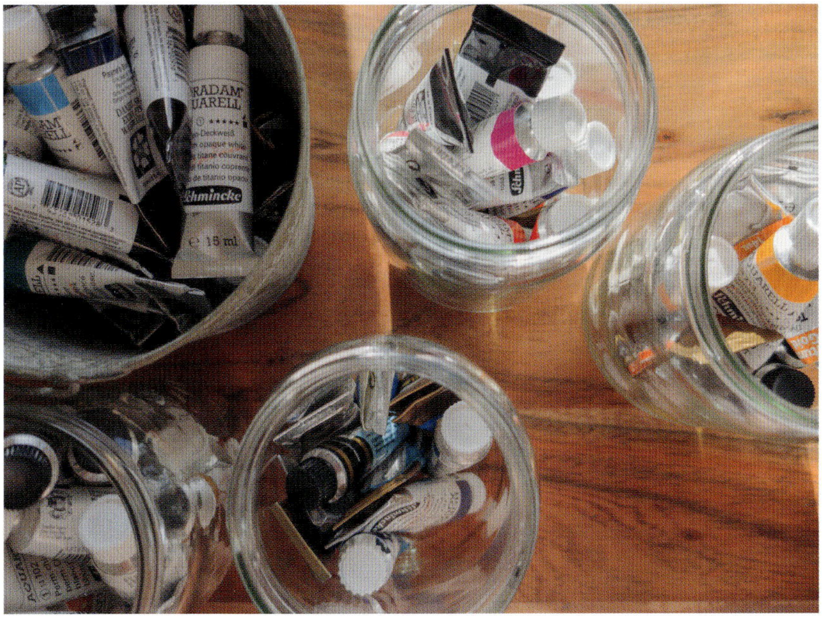

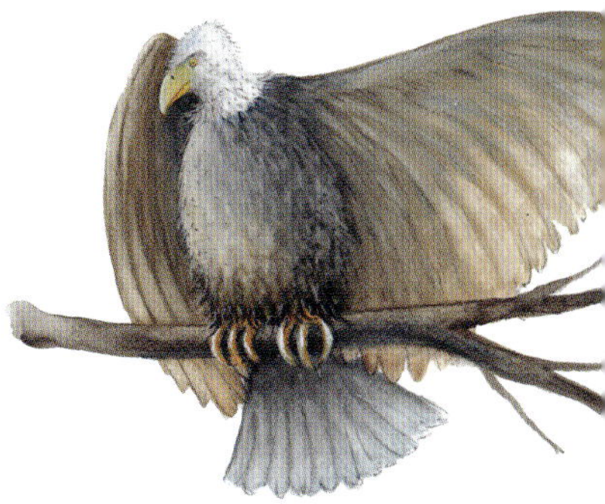

Aquarellpapier

Deinen persönlichen Lieblingsmalgrund zu finden, wird eine Weile dauern. Auch die Größe, die für dich gut passt, kann von meiner Lieblingsgröße abweichen. Da es aber ein sehr großes Angebot an Malgründen unterschiedlichster Qualität gibt, stelle ich dir hier die wichtigsten Papiere vor.

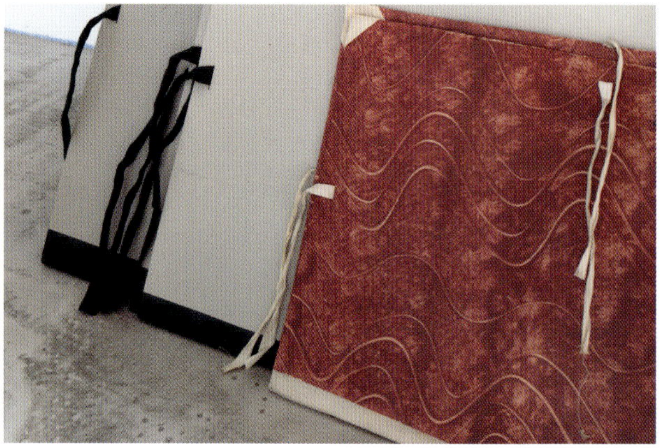

Als Anfänger ist es oft schwierig, das richtige Papier zu finden, denn das Angebot ist sehr groß und unübersichtlich. Aquarellpapiere unterscheiden sich ganz wesentlich in zwei Faktoren, die zusammen die Grundsubstanz bilden. Es wird aus Zellstoff und Baumwolle hergestellt. Zellstoff ist hauptsächlich Zellulose und wird aus Holz gewonnen. Baumwolle ist eine Pflanze aus der Familie der Malvengewächse. Je mehr Baumwollanteil das Aquarellpapier hat, desto hochwertiger ist es. Natürlich spielt auch das Gewicht pro Quadratmeter, also die Grammatur, eine Rolle. Je schwerer ein Papier ist, desto idealer eignet es sich für die Nassmalerei, da es sich weniger wellt. Für den Start in die Aquarellmalerei empfehle ich immer ein nicht zu kostspieliges Papier. Es entsteht sonst schnell der innere Druck, dass jedes Bild ein „Wurf", also perfekt sein muss. Auch ich verwende gerne gutes, aber leistbares Papier. Ich male täglich und sehr viel, probiere gerne Neues aus und bin deshalb froh, dass ich kostengünstiges Papier zur Verfügung habe. Natürlich verwende ich auch oft Papier mit sehr hohem Baumwollanteil und genieße seine Möglichkeiten dann ganz besonders. Aquarellpapiere unterscheiden sich in ihrer Oberflächenstruktur (Körnung, Textur) erheblich. Welches Papier du verwendest, hängt also auch ein wenig davon ab, was darauf gemalt werden soll. Die vier gängigsten Arten von Aquarellpapier sind:

- Satiniert – heiß gepresst, mit einer sehr glatten Oberfläche, für Schriftzüge und Rubbelkrepp geeignet
- Feinkorn, matt – kalt gepresstes Papier mit fein strukturierter Oberfläche
- Grobkorn, rau (Torchon) – kalt gepresstes Papier mit grob strukturierter Oberfläche
- Handgeschöpft/Echt Bütten – sehr stark strukturierte Oberfläche, Letzteres aus 100 % Baumwolle

Welches Papier für dich passt, wirst du nach und nach herausfinden. Echtes Büttenpapier oder handgeschöpftes Papier hat viel Eigenleben und ist für sehr feuchte Aquarelle ideal und wunderschön, weil sich die Farbe in den Vertiefungen sammelt und somit intensiviert. Für inspirative Landschaften eignet es sich sehr gut. Gleiches gilt für Torchon, das raue Papier. Sobald aber ein Detail aufs Bild soll, welches mehr aus dem zeichnerischen Element heraus entsteht, empfehle ich das Feinkorn, das matte Papier. Satinierte Papiere verwende ich eigentlich nie, sie sind toll für Handlettering, für Rubbelkrepp oder wenn ein Schriftzug mit aufs Bild soll.

Je höher der Baumwollanteil, desto fließender lassen sich die Farben verblenden. Auch für die Trockenpinseltechnik ist raueres Papier geeignet. Damit lassen sich wunderschöne durchbrochene, glitzernde Flächen herstellen. Für Schrift oder lang gezogene Linien eignet sich jedoch glatteres Papier besser. Für Illustrationen verwende ich sehr gerne mattes Papier. So gibt es nicht ein bestes Aquarellpapier, sondern nur ein passendes in der jeweiligen Situation.

Wenn du nass auf ein Papier malst, wellt es sich. Dem entgegenwirken kannst du, indem du dein Blatt aufspannst. Du kannst aber auch mit Klammern arbeiten oder einen

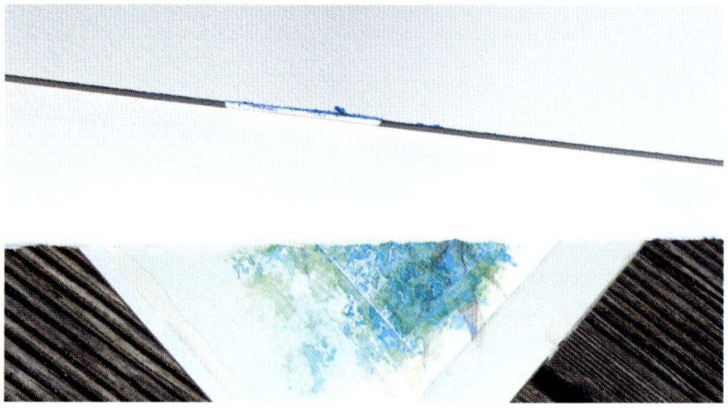

Aquarellkarton mit 600 Gramm pro Quadratmeter verwenden. Eine weitere Variante sind Aquarellblöcke, die vierseitig geleimt sind. Letztere bevorzuge ich. Damit kannst du immer auf dem obersten Blatt malen. Wenn es ganz trocken ist, löst du das Papier mithilfe eines Brieföffners an der einen kleinen Stelle, die nicht geleimt ist, und kannst auf einem neuen Blatt starten.

MEINE LIEBLINGSPAPIERE

- Jubiläumsblock von Gerstäcker 425 g/m² (30 × 40 cm)
- Aquarellblock classic von Gerstäcker 300 g/m² (24 × 32 cm) in rau und matt
- Hahnemühle Cornwall 450 g/m² (24 × 32 cm) rau, Torchon
- Hahnemühle The Collection Watercolour Echt-Bütten (30 × 40 cm)
- Saunders Waterford Aquarellpapier

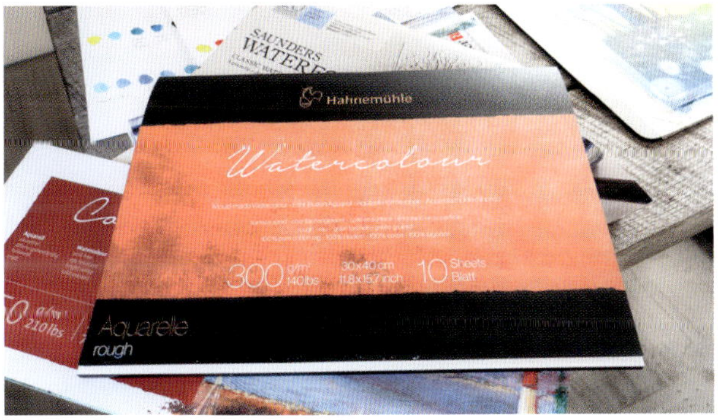

Tipp

Für den Start in die Aquarellmalerei empfehle ich preisgünstiges Aquarellpapier aus dem Künstlerfachmarkt.

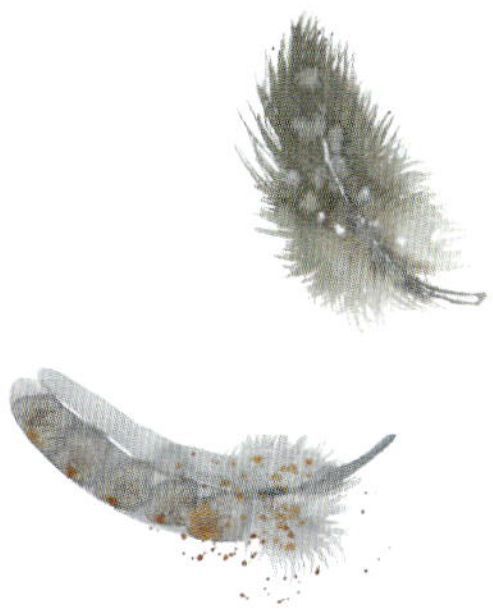

DAS AUFZIEHEN UND SPANNEN DES PAPIERS

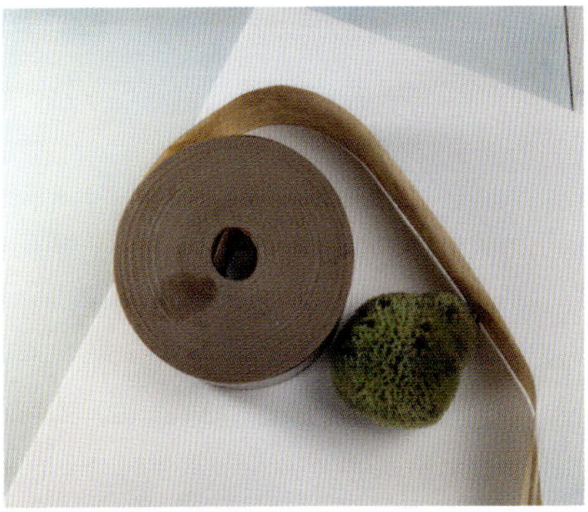

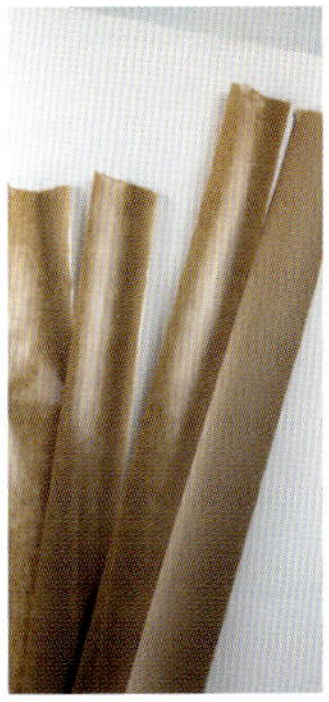

Hier verwendest du ein Malbrett aus Holzfaser oder Acrylglas in passender Größe und befeuchtest dein Blatt stark auf der ersten Seite.

Sobald keine Stelle mehr trocken ist, wendest du das Blatt und wiederholst den Vorgang. Hat das Blatt auf beiden Seiten genug Feuchtigkeit aufgesogen, liegt es komplett plan. Nun kannst du ein gummiertes Klebeband aus dem Aquarellbedarf verwenden und die Seiten festkleben. Das Klebeband muss angefeuchtet werden!

Meine Farben

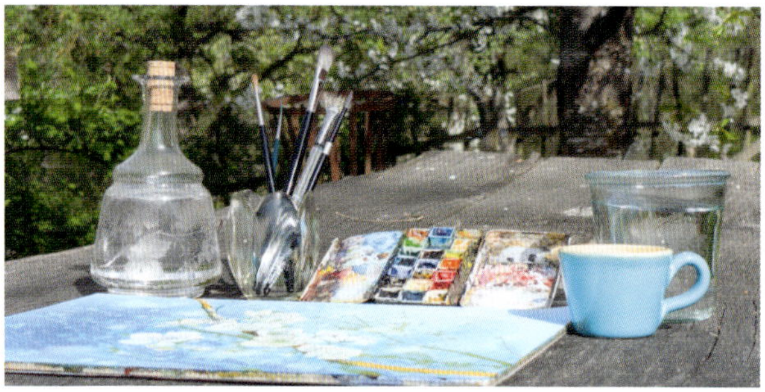

Noch bevor ich über Aquarellfarben spreche, möchte ich dich gerne in die Natur und zu den Stimmungen der Farben entführen. Nicht nur hat jede Jahreszeit ihre eigene Farbstimmung, sondern auch Orte, Plätze und Landstriche haben ihren ganz eigenen Farbklang, abhängig nicht zuletzt von der Tageszeit. Denken wir nur an die fast harten Farben eines sonnigen Sommermittags am Meer in Griechenland, diese Weiß-Blau-Kombination. Oder gehen wir in die Wüste an einem vor Hitze flirrenden Mittag. Dort begegnet uns eine Gelb-Braun-Blau-Stimmung. Auf einem Sommerspaziergang in einem mitteleuropäischen Laubwald wiederum sind wir umgeben von einer dunklen Grünstimmung. So könnte ich dich noch an viele Plätze führen und überall würde eine neue Farbstimmung vorherrschen.

Da wir in diesem Buch auch über Inspiration sprechen wollen, möchte ich auf die Farbe von Geschichten, Gedichten oder Düften hinweisen. In einem Raum mit Lebkuchenduft entsteht in mir eine warme Farbe – Orange mit Goldgelb. Farben haben also mit Erinnerungen zu tun und immer auch mit Emotionen, mit Atmosphäre. Überall, wo ich „hinfühle", Situationen, an die ich mich erinnere, Reisen, die ich gemacht habe, usw. – das alles hat eine bestimmte Farbe. Das Leben ist dadurch so unendlich bunt!

Tipp

Nimm dir zehn Minuten Zeit und gehe in dich, um verschiedenen Orten, Geschichten und Düften eine Farbe zu geben.

GUT ZU WISSEN

Farben bestehen immer aus einem Bindemittel und ganz fein zerriebenen Farbsubstanzen, den Pigmenten. Für die Aquarellfarben wird meistens das Bindemittel Gummi arabicum verwendet, ein natürliches Akazienharz aus Afrika. Manche Aquarellfarben haben aber auch Honig oder Zucker als Bindemittel. Oft ist noch ein Feuchthaltemittel dabei. Die Pigmente haben jeweils einen unterschiedlichen Ursprung. Es gibt organische und anorganische Pigmente, synthetisch hergestellte oder solche aus einer mineralischen Grundsubstanz. Der Preisunterschied innerhalb einer Marke ist auf den Ursprung der Pigmente zurückzuführen. Besonders wertvoll sind natürlich Pigmente aus Halbedelsteinen, wie beispielsweise das Türkis Sleeping Beauty Turquoise von Daniel Smith, das vom Sleeping Beauty Berg in Arizona stammt. Bis ins 19. Jahrhundert lag dem Ultramarinblau ein Pigment aus dem Halbedelstein Lapislazuli zugrunde. Dieses kann mittlerweile künstlich hergestellt werden und ist dadurch erschwinglich geworden. Wer schon einmal versucht hat, aus getrockneten Blütenblättern oder trockener Erde Farbe herzustellen, ahnt die große Wissenschaft, die hinter unseren wunderschönen und bunten Farbpaletten steht.

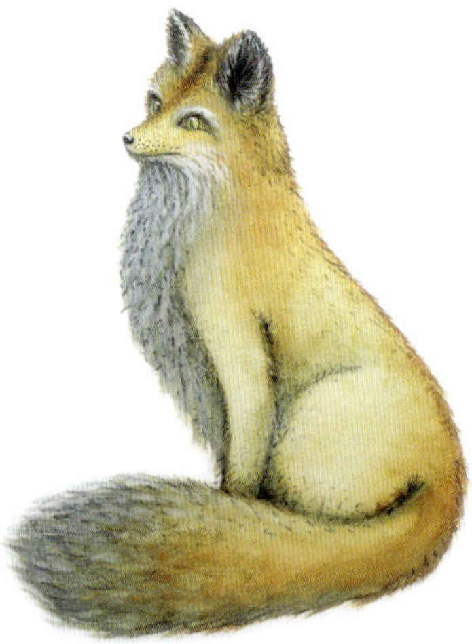

Meine Farbpalette

Ich arbeite gerne mit dem Ellastip und mit Aquarellnaturschwämmchen, weshalb mir die herkömmlichen Näpfchen fast zu klein sind. Wenn es dir auch so geht, empfehle ich dir, Tuben zu kaufen und die Farben in einer Mischpalette eintrocknen zu lassen, nachdem du sie glatt gestrichen hast.

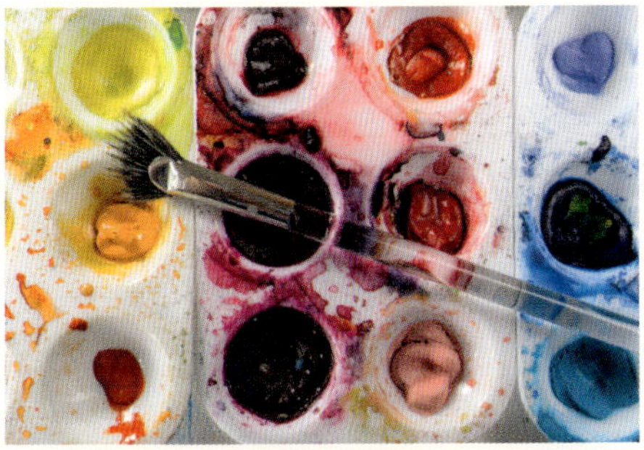

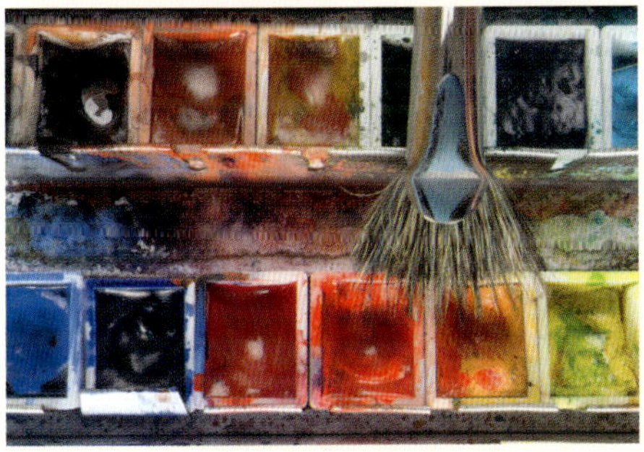

Da es sehr viele und sehr unterschiedliche Farben gibt, habe ich dir meine Lieblingsfarben zusammengestellt. Es ist wichtig, dass du von Beginn an hochwertige Farben verwendest. Gouachefarben sind keine Aquarellfarben. Ich verwende ausschließlich Deckweiß in der Gouachequalität von Schmincke, ansonsten male ich mit Aquarellfarben der drei Marken Schmincke, Mijello Mission und Daniel Smith. Neben meiner Grundpalette habe ich noch ein paar besondere Farbklänge, einige davon sind granulierende Farben.

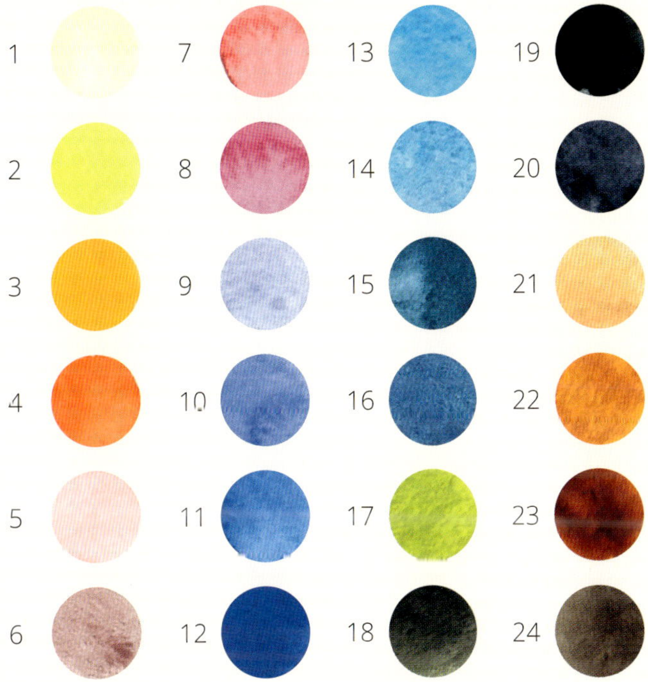

1. Titangelb von Schmincke
2. Kadmiumgelb zitron (mein Zitronengelb) von Schmincke
3. Kadmiumorange hell (mein Goldgelb) von Schmincke
4. Zinnoberrot hell von Schmincke
5. Shell Pink von Mijello Mission
6. Potters Pink von Schmincke
7. Alizarin-Karmesin (mein Karminrot) von Schmincke
8. Purpur Magenta von Schmincke
9. Lavender von Mijello Mission
10. Ultramarin feinst von Schmincke
11. Heliocoelin von Schmincke
12. Galaxie Blau von Schmincke
13. Kobalttürkis von Schmincke
14. Gletscher Türkis von Schmincke
15. Kobaltgrün Türkis von Schmincke
16. Tiefsee Grün von Schmincke
17. Lasurgoldgrün von Schmincke
18. Undersea Green von Daniel Smith
19. Shadow Green von Mijello Mission
20. Paynesgrau bläulich von Schmincke
21. Neapelgelb rötlich (Hautfarbe) von Schmincke
22. Titangoldocker von Schmincke
23. Raw Sienna von Mijello Mission
24. Sepia von Schmincke

Pinsel

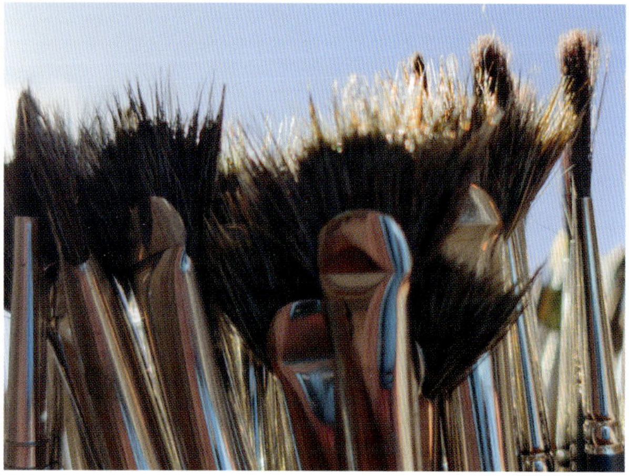

Als Künstler kristallisieren sich recht schnell Lieblingsmaterialien heraus. Gerade ein Pinsel ist von großer Wichtigkeit, soll er doch gut in der Hand liegen und die gewünschten Funktionen auf dem Blatt übernehmen. Speziell für die Aquarellmalerei hergestellte Kunsthaarpinsel sind meist robust, preiswert und zudem pflegeleicht. Echte Rotmarderhaarpinsel oder Mischhaarpinsel sind recht teuer und benötigen immer wieder etwas Pflege mit der Kernseife, um ihre gute Form zu halten.

MEINE LIEBLINGSPINSEL

- Ellastip: kann durch einen anderen hochwertigen Fächerpinsel, kombiniert mit einem breiten Flachpinsel, ersetzt werden – den Flachpinsel verwendet man für Flächen, den Fächerpinsel für Gras und entfernte Hügelzüge
- Casaneo No.12 von Da Vinci – alternativ: Cosmotop Spin No. 12 von Da Vinci
- Detailpinsel: Maestro No. 3 von Da Vinci – alternativ: Cosmotop Spin No. 4 von Da Vinci
- Blackbird: Cosmotop Spin No.1 von Da Vinci – alternativ: Maestro No. 3/0 von Da Vinci
- Schriftenpinsel: Nova Synthetics No. 3 oder 4 von Da Vinci – alternativ: Maestro Schlepper von Da Vinci No. 3 oder 4

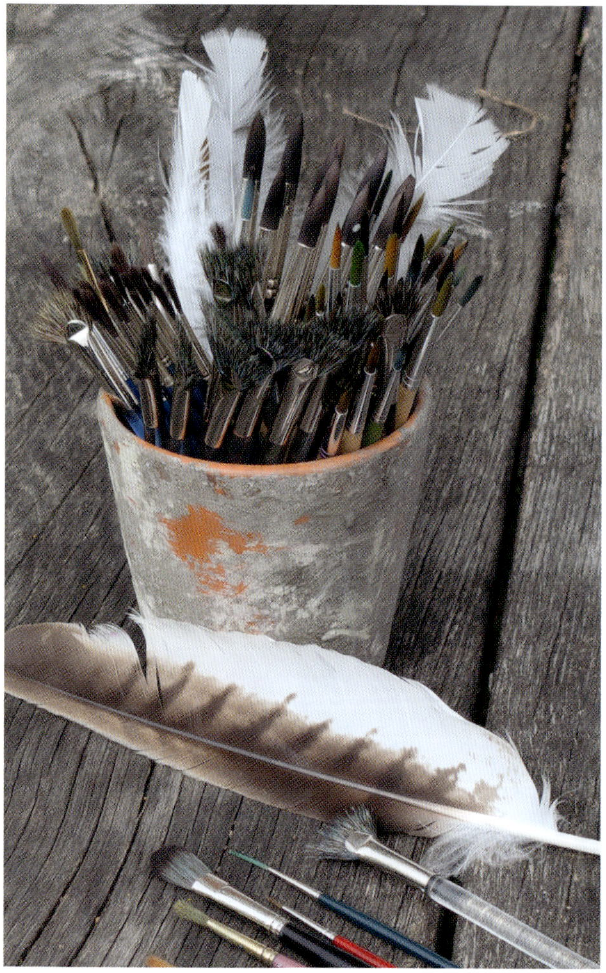

- Schrubberpinsel: ich benutze einen alten Detailpinsel – ideal ist ein Modell mit härteren Borsten
- Flacher Borstenpinsel: kommt nur zusammen mit der Kreisschablone zum Einsatz

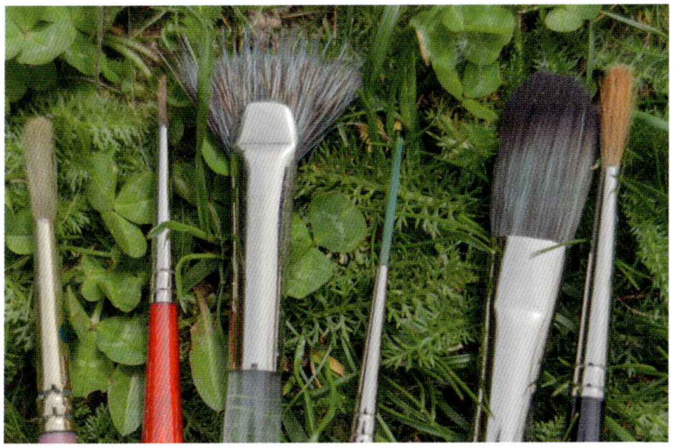

In diesem Buch nenne ich meine Lieblingspinsel Ellastip, Casaneo, Detailpinsel, Schriftenpinsel, Blackbird und Schrubberpinsel und stelle nicht immer die ganze Bezeichnung hintan.

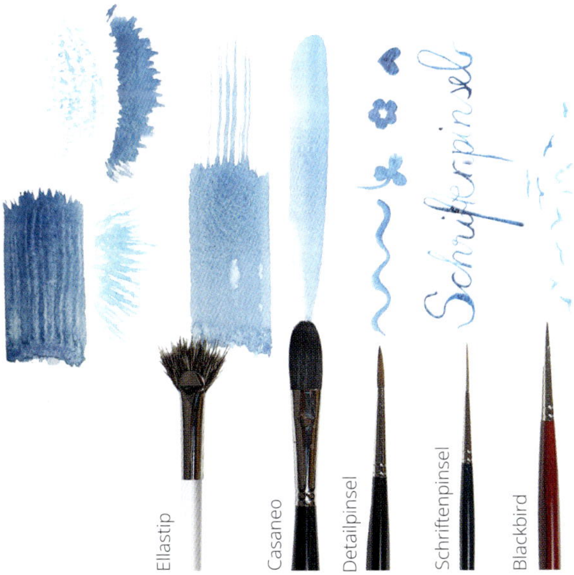

Der Ellastip ist ein dicker Fächerpinsel, den ich extra für meine Techniken entworfen habe. Er ist mein Lieblingspinsel und ein Allrounder, der genial verblenden kann. Er zaubert Hügel an den Horizont oder malt zarte Lichtreflexe ins Wasser. Mit ihm kannst du Strukturen wie Laub tupfen oder Gras ins Bild ziehen. Wir können stippen, ziehen, tupfen, alle Haare nutzen oder nur die feinen Härchen ganz oben. Wie du siehst, ist er sehr wendig und birgt viele Möglichkeiten.

Wenn du ihn ersetzen möchtest, kommt zum Beispiel der Da Vinci Spin No. 40 infrage, zusammen mit einem beliebigen Fächerpinsel für Gras.

Der Casaneo ist ein dicker Rundpinsel mit recht flach geschwungener Spitze. Mein Modell ist ein Casaneo No. 12 von Da Vinci. Mit ihm male ich alles, was dick und rundlich sein soll, wie zum Beispiel Stämme und dicke Äste.

Mein Detailpinsel ist einfach ein nicht zu großer Rundpinsel mit guter Spitze, der sich für große und kleine Details an Figuren oder für Blumen im Vordergrund gut eignet. Ich benutze einen Maestro No. 3 von Da Vinci.

Mein Schriftenpinsel ist ein Pinsel solider Qualität mit langem Haarstand, sodass er Flüssigkeit gut speichert und lange Striche möglich macht. Ich verwende den Nova Synthetics No. 3 oder 4, der sich wunderbar zum Malen von feinem Haar bei Figuren oder zum Ziehen von feinen Ästen in einer Baumkrone eignet.

Mein Blackbird ist ein feiner Rundpinsel, der für kleine, feine Details gut einsetzbar ist. Bei meinen Bildern kommt meist der Cosmotop Spin No. 1 von Da Vinci zum Einsatz, mit dem man perfekt Vögel am Horizont malen kann. Bei kleinen Figuren verwende ich ihn zudem für Gesichter und Details.

Als Schrubberpinsel eignet sich jeder alte Pinsel oder ein recht harter Borstenpinsel. Den Ellastip findest du auf meiner Homepage und für alle anderen gebe ich jeweils einen Link in meiner Videobeschreibung auf YouTube an. Du findest sie aber auch in jedem gut sortierten Künstlerfachmarkt.

Tipp

Lass deine Pinsel nie im Wasserglas stehen! Lege sie zum Trocknen hin oder hänge sie mit den Haaren nach unten auf. Rotmarderhaarpinsel spült man mit Kernseife und lässt sie samt Seife in der richtigen Form trocknen. Bevor man wieder mit ihnen malt, muss man sie ausspülen. Stelle deine Pinsel auch nie auf, solange sie noch feucht sind. Sie verlieren sonst ihre Haare.

Schwamm

Im Alltag bringen wir Schwämme wohl meistens mit Putzen und Abwaschen in Verbindung. In der Aquarellmalerei birgt der Schwamm aber viele Möglichkeiten. Nicht nur, dass du mit ihm fehlerhafte Stellen säubern kannst, ist die Farbe noch feucht, kann sie mit ihm einfach abgetupft oder abgewaschen werden. Aquarellnaturschwämme sind Allrounder. Sie zaubern Strukturen in die Farbe, eignen sich für das Malen von Laub und bewegtem Untergrund, zum Auswaschen von Nebel oder zum Tupfen von Wolken. Du siehst, Schwämme haben in der Aquarellmalerei recht viel zu tun.

In der freien Aquarelltechnik gibt es zwei wichtige Formen von Schwämmen: den Aquarellnaturschwamm und den Aquarellradierschwamm. Ersterer ist ein natürlich gewachsener Schwamm aus dem Meer, Zweiter ein Synthetikschwamm.

Mit dem Synthetikschwamm kannst du aus trockenen Aquarellflächen Farbe herausradieren. Du musst den Schwamm ein wenig anfeuchten und die Farbe durch behutsames Darüberfahren anlösen. Anschließend kannst du sie leicht mit einem Taschentuch abtupfen. Von Zeit zu Zeit musst du deinen Radierschwamm austauschen.

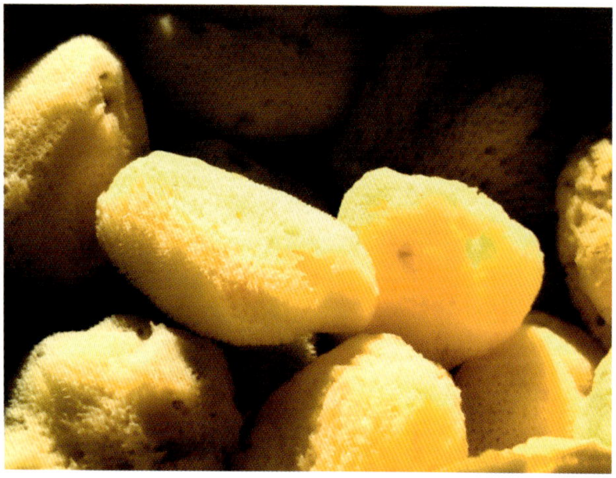

Tipp

Ich schneide meinen Radierschwamm immer in kleine Würfel, so lässt er sich besser führen.

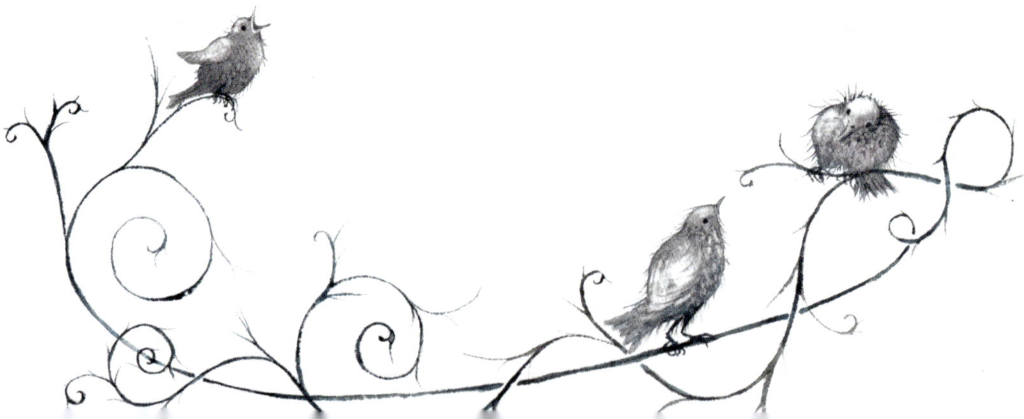

Weitere Materialien

SALZ

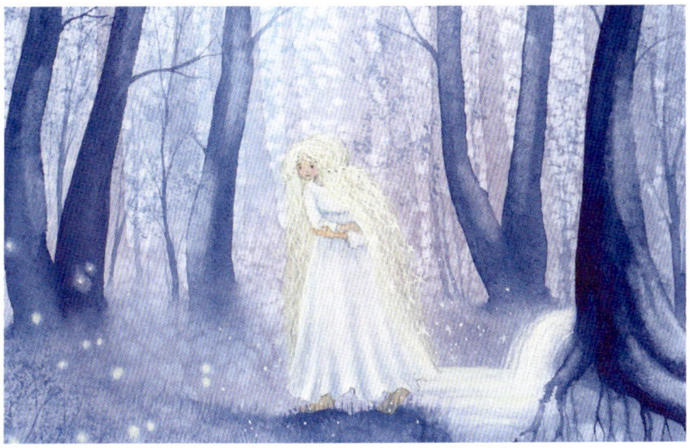

Gewöhnliches Tafelsalz hinterlässt kristalline Gebilde in einem Aquarellbild. Es wird auf die nasse Unterlage gestreut.

FÖHN

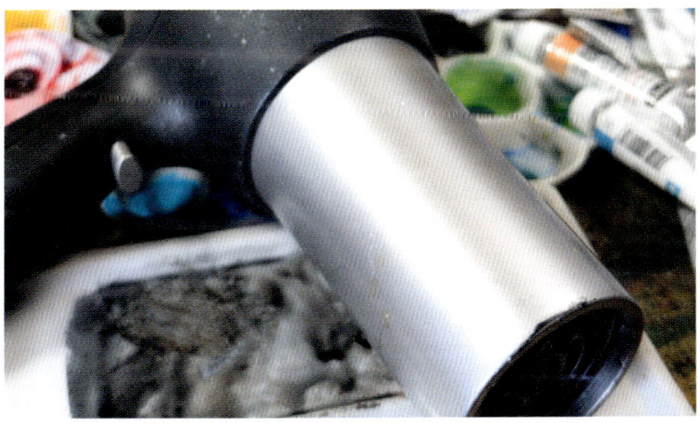

Um den Trocknungsvorgang zu beschleunigen, kannst du einen ganz normalen Föhn verwenden.

Tipp

Verwende zwei Wassergläser, damit du immer sauberes Wasser zur Verfügung hast.

PLASTIKKARTE

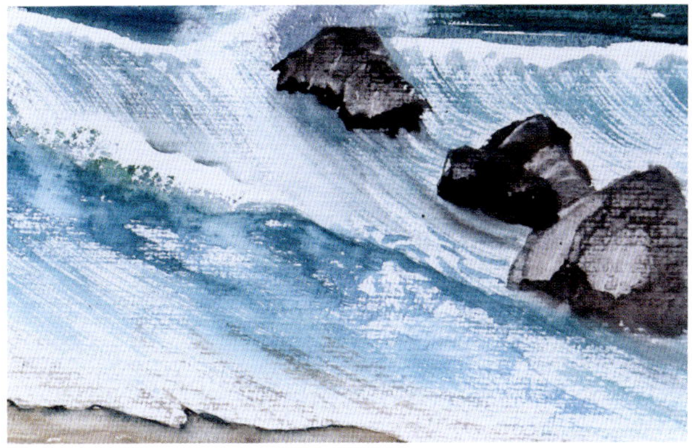

Eine alte, zurechtgeschnittene Plastikkarte ist das beste Werkzeug, um Steine in ein Bild zu zaubern.

WASSERGLAS

Du benötigst ein Glas mit Wasser zum Säubern der Pinsel.

TAPE

Klebeband oder Tape eignet sich sehr gut, um Papier auf einer Unterlage zu befestigen, Birkenstämme zu maskieren oder die Horizontlinie im Bild zu markieren. Ich verwende ein spezielles Aquarelltape, das ScotchBlue Advanced Masking Tape, das sich leicht wieder entfernen lässt, ohne das Papier zu verletzen.

SPRÜHFLASCHE

Eine ganz gewöhnliche Sprühflasche steht immer neben meinem Arbeitsplatz, falls die Farbe zu schnell trocknet und ich das noch ein wenig hinauszögern möchte.

RUBBELKREPP

Ich persönlich bin kein großer Fan von Rubbelkrepp, wollte ihn aber nicht außen vor lassen. Rubbelkrepp ist eine Maskierflüssigkeit, die du auftragen, eintrocknen, übermalen und wieder abnehmen kannst. Darunter bleibt das Blatt weiß. Ich verwende den Masking Marker von Goya oder den Rubbelkrepp von Schmincke. Bei Letzterem brauchst du einen Pinsel zum Auftragen. Wenn du ihn vorher in Seife tauchst, kannst du den Rubbelkrepp nach Gebrauch wieder komplett auswaschen.

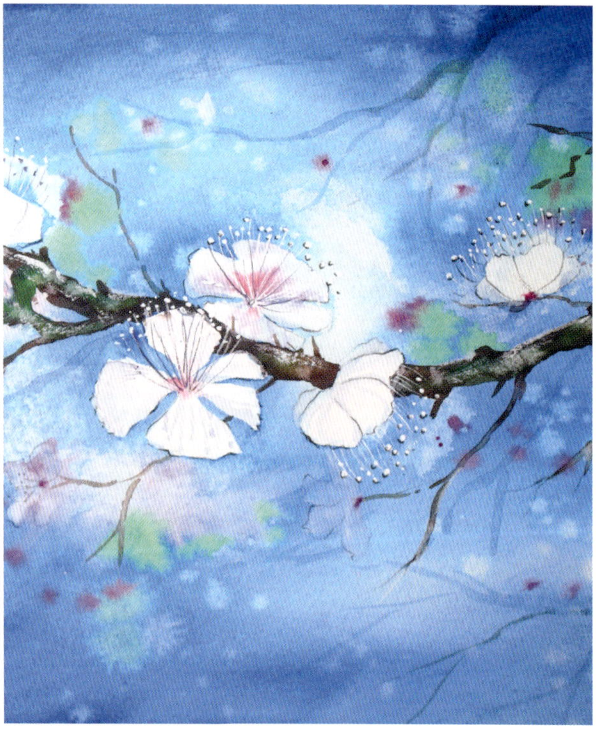

STIFTE UND WEITERE WERKZEUGE

- Buntstift weiß (Faber Castell)
- Buntstift schwarz (Faber Castell)
- Bleistift B (Faber Castell)
- Radiergummi (Faber Castell)
- Mischpalette
- Wachskreide, weiß und gelb
- runde, selbstklebende Etiketten
- Papiertaschentücher
- Mallappen aus Baumwolle (zum Beispiel ein altes Frotteehandtuch)
- Weller Xcelite Bastelskalpell (148 mm)
- Pfeffer

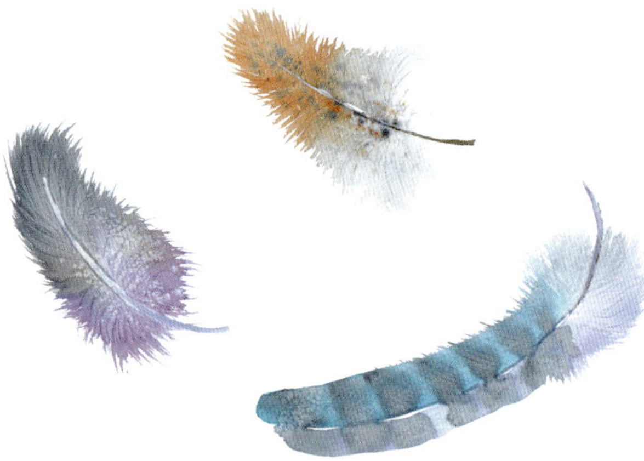

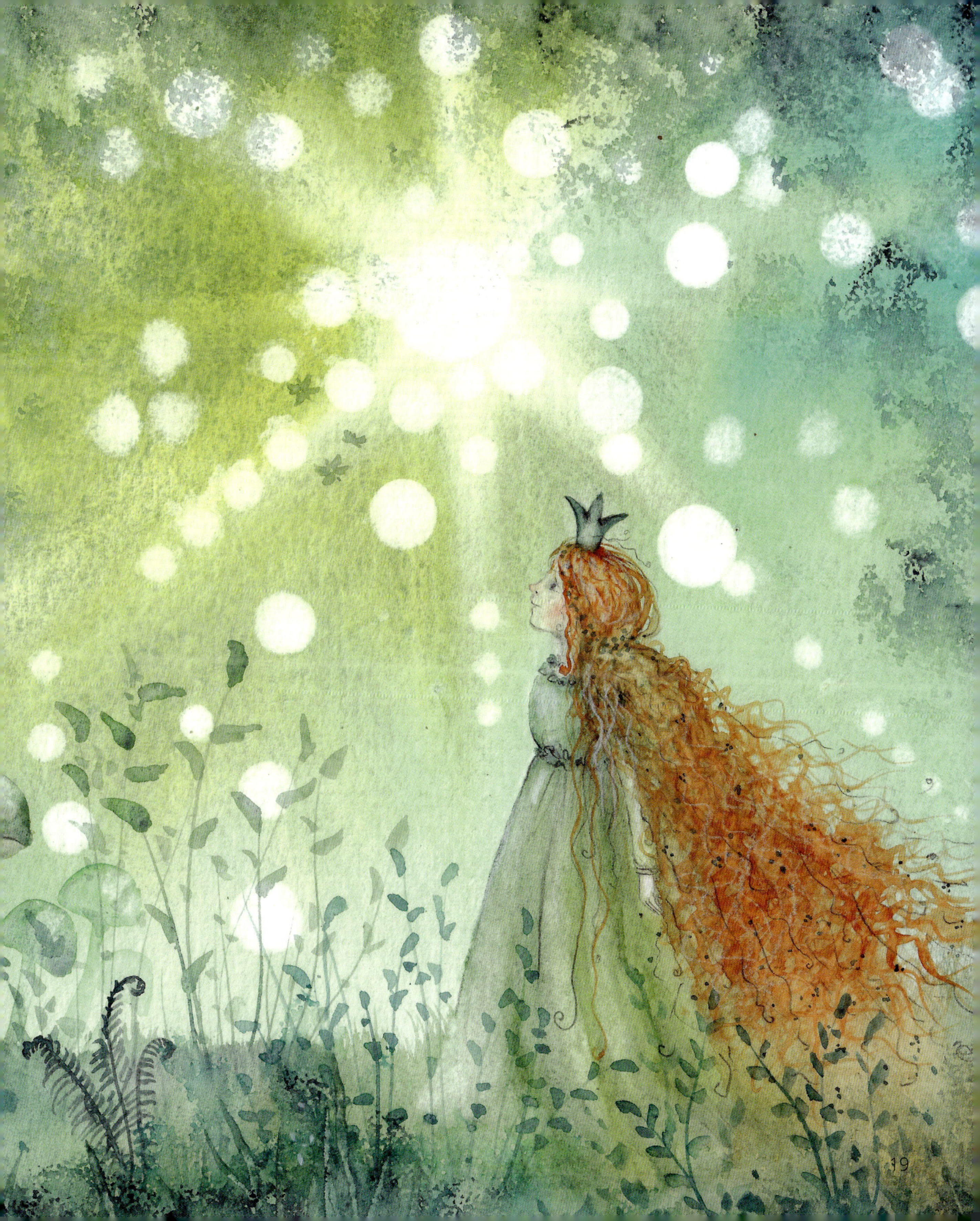

Grundtechniken

Techniken sind eine große Hilfe auf dem Weg zum fertigen Bild. Sie dienen der Malerei. Ein Künstler versucht, seine Technik so zu perfektionieren, dass er mit ihr seine Inspirationen und Imaginationen auf den Malgrund zaubern kann. Wenn ich ein Bild in mir trage, ist es gut zu wissen, wie der Weg für die Umsetzung Schritt für Schritt aussieht. Mit den verschiedenen Techniken kann man die Stimmung eines Bildes so festhalten, dass es den Betrachter in seine ganz eigene Welt mitnimmt. Je mehr ich in der Technik zu Hause bin, desto leichter schreite ich auf meinem Weg zum fertigen Bild voran. In meinen Bildern geht es immer um Stimmung, die sehr oft mit einem bestimmten Licht zusammenhängt. Die Technik hilft mir, das auszudrücken, was ich möchte, was ich in mir trage und was aufs Papier will. Dieses Wissen lässt mir die Freiheit, ganz in ein Motiv einzutauchen und mich von den Farben leiten zu lassen. Wenn ich es beim Malen schaffe, die Technik mit dem Willkürlichen zu vereinen, fühle ich mich am wohlsten.

Heute nehme ich dich mit und stelle dir meine liebsten Techniken vor. Ich werde dir aus dem Zauberreich der Farben erzählen, vom Farbkreis, den Komplementärfarben und wie die Farben sich gegenseitig unterstützen und hervorheben können. Selbstverständlich gebe ich dir auch eine Einführung in den Bereich der Aquarelleffekte. Wir schauen uns die wichtigsten Grundformen der Landschaftsmalerei an und natürlich gibt es eine genaue Einführung, um auch die Wesen, die unsere magischen Landschaften bevölkern, zu malen.

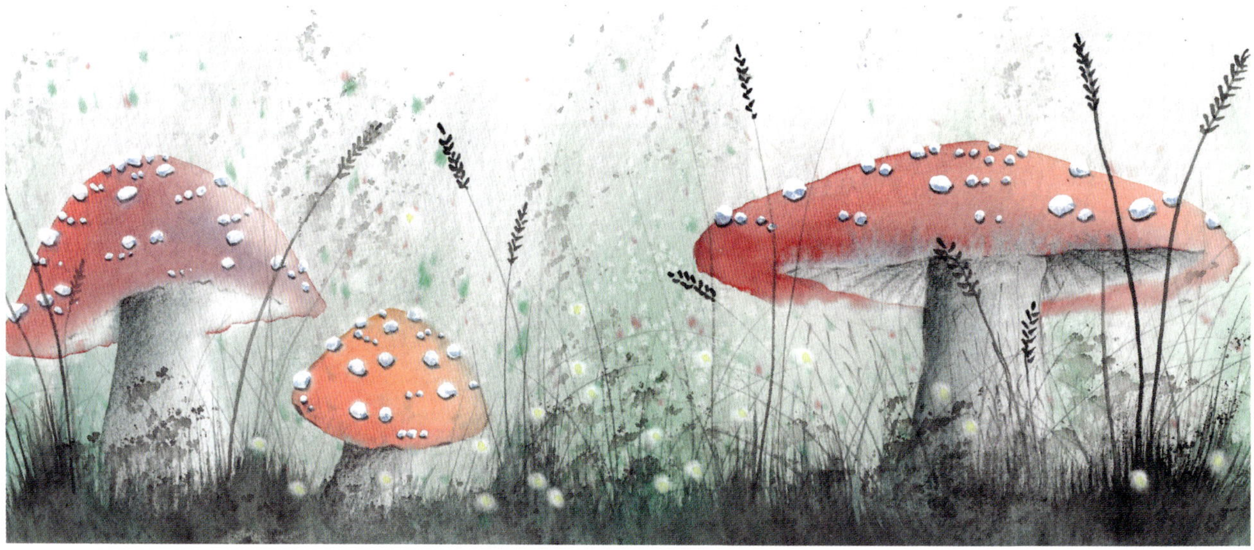

Farbenlehre

Jedes Bild ist eine Komposition aus Farben. Sie geben dem Bild die Stimmung und erzeugen Harmonie oder Dissonanz. Farben lassen ein Bild leuchten oder es zurückhaltend matt in den Hintergrund treten. Sie transportieren Emotionen und sprechen so zum jeweiligen Betrachter.

Merke

Der Protagonist in der Aquarellmalerei ist das Wasser. Was sich auf den Bildern entwickelt, entsteht durch die unterschiedlichen Wassermengen, die wir zu den Farben mischen.

FARBKREIS

Unsere klassische Farbenlehre basiert auf den drei Grund- oder Primärfarben Gelb, Rot und Blau. Ich nehme gerne von jeder Primärfarbe zwei Farbklänge, einen warmen und einen kalten. Wir haben pro Grundton jeweils zwei Schwerpunkte: Ein Gelb kann mehr in Richtung Blau oder in Richtung Rot gehen, also den Schwerpunkt im Warmen oder im Kalten haben. Genau dasselbe gilt für Rot und Blau.

Blautöne und kühle Farben ziehen sich in einem Bild zurück, während warme Farben, im Speziellen Rot, nach vorn kommen. Wenn du beim Bildaufbau darauf achtest, kannst du eine wunderbare Tiefenwirkung erzeugen.

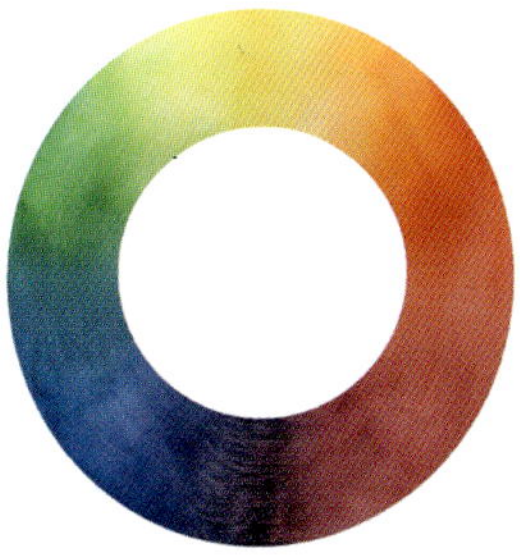

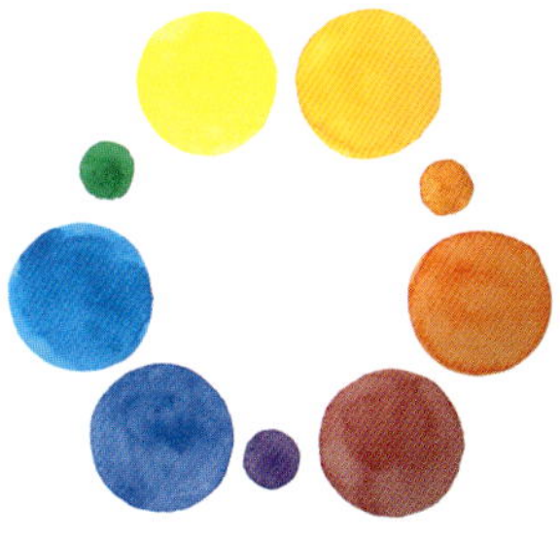

Wenn ich nun jeweils die kühlen und die warmen Farben nebeneinander auf einen Kreis setze, muss ich nur noch Gelb, Rot und Blau miteinander vermischen und bekomme so die richtige Sekundärfarbe.

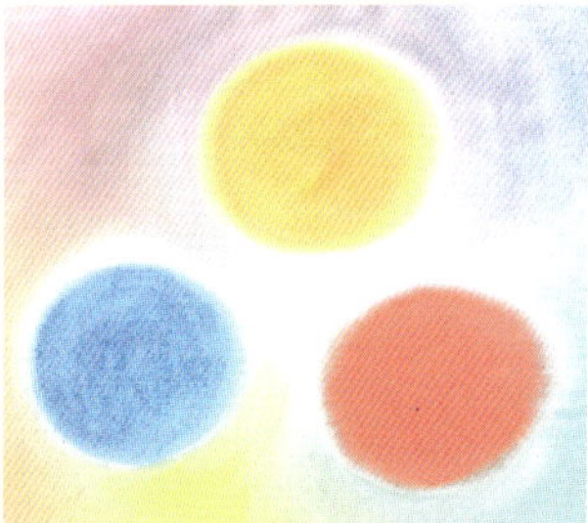

Die entstandenen Sekundärfarben stehen im Farbkreis genau gegenüber ihrer Komplementärfarbe. Bei Blau ist es Orange, bei Rot ist es Grün und bei Gelb das Violett. Gerne verwendet man in einem Bild die Komplementärfarbe für eine besondere Harmonie, einen Eyecatcher oder eine bewegende Dissonanz. Komplementärfarben sind das leichteste und mitunter eindrucksvollste Gestaltungsmittel, das wir beim Malen zur Verfügung haben. Setzen wir in einem Bild Komplementärfarben nebeneinander, bekommen wir den höchstmöglichen Farbkontrast, was Harmonie, aber auch große Spannung bedeuten kann, je nachdem, welche Farbe stärker vertreten ist.

Mische ich nun eine Primärfarbe und eine Sekundärfarbe, bekomme ich eine Tertiärfarbe. So lassen sich aus diesen sechs Farben ganz viele Farbmischungen herstellen.

Gelb	+	***Orange***	=	***Gelborange***
Orange	+	***Rot***	=	***Rotorange***
Violett	+	***Ultramarinblau***	=	***Blauviolett***
Grün	+	***Heliocoelinblau***	=	***Blaugrün***
Grün	+	***Goldgelb***	=	***Olivgrün***
Grün	+	***Gelb***	=	***Gelbgrün***
Rot	+	***Violett***	=	***Rotviolett***

Die Magie des Farbmischens

Das Farbmischen ist für mich etwas sehr Besonderes. Gerne ziehe ich ein Blatt auf, nass in nass, und übe mich darin. Ich mische etwa zu immer dem gleichen Blau warme und kalte Gelbtöne, vielleicht noch ein Rot, oder mache dasselbe mit einem Gelb.

Zu wissen, welche Farben warm und welche kalt sind, ist für das Mischen sehr wichtig. Schütte ich einfach Farben zusammen, bekomme ich Grau- und Brauntöne, keine reinen, klaren Mischfarben, wie ich sie mir für einen wolkenlosen Himmel oder den hellen Farbklang des Frühlings wünsche. Primärfarben eignen sich dafür sehr gut.

Aus Ultramarinblau und Kaltgelb entsteht Olivgrün, aber von kälterer Nuance. Aus einem Karminrot gemischt mit einem Ultramarinblau entsteht ein klares Violett, aus Ultramarinblau und Zinnoberrot ein Braunviolett. Hast du in einem Bild einen Hauptfarbklang, kannst du von eben diesem ausgehen und durch Zumischen von wenigen anderen Farben einen wunderschönen Gleichklang erreichen.

Ich fühle mich beim Mischen meiner Farben immer ein wenig wie eine Alchemistin. Brauche ich in einem Bild einen dunklen Blaugrauton, mische ich einfach die drei Primärfarben zusammen. Mische ich die drei kalten Primärfarben, bekomme ich einen grauen Braunton. Mische ich die drei warmen Primärfarben, bekomme ich einen schönen warmen Braunton.

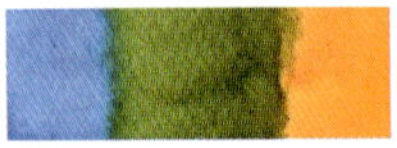

Heliocoelinblau + Warmgelb = Olivgrün

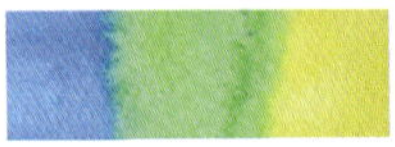

Heliocoelinblau + Kaltgelb = Klargrün/ Saftgrün

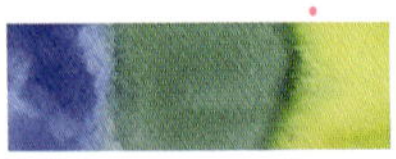

Ultramarinblau + Kaltgelb = Olivgrün

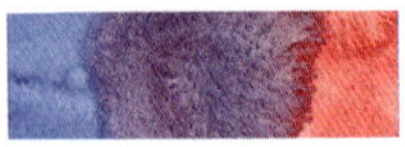

Ultramarinblau + Karminrot = Klarviolett

Ultramarinblau + Zinnoberrot = Braunviolett

VIDEO ZUM FARBMISCHEN AUF YOUTUBE

bit.ly/3JQqAbq

Techniken im Detail

Nur wenn ich etwas über die Aquarelltechniken weiß, ist es mir möglich, meine Inspiration frei fließen zu lassen. Auf den nächsten Seiten fasse ich für dich so lebendig wie möglich Informationen und Tricks zu Techniken und Effekten zusammen, ausgeschmückt mit kleinen Übungen. Viel Spaß!

Tipp

Nimm dir Zeit, um dich durch die verschiedenen Techniken zu arbeiten und die einzelnen Übungen auszuprobieren.

ÜBUNG ZUM VERBLENDEN

In meinen Kursen hörst du sehr oft „... und nun die beiden Farben noch schön verblenden." Damit ist der Übergang zwischen zwei Farben gemeint.

Für klare Himmelsstimmungen brauchst du oft einen kurzen und fließenden Übergang zwischen zwei so unterschiedlichen Farben wie Gelb und Blau. Das geht ganz leicht, indem du beide Farben nebeneinander malst und anschließend deinen Pinsel in sauberem Wasser ausspülst und auf einem Maltuch abtupfst. Streiche dann mehrmals quer von hell nach dunkel. Wasche den Pinsel zwischendurch immer wieder aus und schon erreichst du einen klaren und fließenden Übergang.

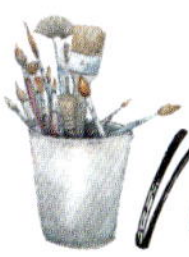

Material

AQUARELLPAPIER

- Jubiläumsblock von Gerstäcker 425 g/m² (30 × 40 cm)

PINSEL

- Ellastip

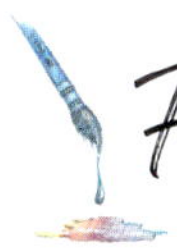

Farben

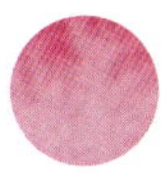

Purpur Magenta

Kobalttürkis

So gehts

Feuchte ein Blatt an und trage mit dem Ellastip eine frei gewählte Farbe von einer Seite zur anderen immer zarter werdend auf.

Wenn das geklappt hat, malst du mit dem Ellastip zwei Farben auf ein neues angefeuchtetes Blatt Papier, jeweils eine von jeder Seite, wobei du nur einmal Farbe aufnimmst. Im Mittelfeld bekommst so du einen schönen fließenden Farbübergang.

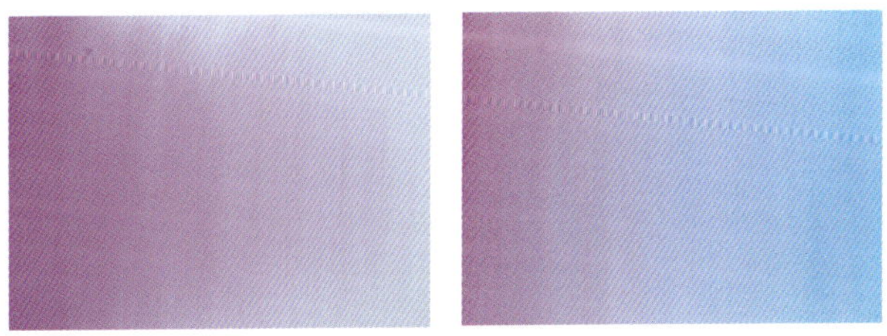

LASIEREN

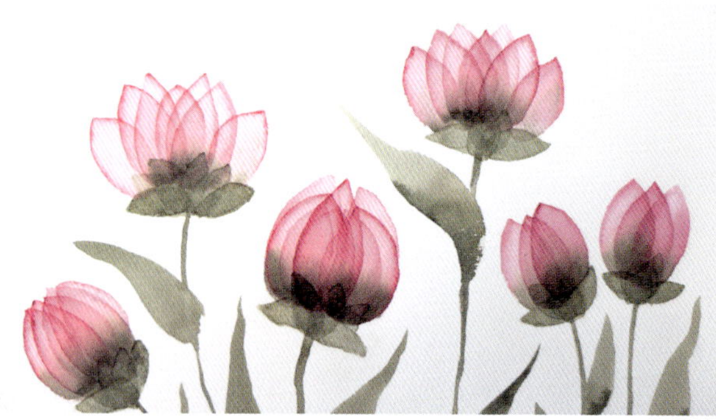

Lasieren ist die Technik des Schichtens. In Aquarellbildern werden sehr oft verschiedene Schichten übereinandergelegt, ohne dass die Schicht darunter angelöst wird. So bekommt man ganz besondere Farbnuancen. Wenn in der Schichttechnik zwei Tonwerte übereinandergelegt werden, entsteht ein dritter Tonwert.

Merke

Die erste Farbschicht muss komplett trocken sein, bevor du mit einer neuen Schicht darübermalst.

Es gibt durchlässige Farben, die sich für die Lasur perfekt eignen, und solche, die nicht ganz durchlässig sind.

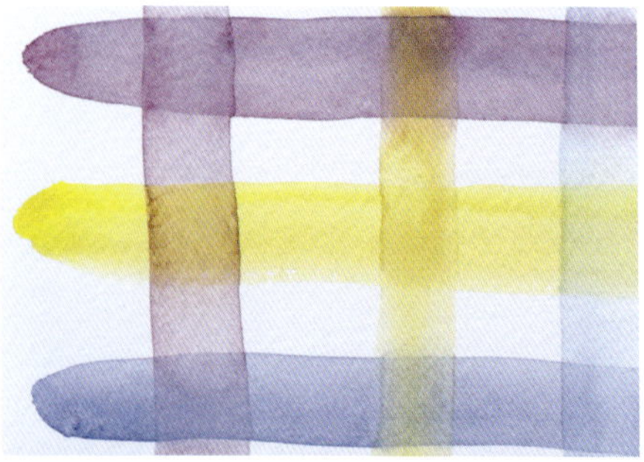

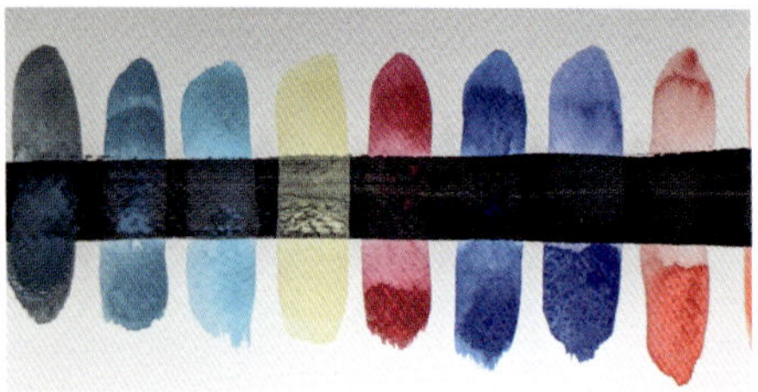

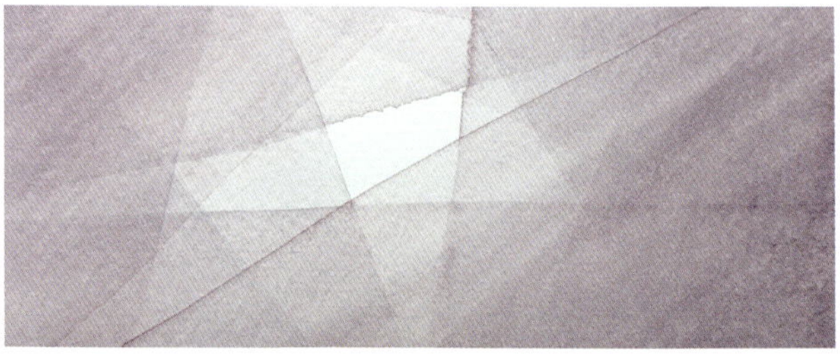

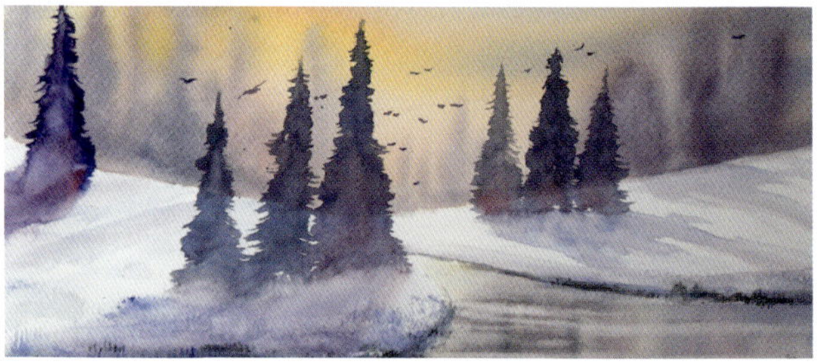

NASS IN NASS UND TROCKEN AUF TROCKEN

Je nach Wassermenge erzielst du unterschiedliche Resultate. Bilder mit viel Tiefe sind in der ersten und oft auch in der zweiten Schicht Nass in Nass gemalt. Mit der Trocken-auf-Trocken-Technik bekommst du wunderschöne Wasserstimmungen mit herrlichen Lichtreflexen auf den Wellen.

NASS IN NASS

Dieses Bild ist mit dem Ellastip komplett Nass in Nass gemalt. Du feuchtest das Blatt an und malst den Himmel, indem du Gelb und Blau verblendest und Violett für die Wolken hineinstippst. Anschließend malst du das Wasser. Sobald du beides angelegt hast, stippst du den Horizont in die feuchte Unterlage hinein.

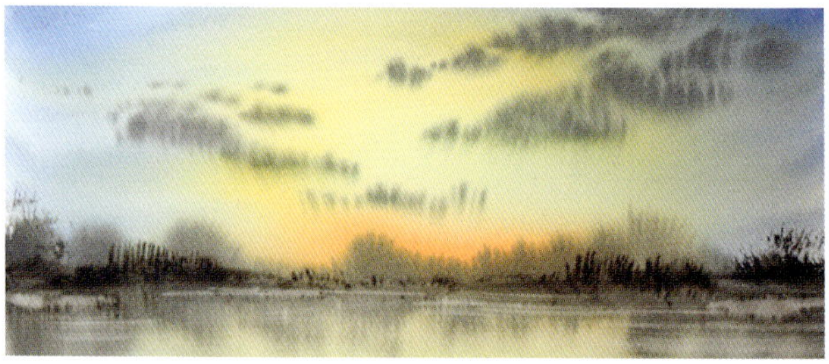

TROCKEN AUF TROCKEN

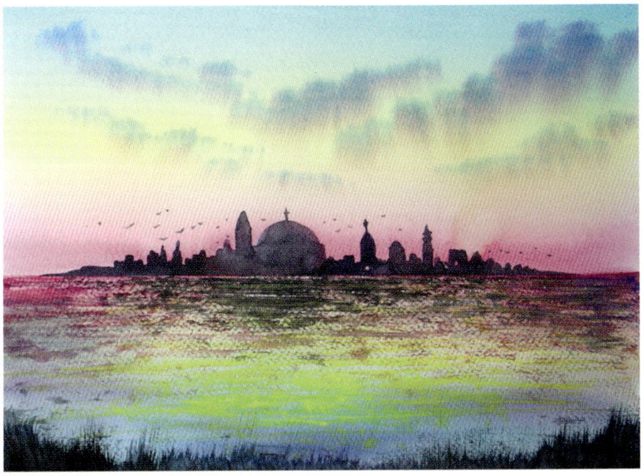

So geht's

Male zuerst Nass in Nass mit dem Ellastip den Himmel und stippe die Wolken hinein, bevor du Nass in Nass das Wasser anlegst. Sobald alles trocken ist, kannst du mit einem Detailpinsel die Stadt malen. Hier verwendest du eine dunkle Farbe, Paynesgrau bläulich zum Beispiel, oder eine selbst gemischte Farbe. Sobald die Stadt steht, kannst du mit einem trockenen Pinsel, mit welchem du nur wenig Farbe aufnimmst, die feinen Wellen andeuten, indem du den Pinsel nicht ziehst, sondern schiebst.

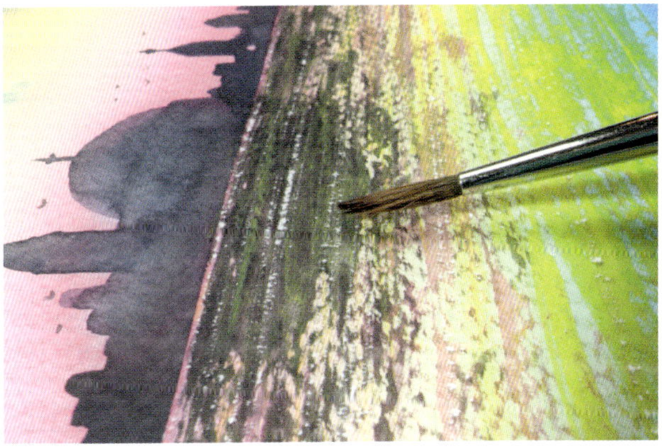

Material

AQUARELLPAPIER

- Jubiläumsblock von Gerstäcker 425 g/m^2 (30 × 40 cm)

PINSEL

- Ellastip
- Detailpinsel
- Schriftenpinsel

Farben

Purpur Magenta

Kobalttürkis

Kadmiumgelb zitron

Paynesgrau bläulich

DAZU EIN MEERBILD AUF YOUTUBE

bit.ly/3Um5lmw

Effekte im Detail

Ich liebe es, natürliche Hausmittel für Struktureffekte zu verwenden. Mit abdeckenden oder streubaren Utensilien wie Salz, Pfeffer, Alkohol oder Wachs kannst du tolle Strukturen in deinen Bildern erzeugen. Gerade Hintergründe oder auch Baumrinden und Wasser lassen sich damit wunderschön gestalten. In den folgenden Übungen wählst du jeweils eine beliebige Farbe und probierst je einen der Effekte aus.

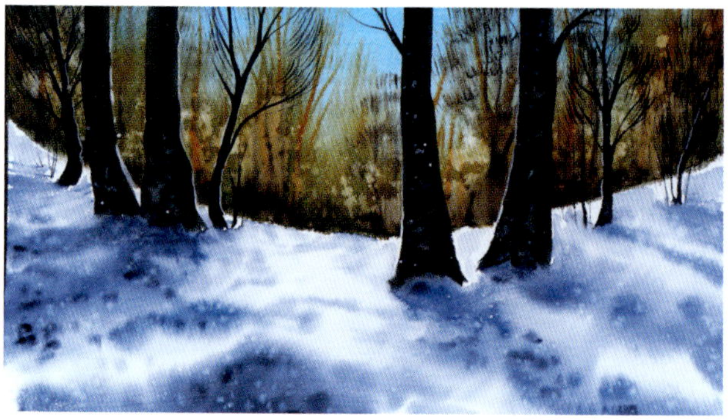

Tipp

Schaue dich in deiner Küche um und teste, wie verschiedene Stoffe in feuchter Farbe reagieren!

SPRITZTECHNIK

Ganz ohne Extrazutat gelingen dir in der Aquarellmalerei Effekte, wenn du Wasser, Deckweiß oder Alkohol in den nassen Untergrund spritzt. Feuchte ein Blatt an, trage kräftiges Paynesgrau bläulich auf und spritze etwas Wasser oder Deckweiß hinein. Ich verwende dazu immer viel Feuchtigkeit und klopfe den Pinsel über den Finger.

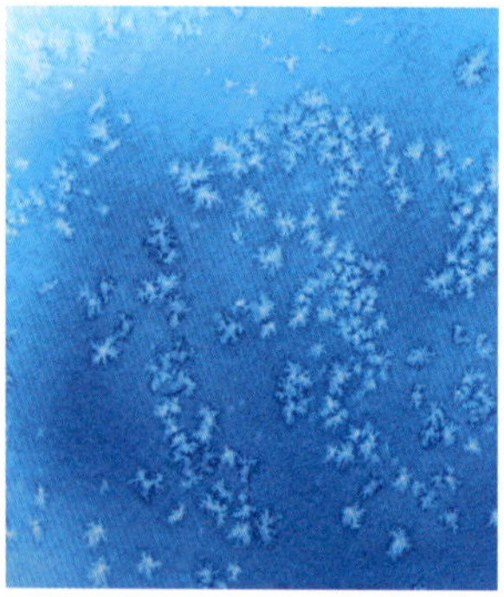

SALZTECHNIK

Feuchte ein Blatt an und grundiere es mit einem kräftigen Blau. Sobald es nicht mehr fließt, aber noch glänzt, also nicht ganz trocken ist, streust du Tafelsalz hinein und lässt es trocknen. Das Salz malt kristalline Gebilde in die Farbe. Ideal für Schnee, Eis oder Sterne.

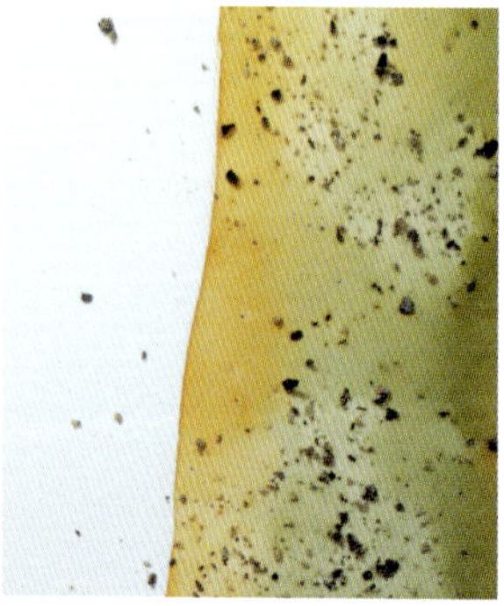

PFEFFERTECHNIK

Pfeffer verwende ich gerne für strukturierte Baumrinde. Er sammelt unter den Körnern Farbe und sorgt so für eine unregelmäßige Struktur. Male einen Baumstamm mit dickem Pinsel auf ein trockenes Blatt und mahle dann Pfeffer aus einer Pfeffermühle hinein.

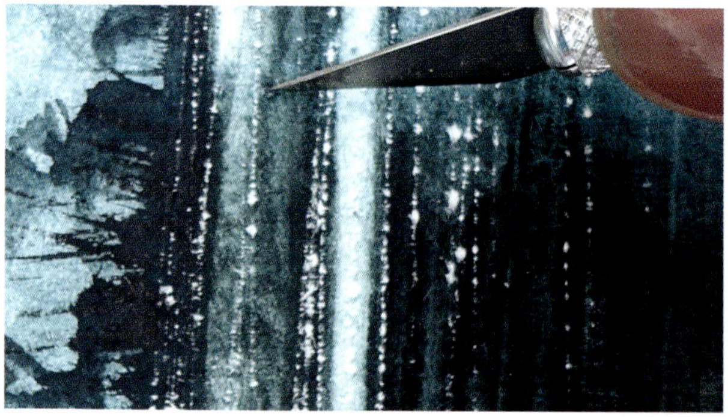

CUTTERMESSER

Einzigartige Effekte erzeugst du, indem du mit einem scharfen und spitzen Bastelmesser das Papier ein wenig anraust und so Lichteffekte zauberst. Male sehr kräftiges Paynesgrau bläulich auf ein angefeuchtetes Blatt und lass es gut trocknen, bevor du feine Lichtpunkte hineinkratzt.

SALZEFFEKT AUF YOUTUBE

bit.ly/3UokS5g

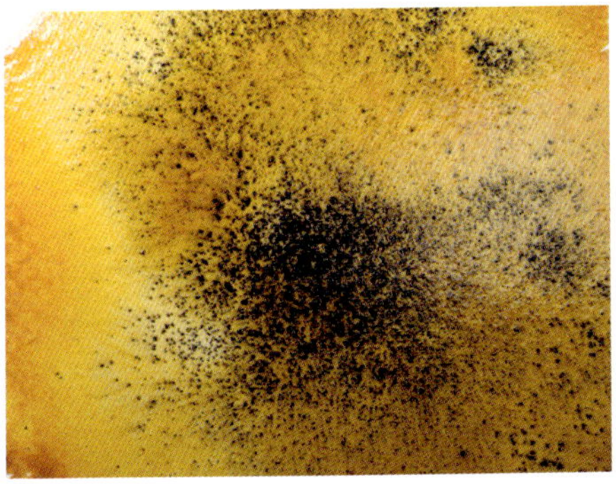

PIGMENTE

Einen weiteren Effekt erzeugst du mit Pigmenten. Entweder kaufst du dir Aquarellpigmente oder du schleifst einfach einen wasservermalbaren Buntstift über deinem feuchten Aquarellbild ab. Probiere es aus, zum Beispiel mit schwarzem Aquarellstift über Ocker.

RUBBELKREPP

Mit Rubbelkrepp kannst du Stellen auf deinem Blatt abdecken und weiß halten, egal, wie dunkel du rundherum Farbe aufträgst. Da ich kein ganz großer Fan davon bin, verwende ich, wann immer möglich, andere Methoden. Für zarte Frühlingsblüten greife ich aber sehr gerne darauf zurück.

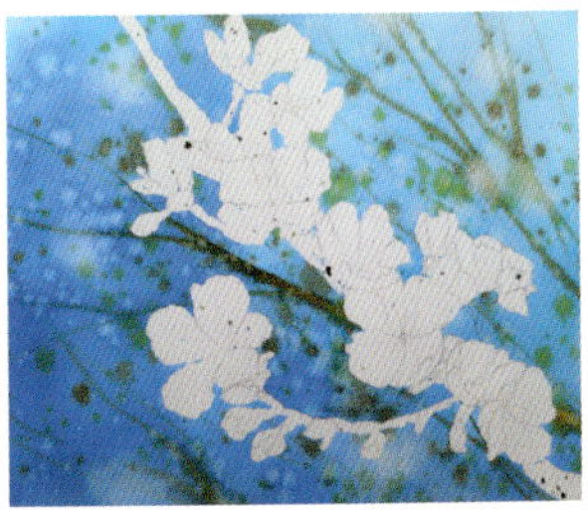

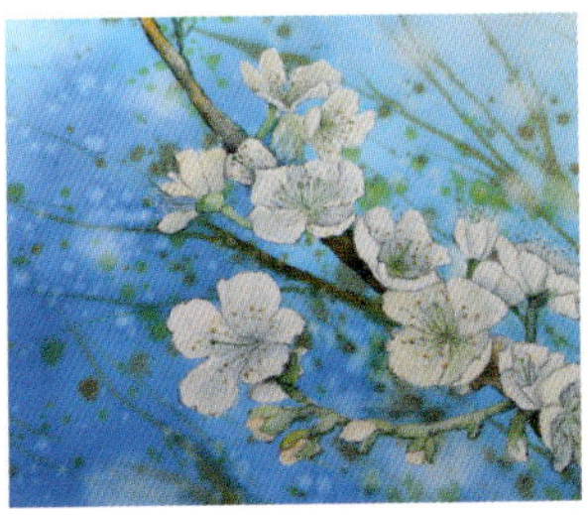

Für die Frühlingsblüten habe ich Rubbelkrepp von Schmincke und Aquarellpapier von Saunders Waterford verwendet. Ich habe die Blüten vorskizziert und den Rubbelkrepp aufgetragen. Nachdem der Hintergrund fertig und getrocknet war, habe ich den Rubbelkrepp entfernt und die Blüten im Detail ausgestaltet.

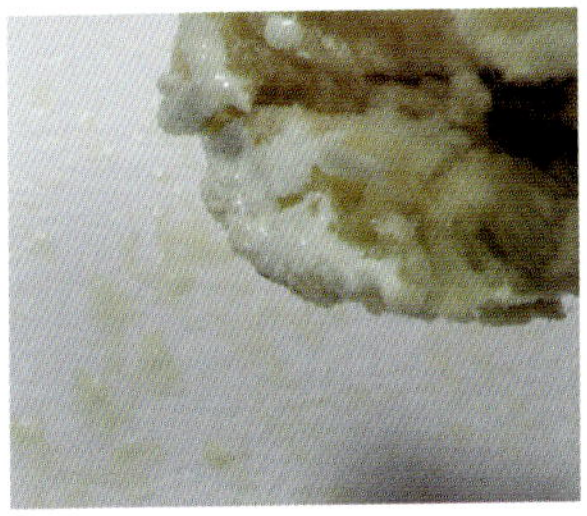

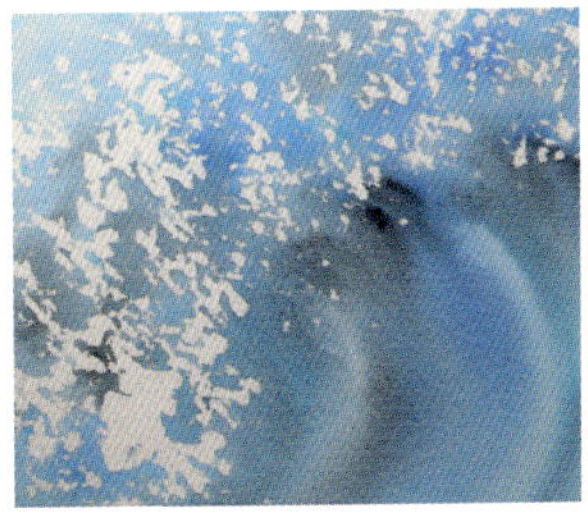

Auch für Meeresgischt ist Rubbelkrepp gut geeignet. Diesen hier habe ich mit einem alten Naturschwamm aufgetragen. Nach dem Trocknen habe ich die Welle in und unter den Rubbelkrepp gemalt und ihn dann entfernt. Zu harte Kontraste kann man auswaschen.

Tipp

Belasse Rubbelkrepp nicht länger als 24 Stunden auf dem Papier. Sonst lässt er sich nur schwer abnehmen und verletzt manchmal das Papier.

DAZU EIN BEISPIELBILD AUF YOUTUBE

bit.ly/3UQB3Kg

Wachsstifte

Tolle und vielfältige Effekte erzeugen Wachsfarben in Kombination mit Aquarellmalerei. Speziell Schneeglöckchen oder Krokusse lassen sich damit herrlich in einen dunklen Hintergrund setzen. Natürlich eignet sich Wachs auch für die weißen Tupfen auf Fliegenpilzhüten, für Schnee oder Wassereffekte wie Glitzern im Meer.

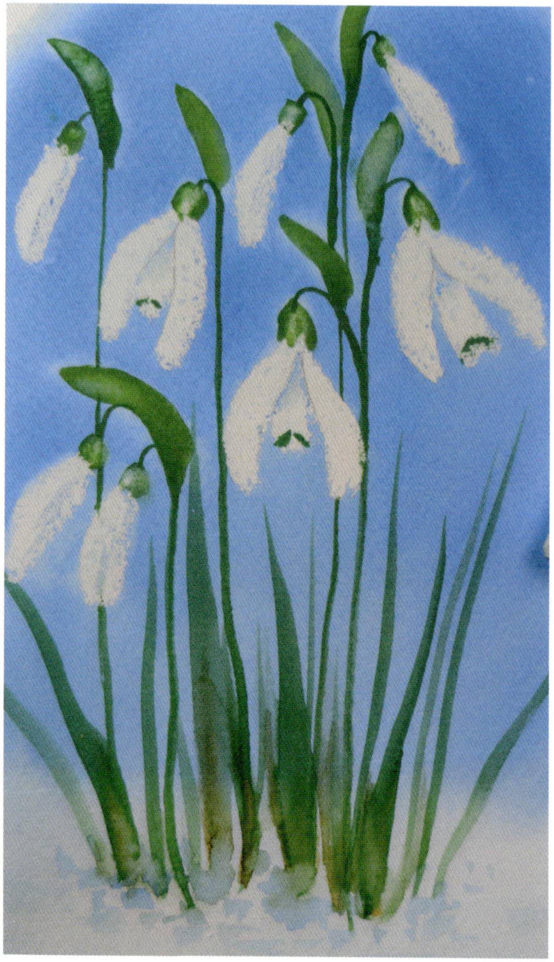

Material

AQUARELLPAPIER

- Jubiläumsblock von Gerstäcker 425 g/m² (30 × 40 cm)

PINSEL

- Ellastip
- Maestro No. 3 von Da Vinci
- Schriftenpinsel

Farben

Heliocoelinblau

Kadmiumgelb zitron

So geht's

Male auf deinem Aquarellpapier mit einem weißen Wachsstift Schneeglöckchen auf und gib anschließend mit dem Ellastip und Heliocoelinblau den Hintergrund darüber. Lass den unteren Bereich frei, als läge dort Schnee. Sobald der Hintergrund vollständig getrocknet ist, mischst du aus Heliocoelinblau und Kadmiumgelb zitron ein Grün und malst mit dem Schriftenpinsel und dem Detailpinsel die einzelnen Stängel und Blätter der Schneeglöckchen.

ÄHNLICHES BILD IN DERSELBEN TECHNIK AUF YOUTUBE

bit.ly/4a6IscD

Auswaschtechnik

Wer mich und meinen Kanal kennt, der weiß, dass die Auswaschtechnik eine meiner liebsten Techniken ist. Das Geniale daran ist, dass man bereits aufgetragene Farbe wieder loslösen und letztendlich abtupfen kann. Der Effekt, der dadurch erzielt wird, ist nicht hart abgegrenzt, sondern hat etwas sehr Sanftes, Verzaubertes.

Wenn du noch keine Bekanntschaft mit der Auswaschtechnik gemacht hast, nimm dir ein Aquarellpapier und grundiere es in einem kräftigen Dunkelgrün. Sobald es trocken ist, kannst du mit einem Schrubberpinsel etwas Farbe durch leichtes „Schrubbeln" anlösen und mit einem sauberen Taschentuch abtupfen. Vielleicht malst du zur Übung einen Waldrand, wie ihn dieses Beispielbild zeigt.

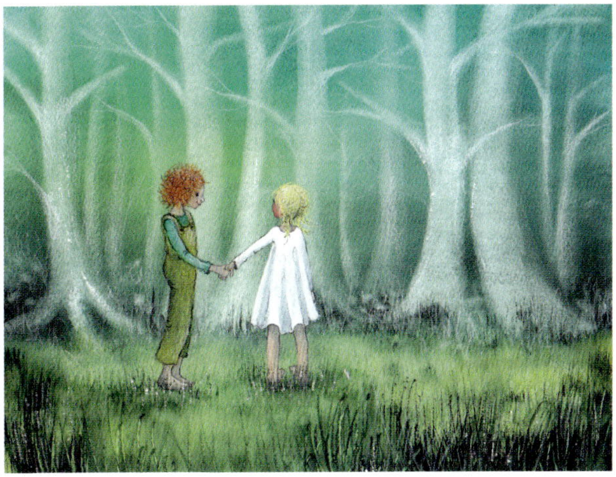

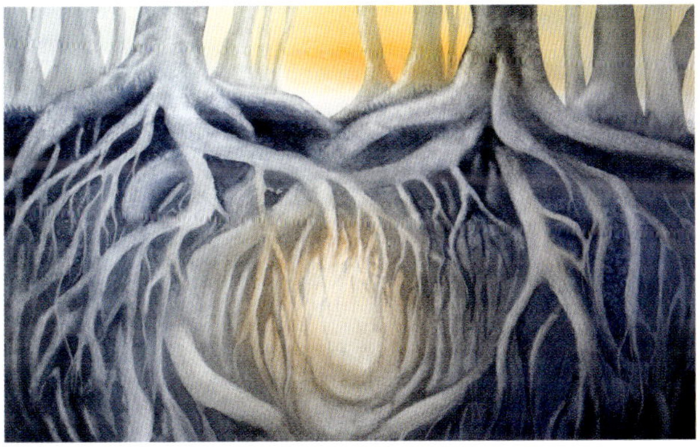

Hier habe ich den Hintergrund in Kadmiumorange hell und Paynesgrau bläulich angelegt und nach dem Trocknen mit der Auswaschtechnik die Wurzeln mit dem Schrubberpinsel hineingewaschen.

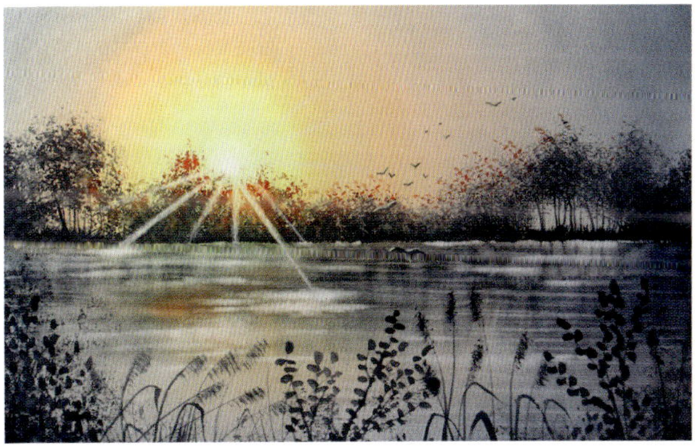

Um Sonnenstrahlen in ein fertiges Bild einzubauen, ist die Auswaschtechnik perfekt. Grabe nicht zu schnell zu tief, sondern taste dich langsam an die Tiefe und die Intensität der Strahlen heran.

Pinselführung

Die Pinsel sind unser Orchester. Je besser sie zusammenspielen, desto wohlklingender wird das Resultat. Ich habe nur ein kleines Kammerorchester an Pinseln, also nur wenige ausgesuchte Lieblingspinsel, mit welchen ich jeden Tag male. Das Üben, um mit den Pinseln elegant über das Blatt tanzen zu können, ist essenziell und hat eine direkte Wirkung auf das entstehende Bild.

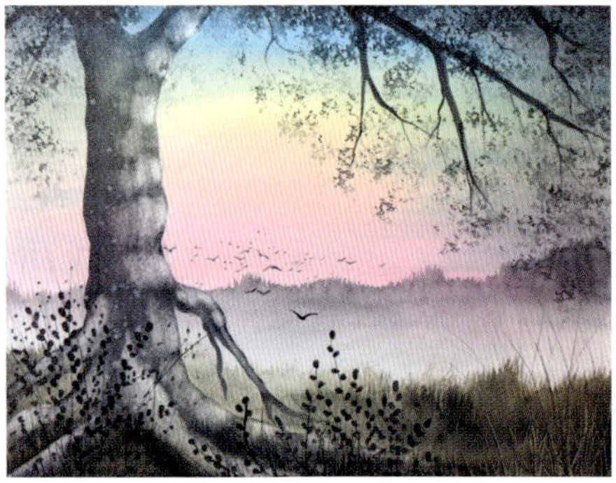

Für dieses Übungsbild habe ich verschiedene Pinsel verwendet und sie auf unterschiedliche Arten eingesetzt. Probiere es doch auch mal aus! Zunächst habe ich die Oberfläche mit dem Ellastip angefeuchtet und einen Himmel in Purpur Magenta, Kadmiumgelb zitron, Kobalttürkis, Heliocoelinblau und Paynesgrau bläulich angelegt. Die Farben habe ich verblendet.

Tipp

Starte immer bei der hellsten Farbe!

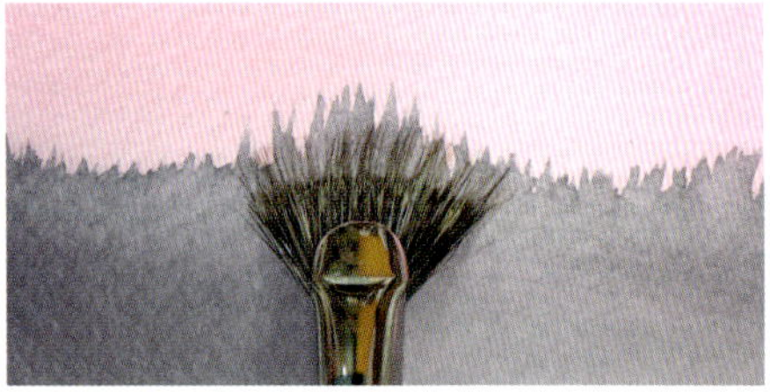

Nach dem Trocknen habe ich eine Horizontlinie gestippt. Dazu drückt man den Pinsel leicht von der Horizontlinie her nach oben und bekommt so die Silhouette eines entfernten Waldes. Nachdem der Horizont getrocknet war, habe ich mit dem Casaneo einen großen Baum in den Vordergrund gezogen und verdünntes Gouacheweiß hineingespritzt.

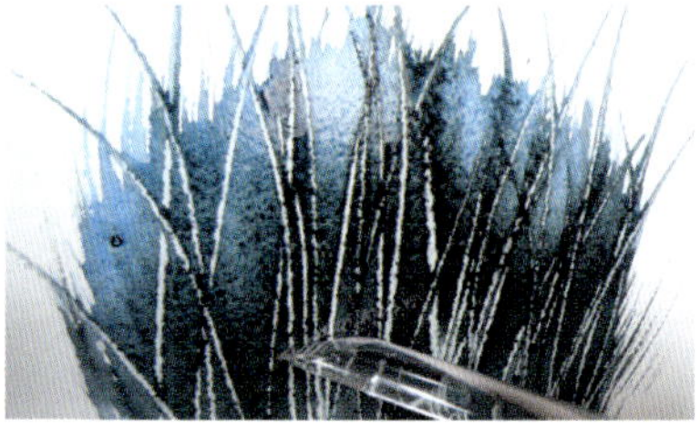

Nach dem Trocknen habe ich mit dem Schrubberpinsel helle Stellen aus dem Stamm ausgewaschen und wiederum alles trocknen lassen.

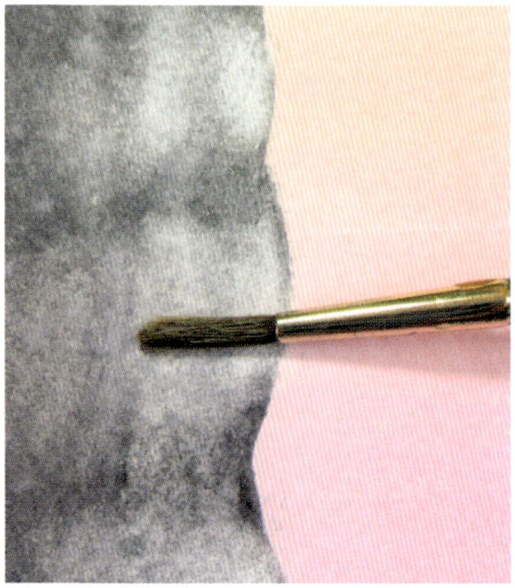

In Undersea Green habe ich eine Wiese in den Vordergrund gelegt und sie gegen rechts mit Paynesgrau bläulich abgedunkelt. Mit dem Pinselstiel habe ich Gras in die feuchte Wiese gekratzt.

Mit dem Detailpinsel und dem Schriftenpinsel habe ich in einem dunklen Farbton Blumen, Büsche und Gräser in den Vordergrund gemalt. Mit dem Casaneo und dem Schriftenpinsel habe ich Äste von oben ins Bild gezogen und mit einem Schwamm Blattwerk aufgetupft. Zum Abschluss habe ich mit dem Blackbird Vögel an den Himmel gemalt.

Mixed Media

Alles ist erlaubt, wenn es deinem Bild dient. So kannst du Ölkreiden, Pastellkreiden oder eben Buntstifte zum Überarbeiten verwenden. Ich habe in meiner Jugend gerne mit Ölkreiden meine Aquarelle überarbeitet. Seit ich Bücher illustriere, verwende ich hauptsächlich Buntstifte, meistens in Weiß und Schwarz für die feinen Details oder um etwas abzudunkeln oder aufzuhellen. Speziell Weiß erzeugt auf dunklem Hintergrund einen schönen „Schein" um eine Figur oder ein Gesicht herum.

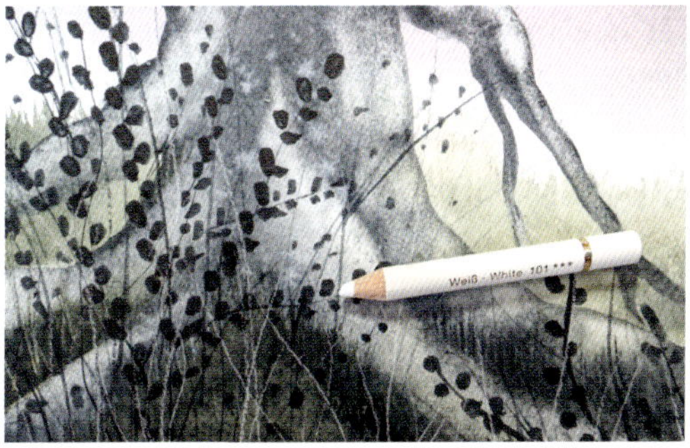

ÜBUNG LICHT MALEN MIT BOKEH-EFFEKT

Flirrende, tanzende Luft zu malen, ist gar nicht so einfach. Mit dem Bokeh-Effekt ist es aber möglich, selbst den Glanz auf Staubteilchen einzufangen.

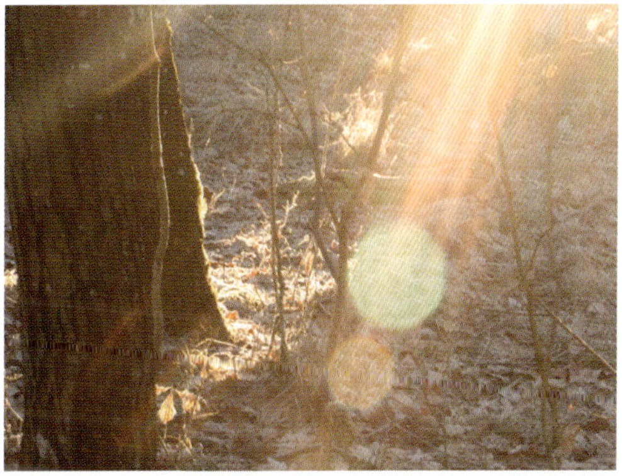

Material

AQUARELLPAPIER

- Saunders Waterford Aquarellpapier

PINSEL

- Ellastip
- Schriftenpinsel
- Maestro
- Borstenpinsel
- Blackbird

EFFEKTMITTEL

- Kreisschablone
- Aquarellnaturschwamm
- Salz
- Gouacheweiß

Farben

- Paynesgrau bläulich
- Grüngold
- Kadmiumorange hell
- Undersea Green
- Alizarin Karmesin
- Shadow Green
- Shell Pink

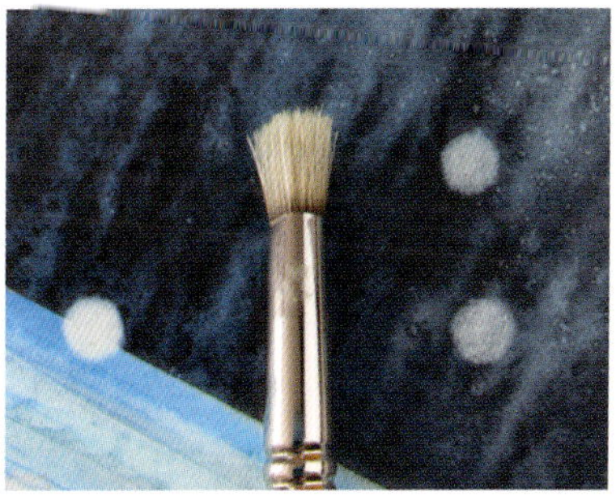

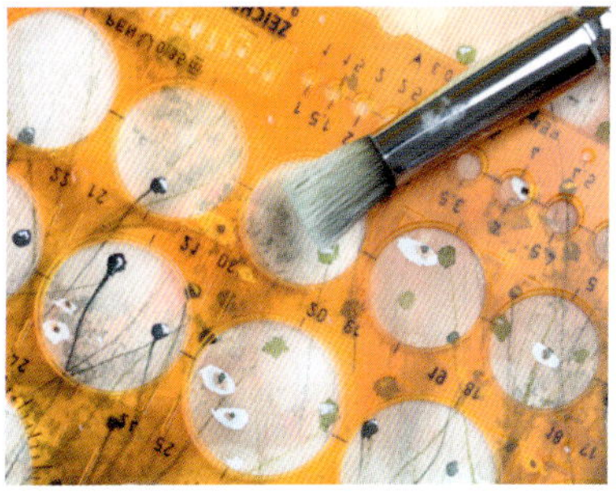

So geht's

1

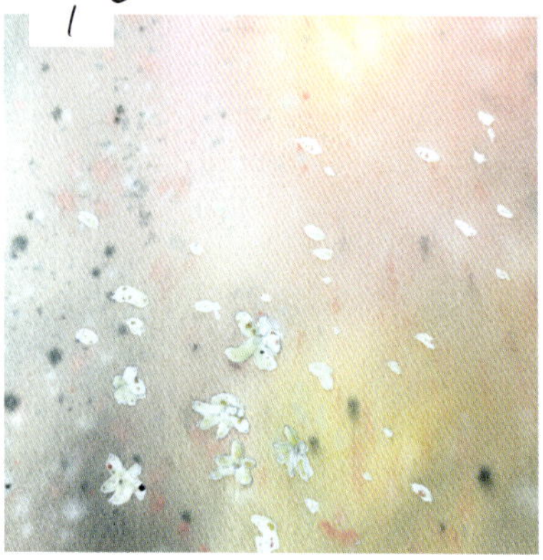

Skizziere mit Bleistift Fantasieblumen aufs Papier und decke sie mit Rubbelkrepp ab. Trocknen lassen. Feuchte das Papier mit dem Ellastip an und grundiere es in den angegebenen Farben. Achte darauf, sie immer auch rein stehen zu lassen und miteinander zu verblenden. Spritze mit Shell Pink und Undersea Green Tupfer in die nasse Farbe. Streue Salz darüber.

2

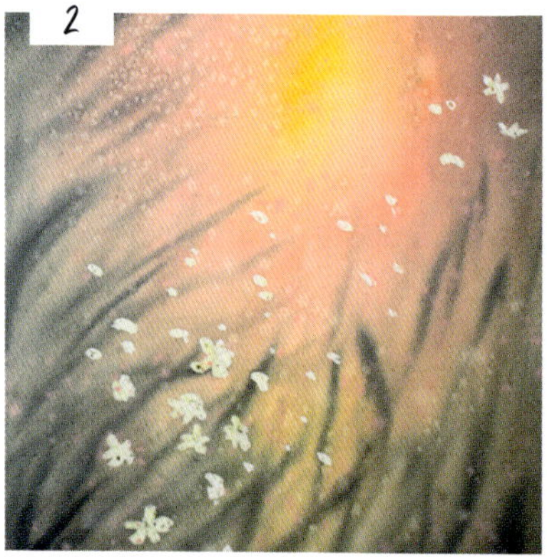

Wenn alles gut trocken ist, legst du eine zweite Schicht über das ganze Blatt und ziehst von unten mit dem Ellastip Gras in Shadow Green ins nasse Bild.

3

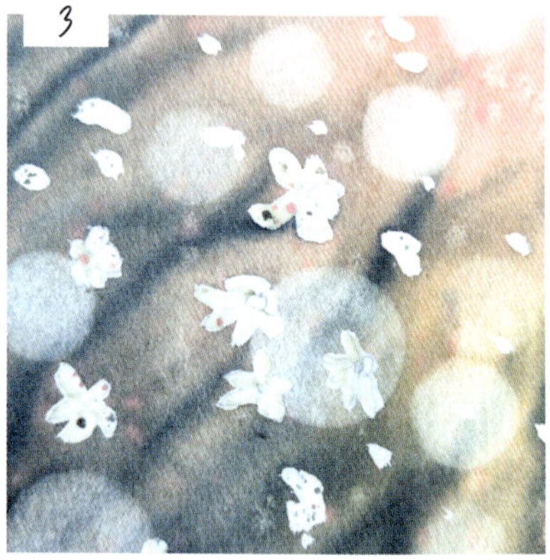

Erst wenn wieder alles getrocknet ist, nimmst du die Kreisschablone und einen flachen Borstenpinsel und beginnst in unregelmäßiger Größe, Intensität und Abstand Kreise in dein Bild zu waschen. Löse mal stärker mal schwächer die Farbe mit dem Borstenpinsel an und tupfe sie mit einem Taschentuch ab.

4

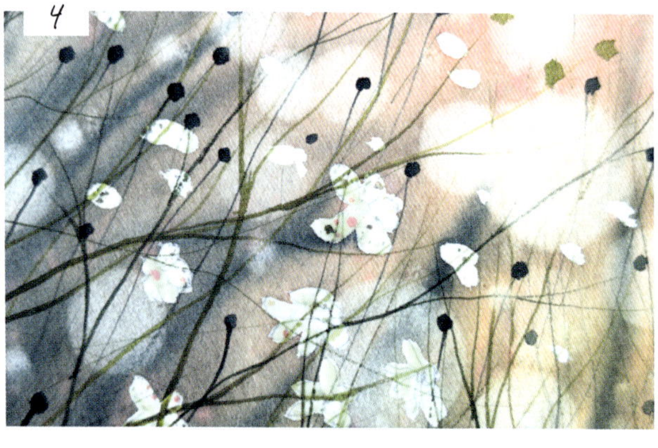

Wieder lässt du alles gut trocknen und malst dann von unten links mit dem Schriftenpinsel und Undersea Green und Shadow Green Halme und Stängel ins Bild. Mit dem Maestro tupfst du auf einzelne Halme eine Knospe.

5

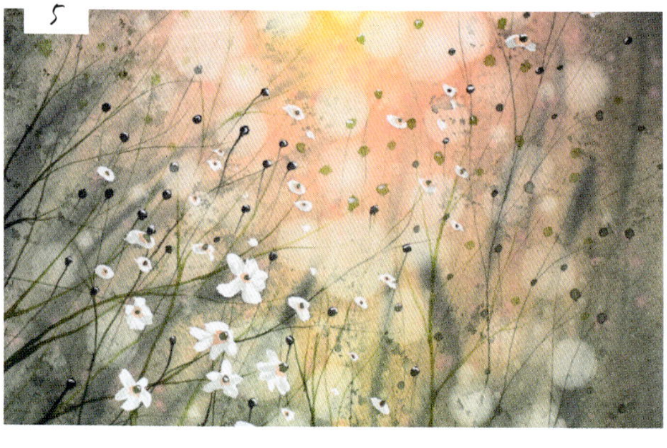

Ist die Farbe trocken, kannst du den Rubbelkrepp entfernen, indem du mit einem sauberen Frotteetuch darüberreibst. Die einzelnen Blüten können mit einem sehr verdünnten Shadow Green schattiert werden. In die Mitte habe ich eine Mischung aus Alizarin Karmesin und Shell Pink getupft und ein dunkles Shadow Green, nur aufgehellt durch einen Glanzpunkt aus Gouacheweiß nach dem Trocknen.

Perspektive

In Landschaftsbildern hast du es immer mit Perspektive zu tun, die sich sehr unterschiedlich zeigen kann. Ganz leicht und schnell kannst du Tiefe mit Farben erzeugen. Die Farbperspektive lässt in einem Bild verschiedene Ebenen entstehen.

Merke

Wenn du die Tiefe noch unterstreichen möchtest, unterstützt du die Farbperspektive mit der Linearperspektive.

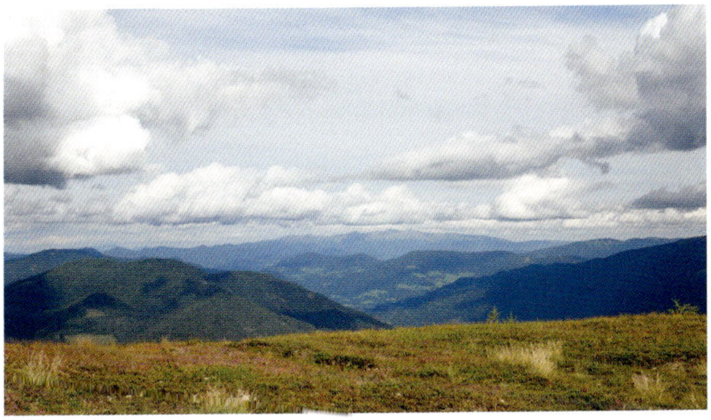

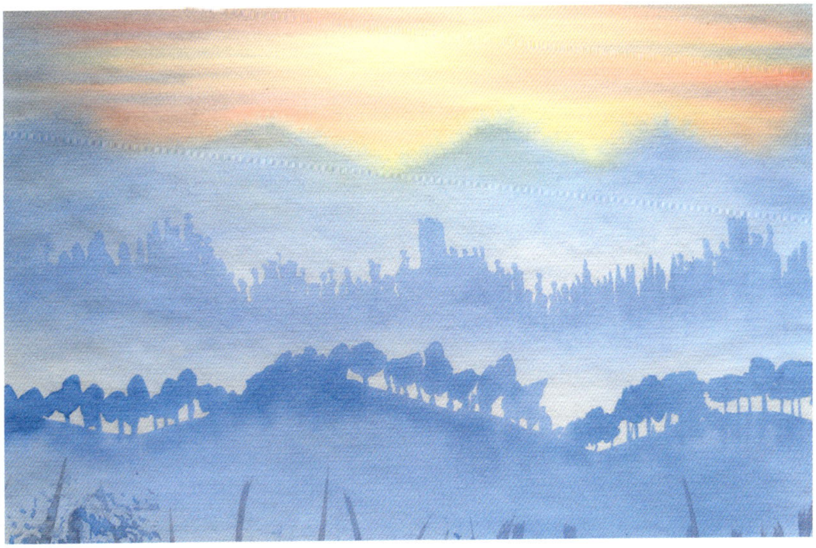

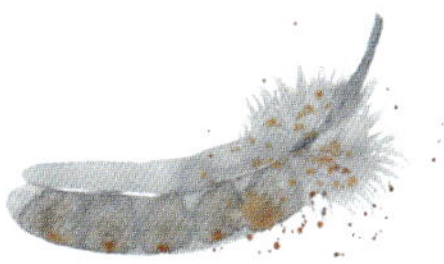

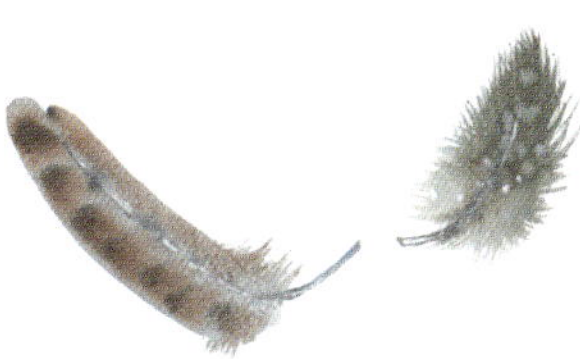

In diesem Beispielbild entsteht die Perspektive rein durch die Farben. Ich habe beim Himmel angefangen und dann zart den Horizont hineingelegt. Als die erste Schicht trocken war, habe ich den nächsten Hügelzug hineingemalt, diesmal einen Hauch intensiver, also dunkler. So gehst du vor, bis du ganz vorn im Bildvordergrund angekommen bist. Für jede Landschaftsschicht nimmst du ein wenig mehr Farbe und zeigst die Details immer deutlicher. Vorne malst du dann ganz dunkel und lässt die Elemente bis ins letzte Detail sichtbar werden.

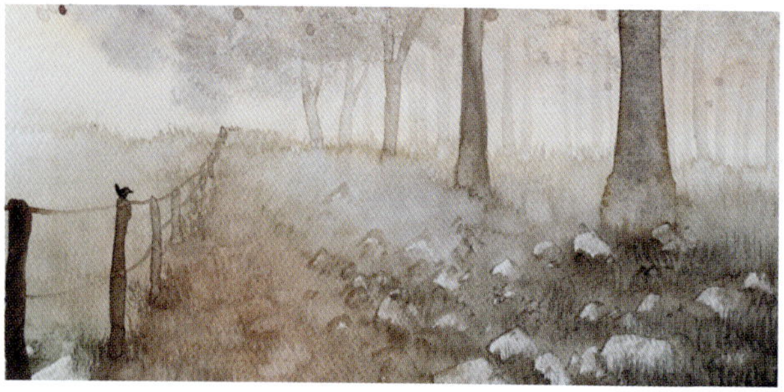

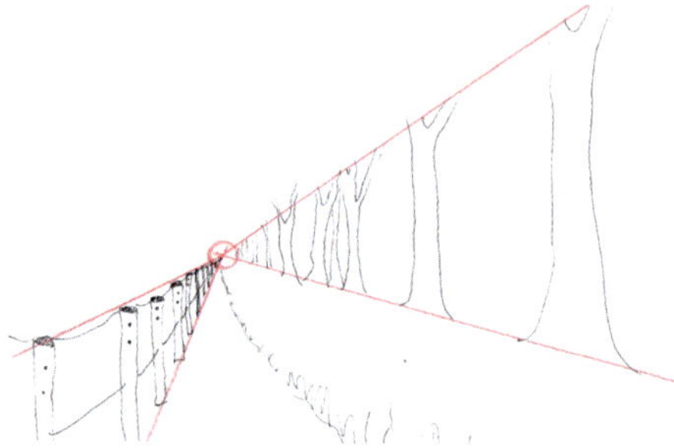

Bei der Linearperspektive laufen alle Linien in einem Fluchtpunkt zusammen. Mit Zäunen kannst du die Tiefe im Bild noch verstärken. Zeichne die Pflöcke vorn groß, dick und weit auseinanderstehend. Nach hinten hin werden sie kleiner, dünner und stehen immer enger beieinander.

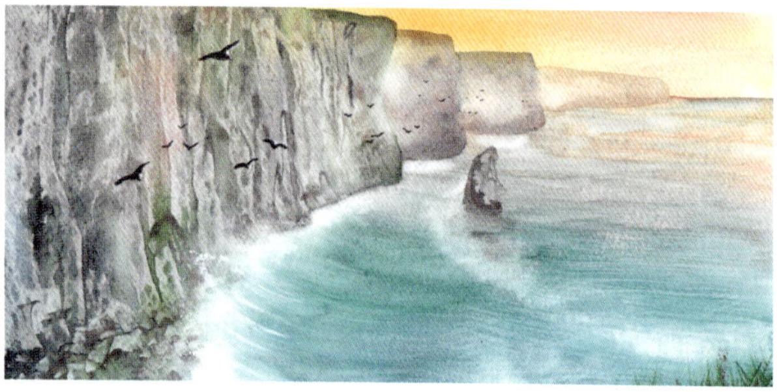

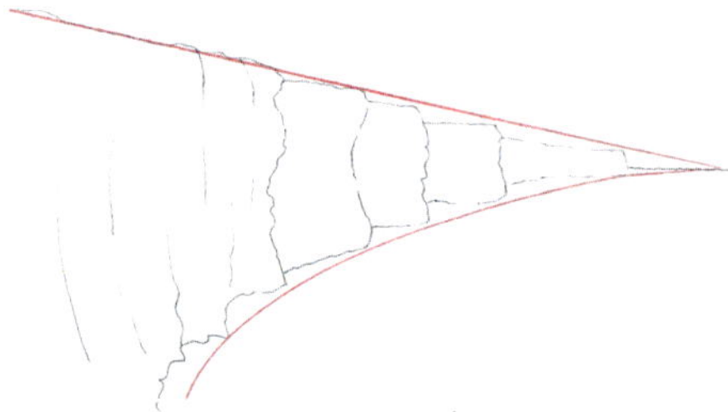

Ähnlich verhält sich die Perspektive bei dieser irischen Felsenküste. Auch hier verjüngt sich alles in Richtung Fluchtpunkt.

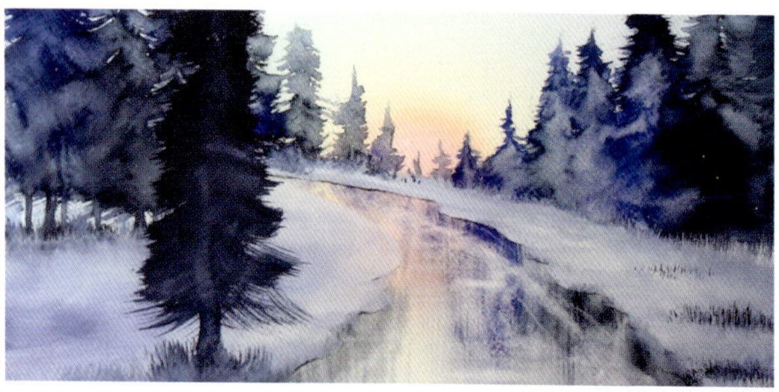

Flüsse und Wege wirken in der Biegung immer breiter als auf der Querverbindung.

Dörfer und Städte brauchen ein Höchstmaß an Perspektive. Um sie nicht allzu konstruiert wirken zu lassen, verwende ich sehr gerne einen Faden statt eines Lineals. Diesen befestige ich im Fluchtpunkt und kann ihn so ein wenig beugen. Speziell Märchendörfer sehen dann anmutiger aus.

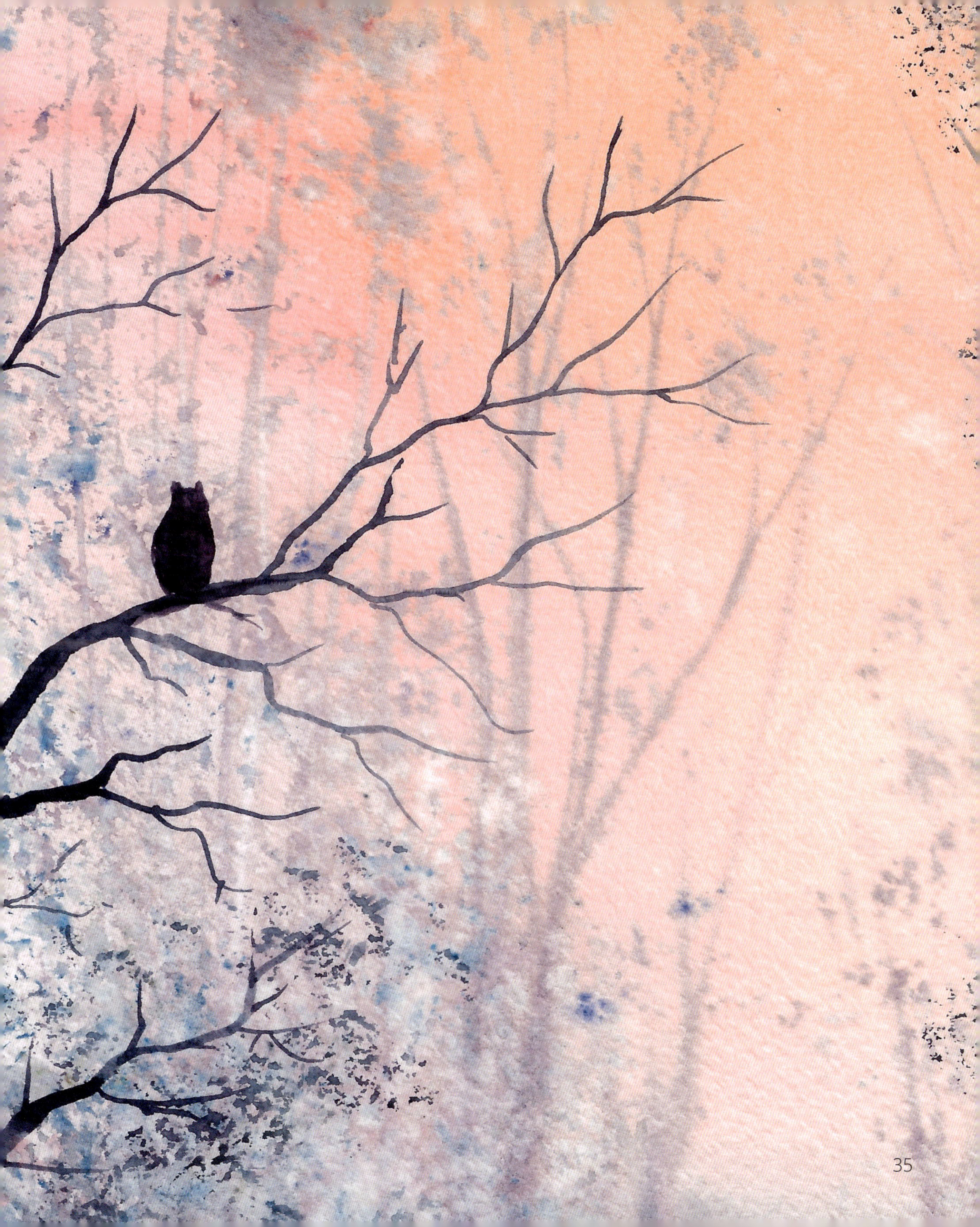

Magische Details

Bäume

Seit vielen Jahren arbeite ich an Techniken, die einfach sind und eine große Wirkung zeigen. So beschäftige ich mich immer wieder mit dem Thema „Baum". Bäume sind wichtige Bestandteile von Landschaftsbildern und tragen stets die persönliche Note ihres Erschaffers. Es ist nicht ganz einfach, den eigenen „Baumstil" zu verändern, denn er sagt sehr viel über uns aus, erzählt vom Schwung unserer Hand und unseren Möglichkeiten der Pinselführung. Ganz bewusst probiere ich daher unterschiedliche Bäume aus, versuche, den Pinsel anders zu halten, ihn eckiger zu führen oder „kratziger" zu malen, um auch knorrige Bäume ins Leben zu rufen. Daneben gibt es aber auch die klaren Baumfiguren oder die biegsamen Äste der Birken. Zudem ist das Erscheinungsbild von Bäumen je nach Jahreszeit sehr unterschiedlich. Im Winter kann man wunderbar das Baumskelett anschauen und genau erforschen, wie sich die Äste verzweigen und sich die ganz feinen Zweige an der Peripherie der Baumkrone gebärden. Im Frühling kann man beobachten, wie jeder Baum eine Art rotgoldene Aura bekommt, bevor dann die gebündelte Energie in die Knospen schießt und entweder hellgrüne Blättchen oder weiße Blüten erscheinen. Im Sommer tragen gesunde Bäume ein saftig-grünes Kleid. Vom Stamm und den Ästen ist nicht mehr viel sichtbar, bis dann im Herbst der Baum rotgolden dasteht und langsam seine Blätter in alle Winde verteilt.

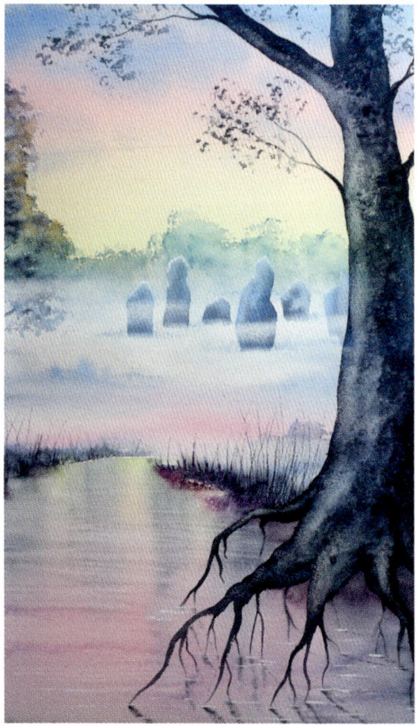

Tipp

Laubbäume und Obstbäume male ich immer von unten nach oben und von der Mitte nach außen. So ist es für die Äste am stimmigsten.

VIDEO ZUM MALEN VON BÄUMEN AUF YOUTUBE

bit.ly/3wyBteC

Nun werde ich dir ein paar Baumarten und Aufbaumöglichkeiten zeigen. Wenn du einen großen Baum im Vordergrund malen möchtest, verwendest du einen Casaneo, damit der Stamm schön dick wird. Für kleinere Bäume weiter weg nehmen wir den Schriftenpinsel.

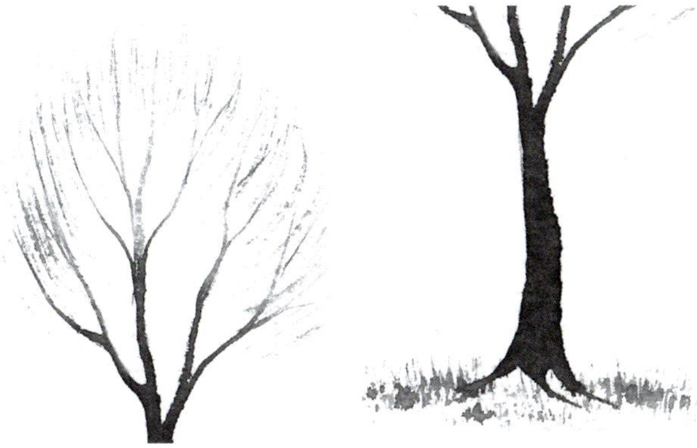

WINTERBAUM

Male mit dem Schriftenpinsel den Stamm und die Äste ohne Laub bis in die Peripherie der Baumkrone. Für die äußersten Äste verwendest du den Ellastip mit den feinen Härchen.

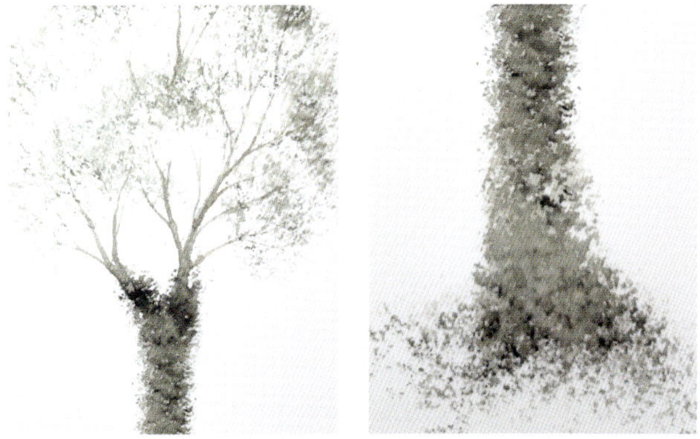

EFEUBAUM

Möchtest du einen Baum mit Efeustamm malen, tupfst du zuerst den Stamm mit dem Aquarellnaturschwamm. Anschließend malst du die Äste. Auch hier kannst du ein durchbrochenes Ästeskelett anlegen und mit dem Schwamm das Laub hineintupfen. Den Fuß des Baumes kannst du mit dem Ellastip „bewachsen" lassen.

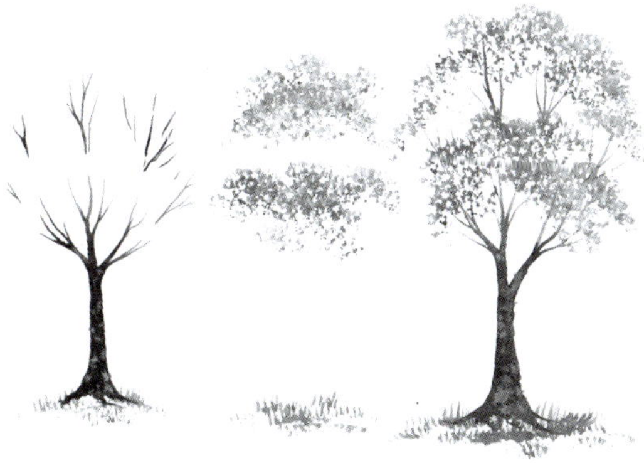

SOMMERBAUM

Für einen Sommerbaum malst du den Stamm und nur den Ansatz der Äste. Dann lässt du einen Bereich frei und malst erst wieder ein paar Zweige weiter außen in der Baumkrone, sodass das Ästeskelett durchbrochen ist. Alles mit dem Schriftenpinsel. Anschließend füllst du die Krone durch Tupfen mit dem Naturschwamm mit Laub. Lass dabei unbedingt ein paar Stellen frei, damit man die Äste sehen kann.

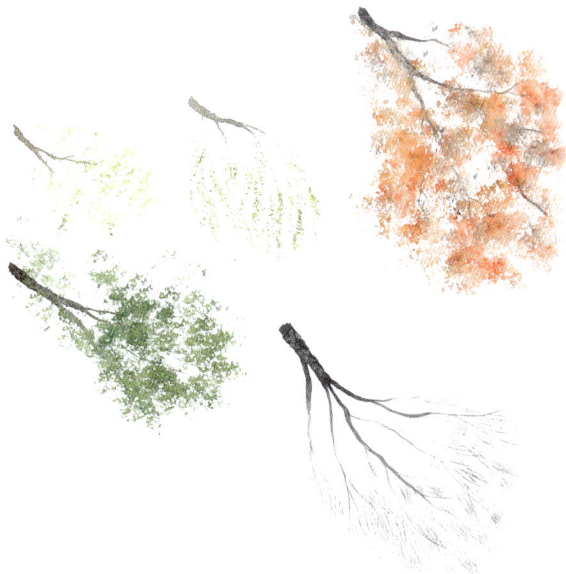

ÄSTE IM LAUF DER JAHRESZEITEN

Die Bilder zeigen die Äste von Laubbäumen in den verschiedenen Jahreszeiten: Frühling, Sommer, Herbst und Winter.

BAUMRINDE

Baumrinde kann ganz unterschiedlich aussehen. Oft verwende ich Effektmittel, um die Rinde zu gestalten.

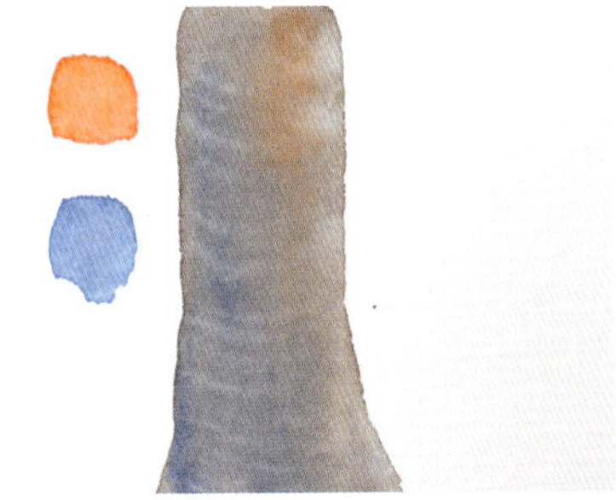

Diese Rinde ist mit Ultramarinblau und Zinnoberrot gemalt. Sobald die Farbe ein wenig angetrocknet war, habe ich mit dem Ellastip feine Wasserstreifen hineingezogen.

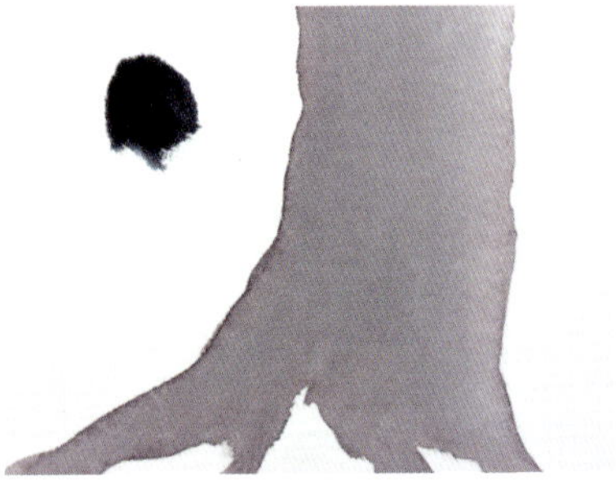

Dieser Baum trägt eine Rinde aus Alizarin Karmesin und Paynesgrau bläulich. Ich habe die rechte Stammseite ein wenig ausgewaschen, sodass er dreidimensional wirkt.

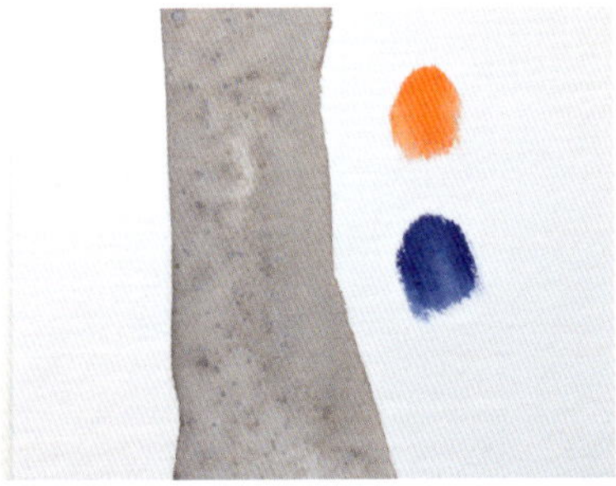

Der Stamm entstand aus einer Mischung aus Zinnoberrot und Ultramarinblau. Hineingestreuter Pfeffer sorgt für zusätzliche Struktur.

Den Birkenstamm habe ich mit Ultramarinblau gezogen. In die trockene Oberfläche habe ich dann trocken eine sehr dunkle Mischung aus Zinnoberrot und Ultramarinblau aufgetragen.

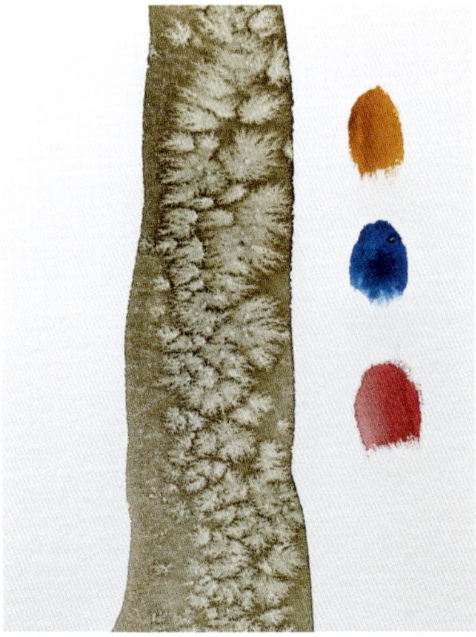

Diesen Stamm ziert eine Mischung aus Heliocoelinblau, Titangoldocker und Alizarin Karmesin mit hineingestreutem Salz.

BAUMSCHATTEN

In einem Bild mit Lichtquelle wirft ein Baum natürlich einen Schatten. Wichtig ist, darauf zu achten, dass der Schatten immer in der Flucht von der Lichtquelle weg gemalt wird.

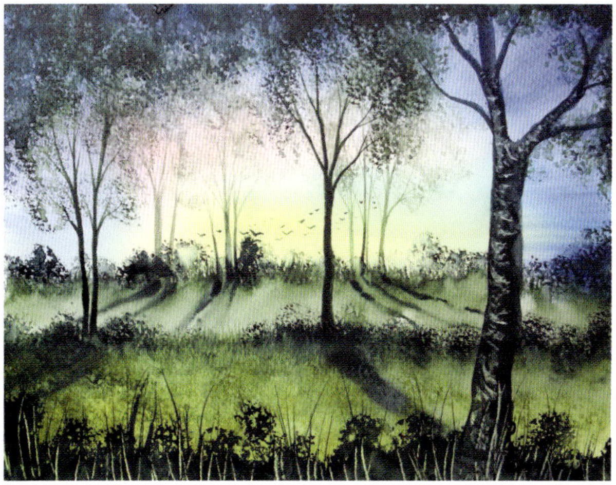

NADELBÄUME

Für das einfache Malen eines Nadelbaums im Sommer benötigst du den Ellastip. Du setzt ihn in der entsprechenden Farbe im rechten Winkel aufs Papier und ziehst nach rechts und links kleine Bögen.

Für schneebedeckte Tannen malst du mit Braun einen Stamm und mit zartem Blau den Schnee hinein. Mit dem Ellastip und einem Blaugrün kannst du unter dem Schnee ein wenig von den grünen Zweigen sichtbar werden lassen.

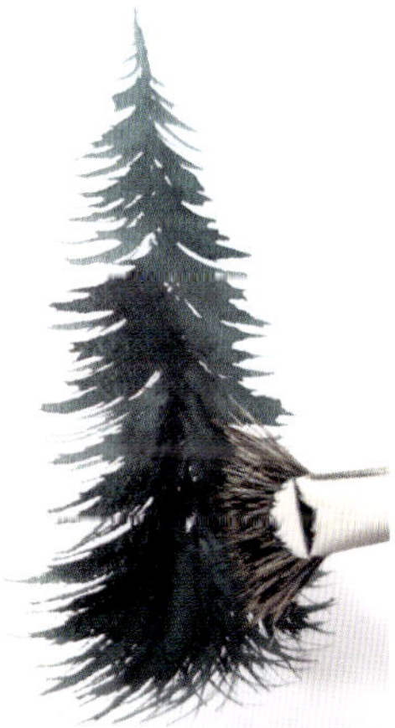

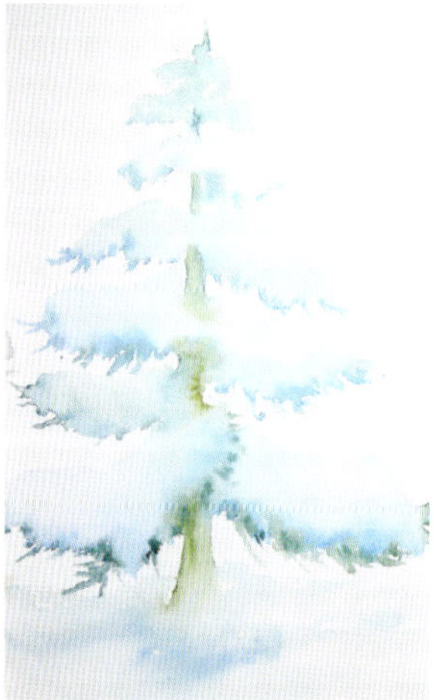

MEHR ZUM THEMA FINDEST DU AUF YOUTUBE

is.gd/iEUG7t

Nebel

Mit etwas Nebel wirkt die Atmosphäre schnell verzaubert. Die Nass-in-Nass-Technik eignet sich sehr gut, um Dunst darzustellen. Bäume, die in der Ferne im Nebel stehen und nur schemenhaft zu sehen sind, malen in ein Bild sofort eine geheimnisvolle Stimmung.

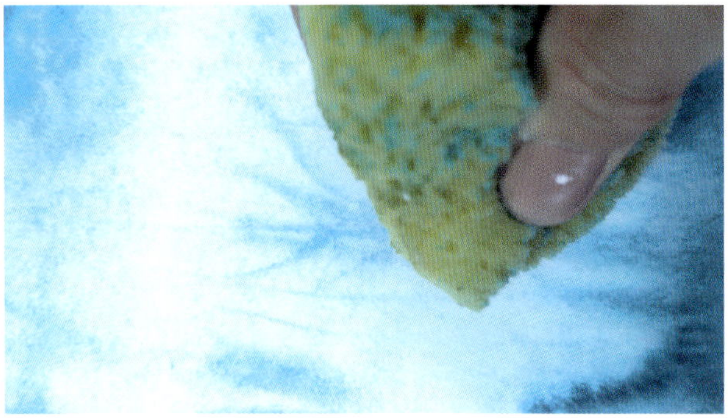

Eine Möglichkeit, Nebel in ein Bild zu bringen, ist mittels Auswaschtechnik und einem Naturschwamm, der die Ränder duftig wirken lässt. Oder du lässt einfach weiße Bereiche auf dem Papier stehen, zum Beispiel für Nebeltäler.

DAZU EIN VIDEO AUF YOUTUBE

tinyurl.com/2d6xsgxp

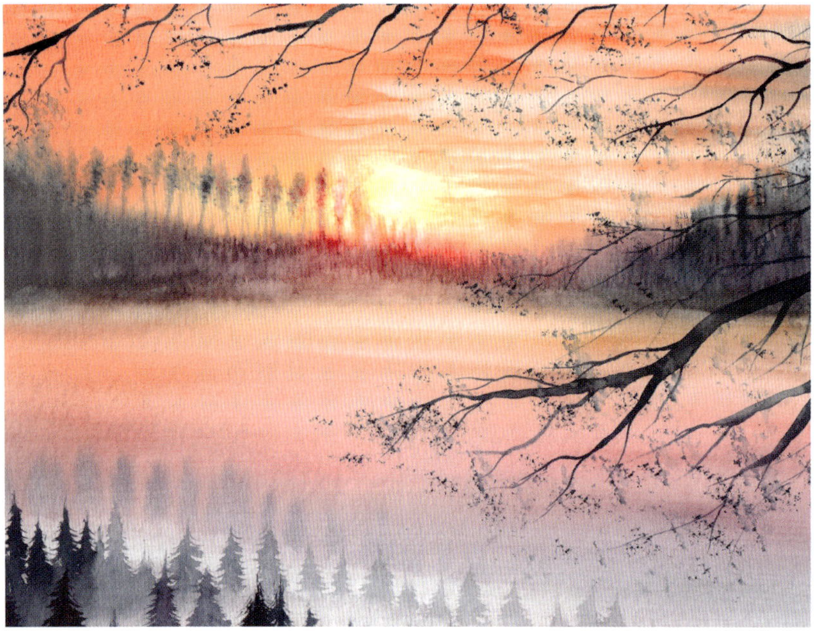

Hier lasse ich den Nebel in den Farben des Himmels leuchten. Die Nadelbäume werden unterhalb der Horizontlinie und auf den Vordergrund zu sanft stärker.

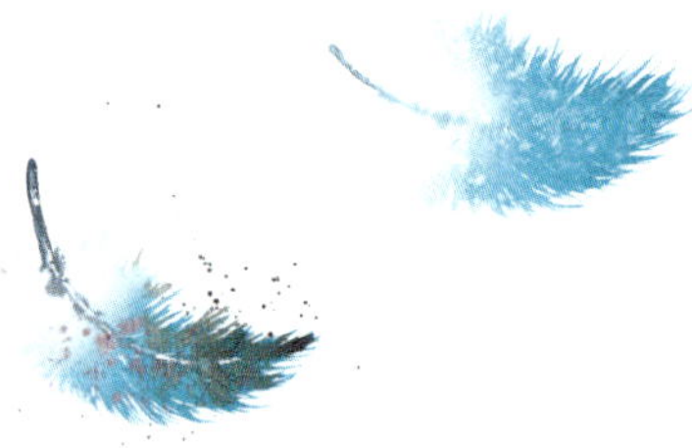

Steine

Steine sind in einem Landschaftsbild genauso wichtig wie Bäume. Oft male ich sie dort, wo ich einen Übergang brauche: als Abschluss am Ufer eines Flusses oder als mystisch wirkende Zutat in einer Waldwiesenlandschaft.

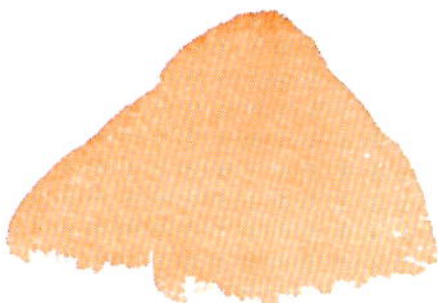

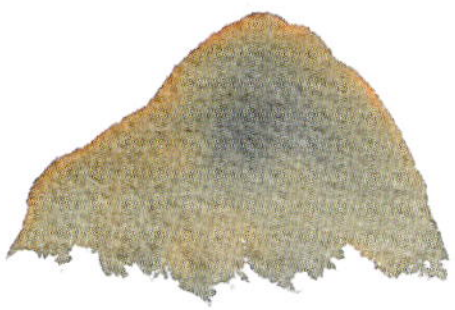

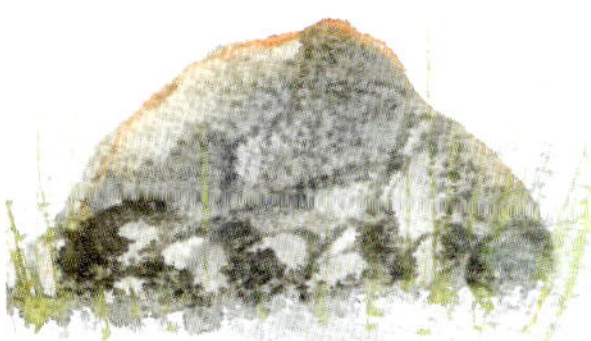

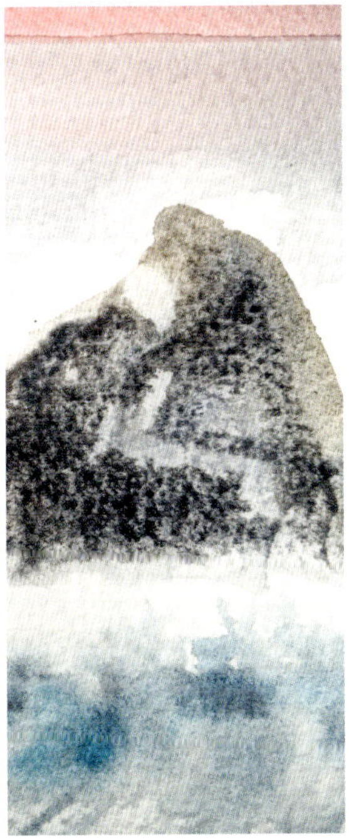

Mit der Kratztechnik sind Steine sehr schnell in ein Bild gezaubert. Du trägst Farbe auf, optional einen helleren Farbton unter einen dunkleren, und kratzt dann mit einer alten Plastikkarte, die du zurechtgeschnitten hast, über die Oberfläche. Traue dich, recht fest zu drücken, und kratze, solange die Farbe noch feucht, aber nicht mehr schwimmend nass ist.

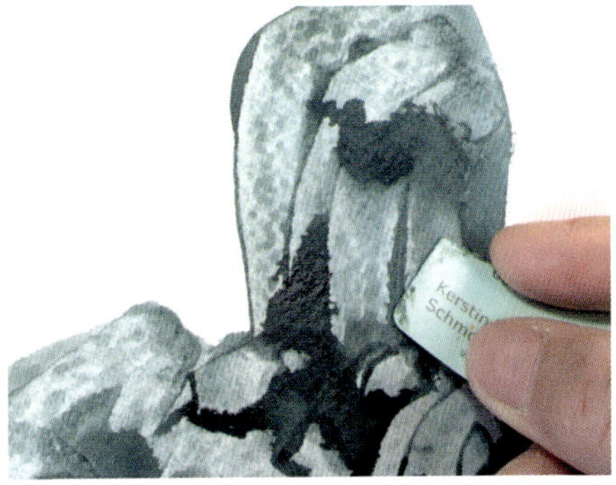

In mystischen Bildern tauchen oft bemooste Steine auf. Probiere das doch einfach mal vorab auf einem A5-Aquarellpapier aus. Male in die Mitte mit Paynesgrau bläulich und dem Casaneo eine Felsformation und kratze mit der Plastikkarte Felsstrukturen hinein.

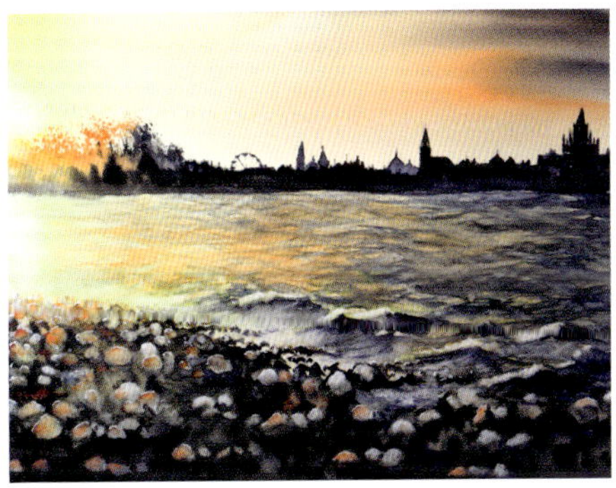

In diesem Bild habe ich die Steine mit dem Casaneo gemalt. Nach dem Trocknen habe ich die Steine ausgewaschen und teilweise mit Zinnoberrot schimmernd angemalt, als würden sie im Abendsonnenlicht glänzen.

Figuren und Krafttiere

Hier ist unsere Welt und gleich dort ist die „Anderwelt"! Kinder haben oft noch die Möglichkeit, mit offenen Augen dort hineinschauen zu können. Wir Erwachsenen haben diese Fähigkeit meistens nicht mehr. Für uns öffnet sich der Vorhang vor der Anderwelt nur durch unsere Fantasie. In unserer Welt ist es wunderschön, hier gibt es eine klare, stille Natur. In der Anderwelt lebt diese Natur auf eine andere Art und Weise. Die Lebendigkeit ist sichtbar, weshalb auch Elfen, Zwerge, Kobolde und Feen dort zu Hause sind. Der Schleier zwischen dort und hier ist so hauchdünn, dass wir besondere Plätze als Kraftorte empfinden können, als ein wenig magisch. Die Natur ist natürlich eine Brücke, aber auch Düfte und Kindheitserinnerungen können eine Hilfe sein. Himmelsstimmungen, Nebel oder Sonnenstrahlen, einfallend durch einen Dunstschleier, lassen uns oft ehrfurchtsvoll innehalten und uns öffnen für das zarte Licht. Wenn wir mitten in der Natur an einem Kraftort sind und die Augen ein ganz klein wenig zusammenziehen, dann können wir die kleinen Wesen erahnen, die so viel Energie versprühen, dass unsere Fantasie getriggert wird.

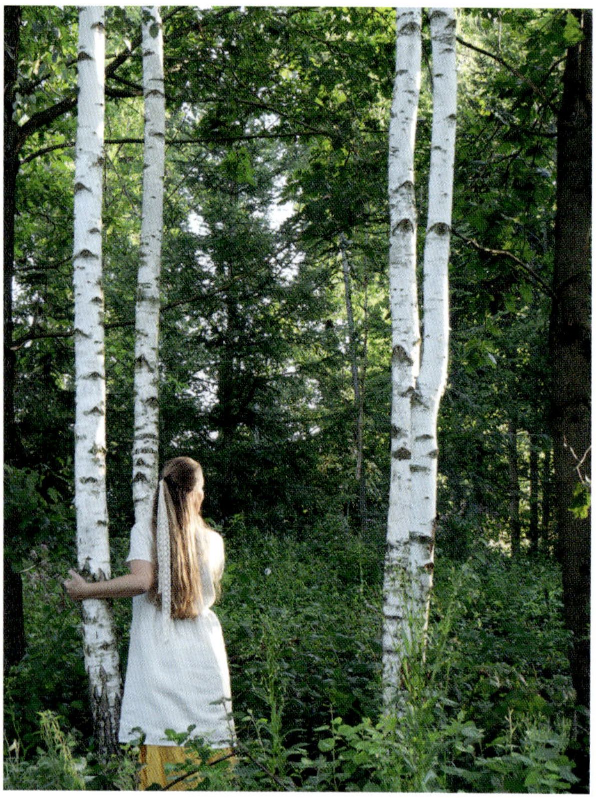

Sehr gerne lasse ich meine Figuren in einem Bild in die Landschaft hinausschauen. Oft male ich sie von schräg hinten oder im Profil, mitten in einer Bewegung eingefangen oder in Beziehung zu einem Tier. Ich werde dir einen einfachen Aufbau zeigen, mit dem du ohne Schwierigkeiten zu sehr schönen Figuren kommen kannst. Es ist sicher ratsam, wenn du ein wenig übst, bevor du eine Figur in ein fertiges Landschaftsbild hineinsetzt.

Merke

Die Figuren in unseren Bildern sind recht klein, das heißt, die Details müssen reduziert werden.

ÜBUNG 1
GESICHTSAUFBAU

Material

EFFEKTMITTEL

- Bleistift 3B

Wir starten mit den Proportionen von frontalen Gesichtern. Male auf ein Papier eine Reihe aufrechter Ovale mit einem exakten Kreuz in der Mitte. Setze die Augen mit Punkten genau zwischen die Mittellinie und den Rand des Kopfes. Ein kleiner Bogen deutet die Augenlider und die Augenbrauen an. Den Bereich zwischen der Kreuzmitte und dem Kinnbogen teile ich in vier gleich große Teile. Die zwei Punkte für die Nase kann ich genau in die Mitte zwischen der Kreuzmitte und dem Kinnbogen malen.

Merke

Je näher die Nase bei der Augenlinie ist, desto niedlicher wirkt das Gesicht. Ähnlich wie bei einer Stupsnase.

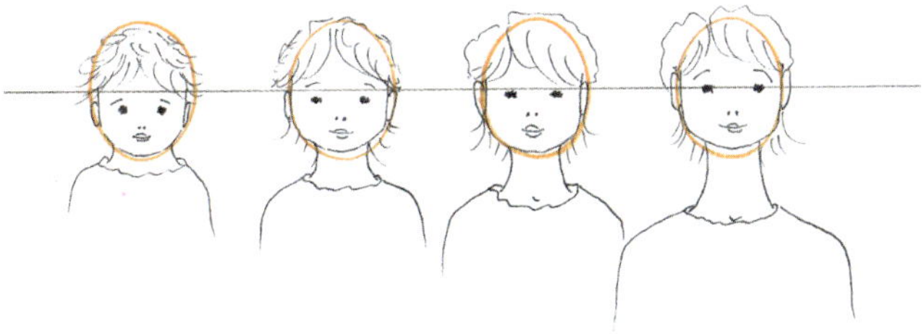

Diese Vorlage zeigt dir Gesichter in unterschiedlichem Alter. Kleinkinder haben eine sehr große Stirnpartie, während die Augen- und die Mundpartie klein sind und weit unterhalb der späteren Augenlinie liegen. Auch haben sie einen recht kurzen Hals, der sich langsam streckt und schmaler wird, je mehr sich das Kind dem Erwachsenenalter nähert. Gleiches gilt für das Augen-/Munddreieck, das größer wird, je älter das Kind wird.

Wenn die Kinn-/Mundpartie nicht zu groß ist, wirkt eine Figur jünger und kindlicher. Den Mund male ich sehr vereinfacht mit einem längeren und zwei kürzeren Strichen, die sich nicht berühren. Nun müssen wir nur noch den Hals malen, der nicht so breit ist wie der Kopf. Zum Schluss folgen die Haare. Betrachte gut den rechten Kopf in der ersten Reihe. Die innere Haarlinie ist unterhalb des Scheitelbogens, die äußere Haarlinie ist weiter außen. So bekommt das Haar Volumen. In der zweiten Reihe findest du Anregungen für verschiedene Frisuren.

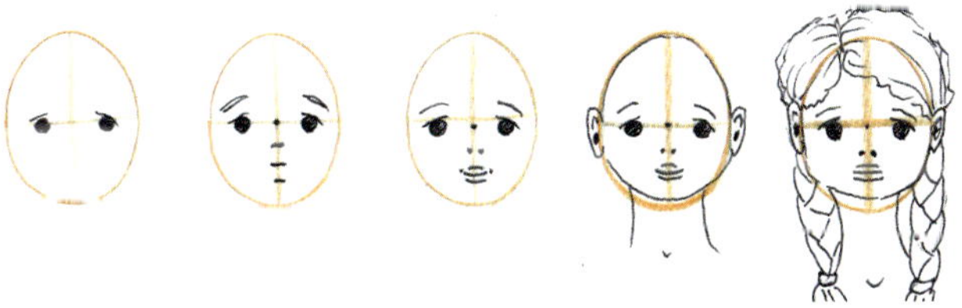

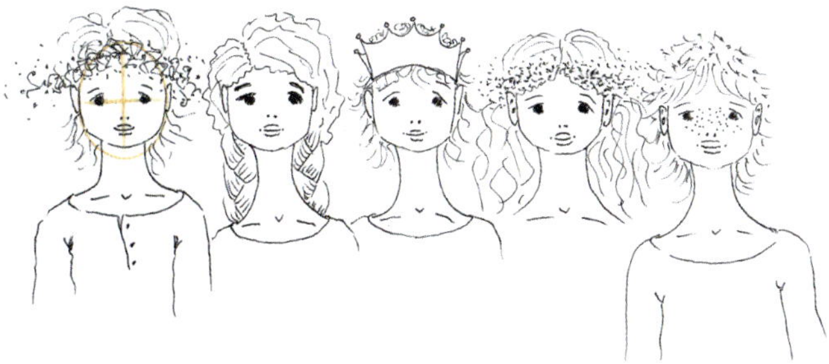

ÜBUNG 2
DAS PROFIL

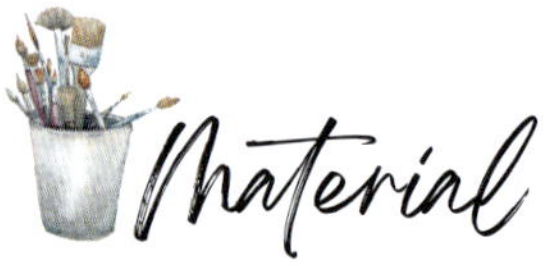

EFFEKTMITTEL

- Bleistift 3B

Nun widmen wir uns dem Gesicht im Profil. Male wieder mehrere Ovale mit Kreuz, die aber diesmal in verschiedene Richtungen geneigt sind.

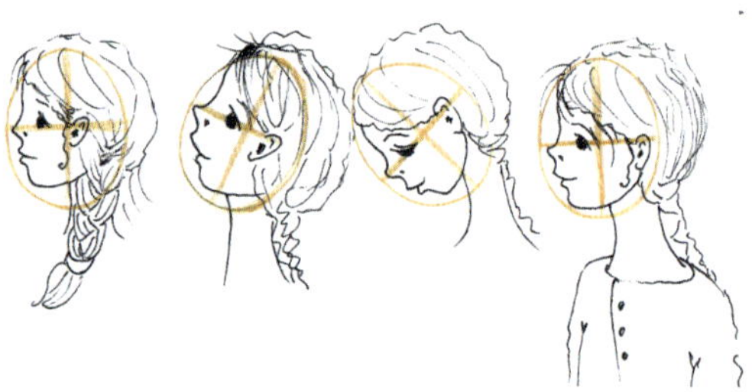

Male bei einem ersten und geraden Gesicht die Profillinie, sodass die Nase leicht unterhalb und die Augen leicht oberhalb der Augenlinie liegen. Zeichne das so bei allen Köpfen ein, wobei die Kopfneigung immer abhängig von der Augenlinie ist.

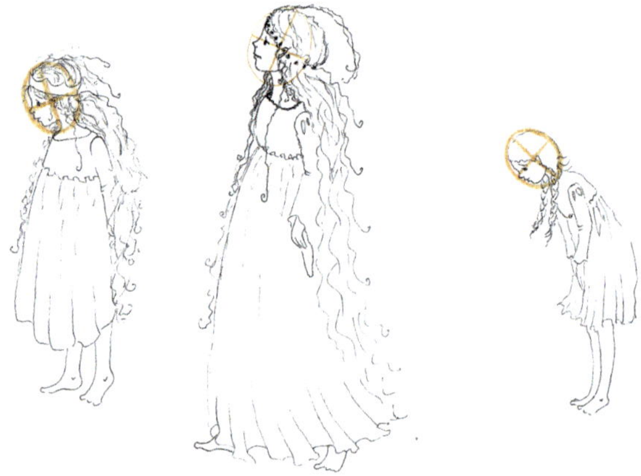

ÜBUNG 3
DER GEDREHTE KOPF

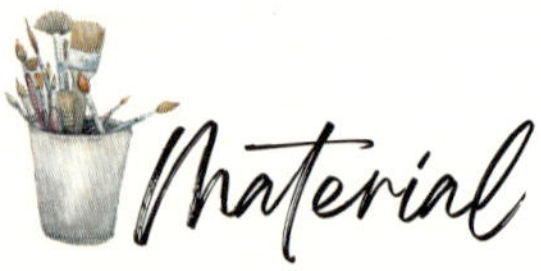

EFFEKTMITTEL

- Bleistift 3B

Das halb gedrehte Gesicht ist sicherlich die Königsdisziplin. Zeichne auf einem Papier die Mittellinie ein, dazu eine Linie für Nase und Mund. Bereite die Ovale vor. Male dann ganz links ein Gesicht frontal. Als Nächstes drehst du es um etwa 45° und passt den Blickwinkel an. Der Kopf hat eine kleine Einbuchtung, dort, wo das Auge liegt, und meist eine rundliche Wange. Die Nase liegt sehr weit rechts, ich deute sie mit einem kleinen Bogen an. Der Mund ist ebenfalls versetzt und näher am rechten Wangenrand. Dreidimensional werden Gesichter erst nach dem Kolorieren.

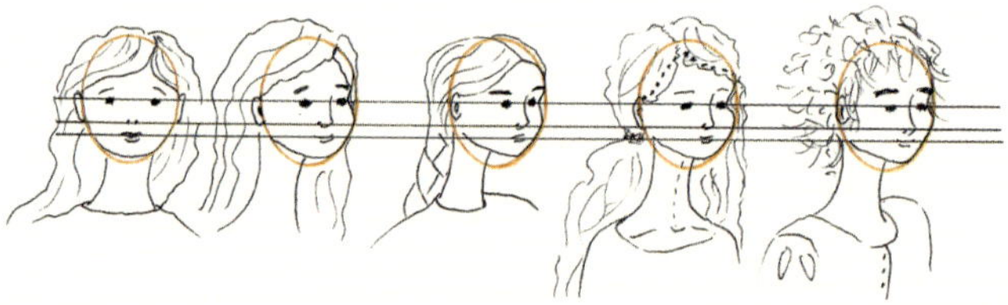

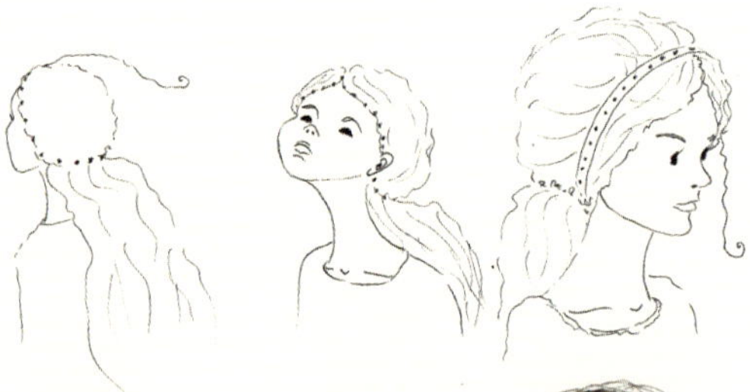

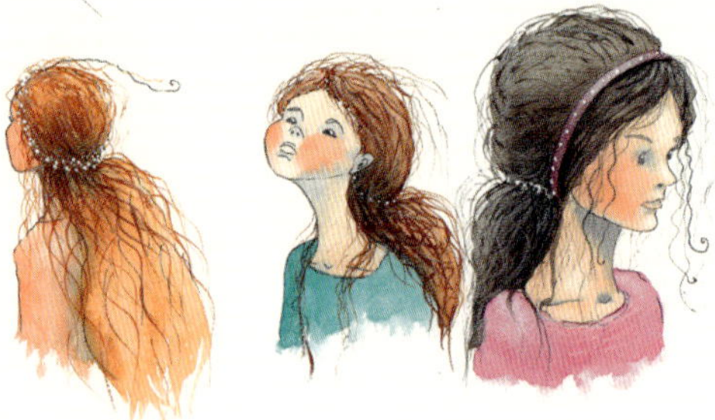

ÜBUNG 4
KÖRPERPROPORTIONEN

Material

EFFEKTMITTEL

- Bleistift 3B
- Lineal

Den Körper eines erwachsenen Menschen kannst du in etwa acht Bereiche einteilen, den eines siebenjährigen Kindes in fünf und den eines Kleinkinds in vier. Nun siehst du, wie der Kopf im Verhältnis zum restlichen Körper mit dem Alter immer kleiner wird. Der Kopf eines Erwachsenen macht nur noch ein Achtel des Körpers aus, bei einem Siebenjährigen ist es ein Fünftel und bei einem Kleinkind ein Viertel. Beachte auch die Länge des Halses. Nimm dir nun einen Bleistift der Stärke 3B und ein Lineal für die Linien. Zeichne die drei Körpergrößen in das Raster. Je öfter du dich an Figuren traust, umso leichter gehen sie dir von der Hand.

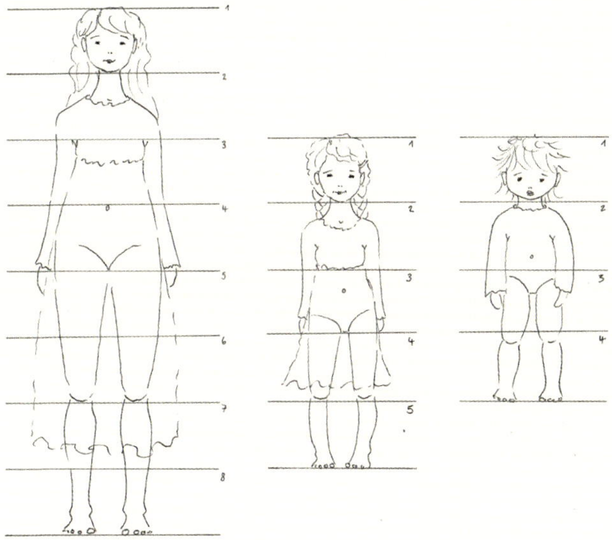

ÜBUNG 5
EINE FIGUR ENTSTEHT

Material

AQUARELLPAPIER

- Aquarellblock Jubiläumsausgabe von Gerstäcker 30 × 40 cm

PINSEL

- Ellastip
- Casaneo
- Maestro
- Schriftenpinsel
- Schrubberpinsel

EFFEKTMITTEL

- Buntstift in Weiß und Schwarz
- Bleistift 2B
- Gouacheweiß

Farben

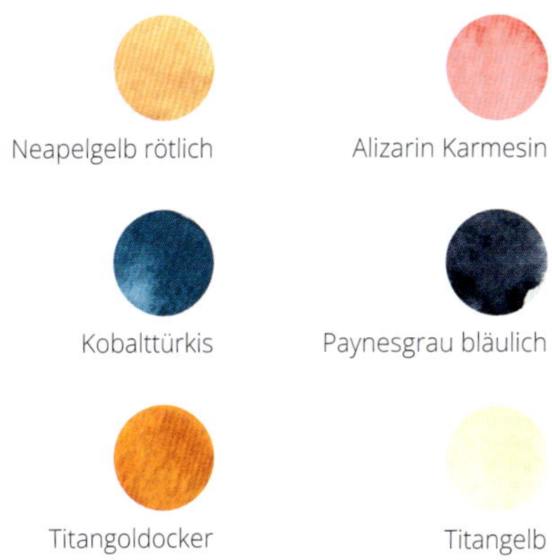

So geht's

1

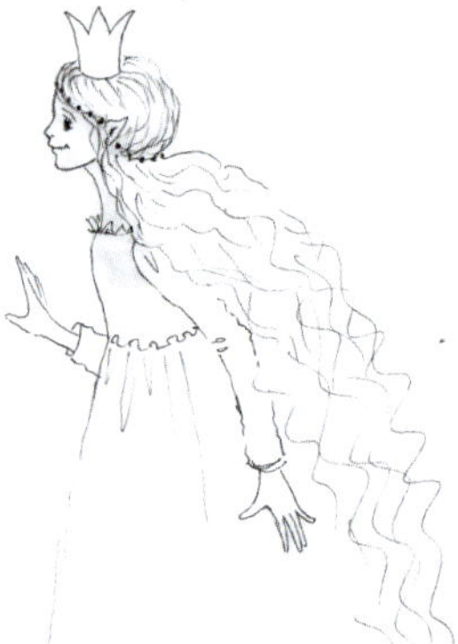

Mit dem Bleistift skizzierst du diese Figur auf dein Blatt. Du kannst die Vorlage auch kopieren, indem du die Rückseite mit einem Grafitstift ganzflächig bemalst und auf der Vorderseite über die Figur fährst. So wird sie direkt auf dein Blatt übertragen.

2

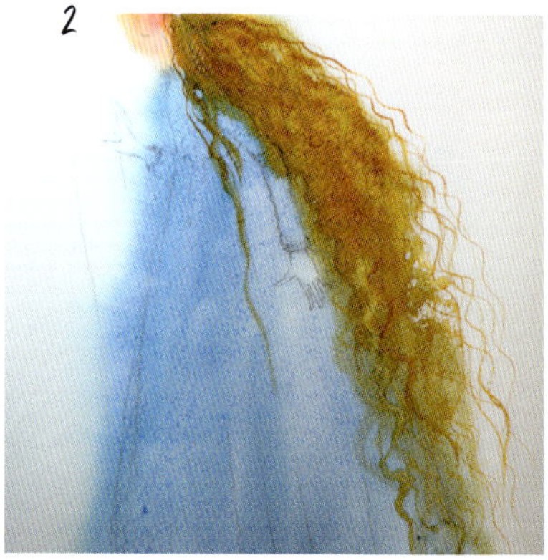

Feuchte dein Papier an und grundiere die Figur in den entsprechenden Farben direkt in die Feuchtigkeit hinein. Figuren auf hellem Hintergrund gibt diese Verlauftechnik eine verzauberte Wirkung. Achte besonders auf das kleine Gesicht, auf dessen Wangen du mit stark verdünntem Karminrot Tupfen gibst.

3

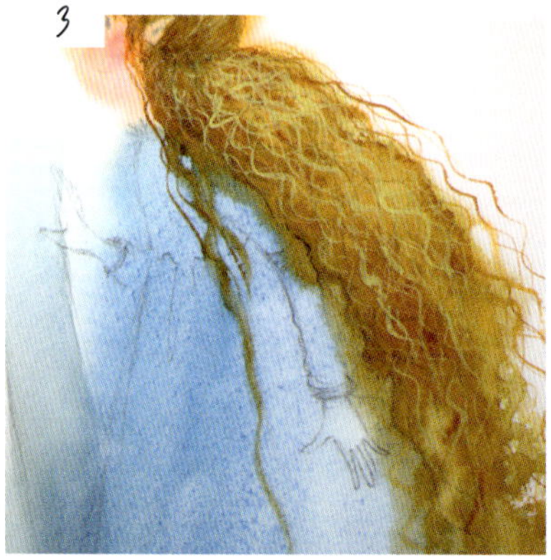

Helle die Haare mit dem Schriftenpinsel und Titangelb auf, indem du lockere Wellen auf das Titangoldocker legst.

4

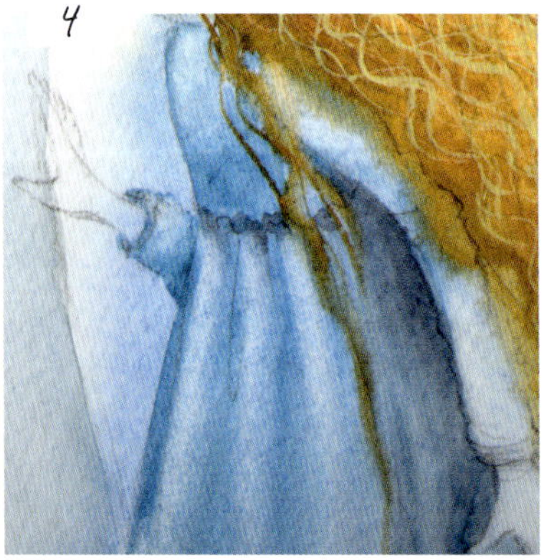

Schattiere die Figur mit Paynesgrau bläulich, sehr verdünnt, und bringe anschließend mit der Auswaschtechnik helle Stellen in die getrocknete Figur hinein.

5

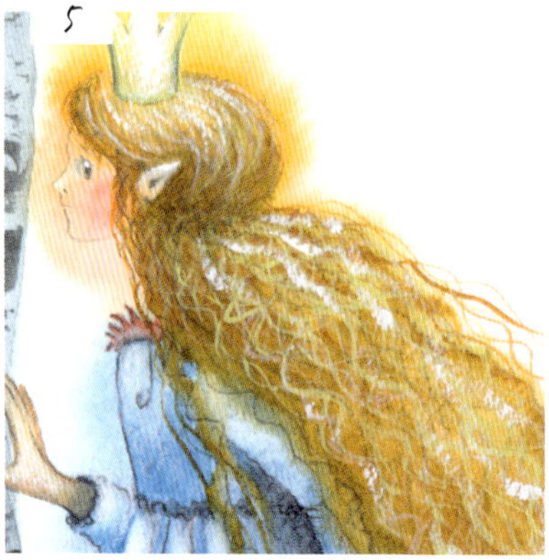

Arbeite mit einem schwarzen Buntstift Details und die Kontur der Figur heraus. Mit einem weißen Buntstift bringst du Lichtpunkte an, speziell in den Haaren.

6

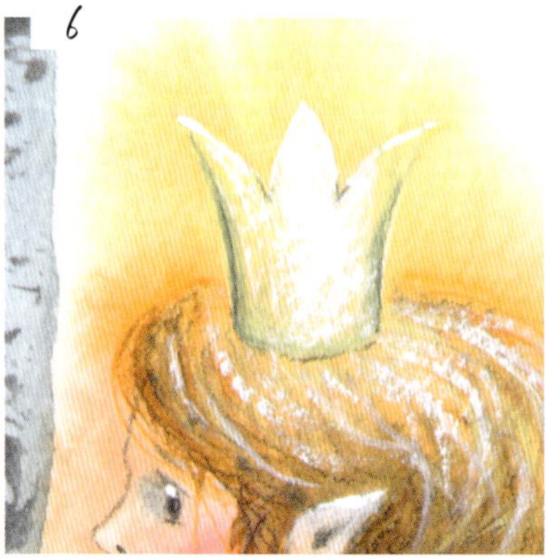

Die Krone ist in Titangelb grundiert und mit Gouacheweiß aufgehellt. Der Spitzenkragen ist in Alizarin Karmesin gemalt, welches auch im Unterrock vorkommt.

ÜBUNG 6
FIGUREN INS BILD SETZEN

Ich male sehr gerne Landschaften und merke oft erst, wenn ich fertig bin, dass das Bild, um wirklich das gewisse Etwas zu besitzen, unbedingt noch eine Figur braucht. Es muss belebt werden! Hier zeige ich dir, wie du das ganz einfach bewerkstelligen kannst.

Material

AQUARELLPAPIER

- Aquarellblock Hahnemühle

PINSEL

- Ellastip
- Casaneo
- Schrubberpinsel

EFFEKTMITTEL

- Plastikkarte (zurechtgeschnitten)
- Aquarellnaturschwamm
- Bleistift 3B
- Deckweiß
- weißer und schwarzer Buntstift

Farben

- Lavender
- Neapelgelb rötlich
- Ultramarinblau
- Titangoldocker
- Titangelb
- Zinnoberrot

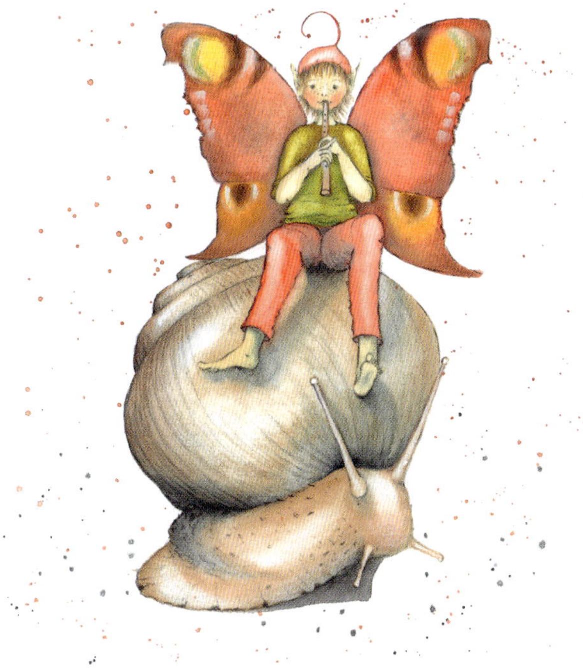

So geht's

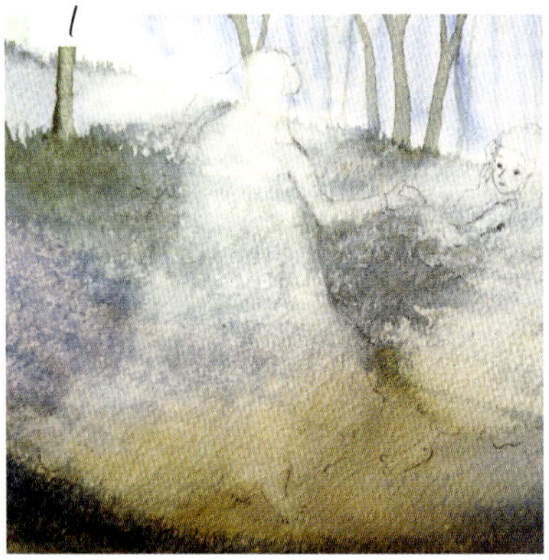

Zeichne die Figuren mit einem 3B Bleistift anhand der Vorlage in ein fertiges Bild und wasche die Farbe mit dem Schrubberpinsel aus.

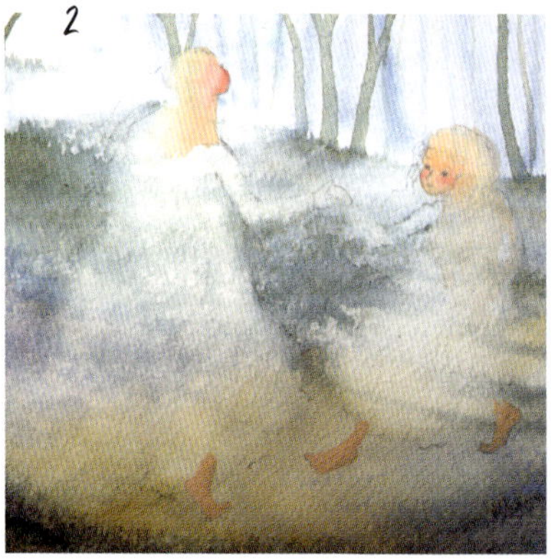

Mit dem Detailpinsel grundierst du die Gesichter, Hände und Füße in Neapelgelb rötlich und tupfst in die feuchten Wangen ein wenig Zinnoberrot.

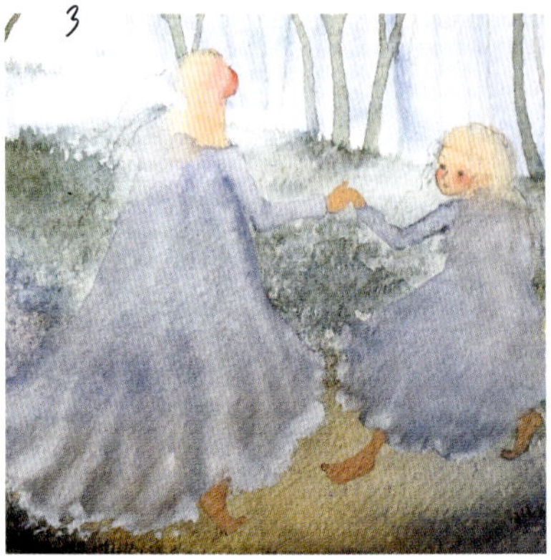

Wenn die Gesichter trocken sind, kannst du die Kleider in Lavender grundieren. Solange sie noch nass sind, schattierst du mit Ultramarinblau die Falten und hellst einzelne Stellen mit Deckweiß auf. Lass die Kleider trocknen.

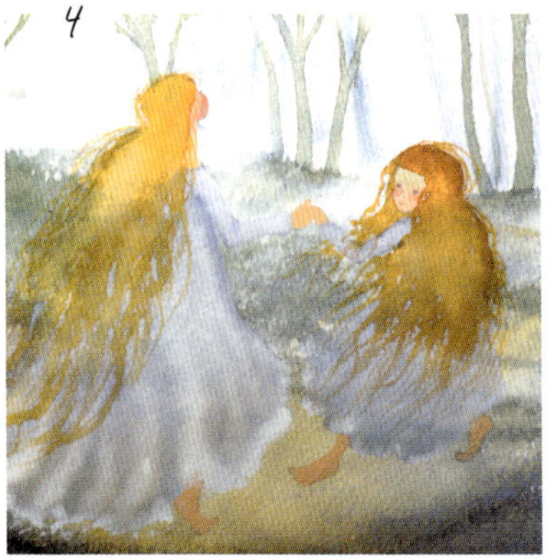

Male die Haare in Titangoldocker. Die Grundierung erfolgt mit dem Detailpinsel. Wieder trocknen lassen. Mit dem Schriftenpinsel und Titangoldocker, Titangelb und Gouacheweiß feine, konkrete Locken weit über die Rücken hinunter malen.

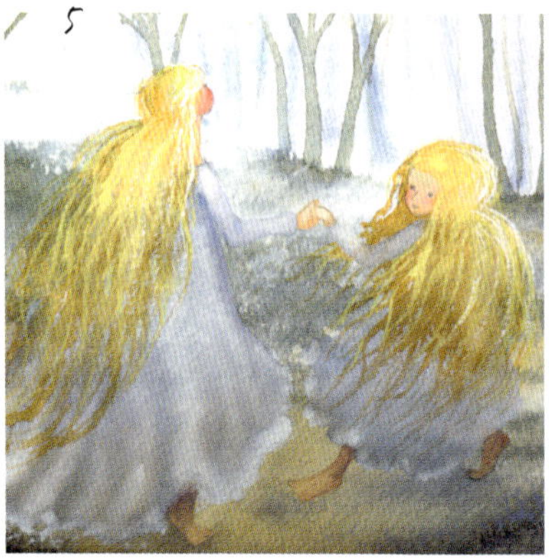

Mit dem Schrubberpinsel kannst du erhabene Stellen, wie zum Beispiel die Schultern, noch ein wenig heller waschen. Dadurch bekommen deine Figuren „mehr Körper“. Alles gut trocknen lassen.

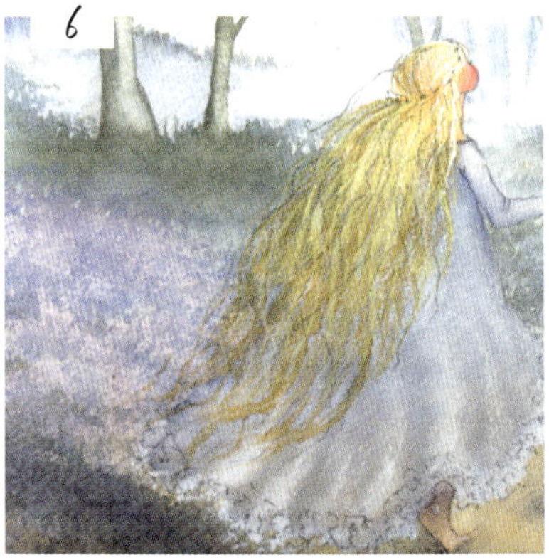

Arbeite mit einem schwarzen und einem weißen Buntstift konkrete Details heraus. Jetzt tanzen die Mädchen wirklich durch den zauberhaften Wald.

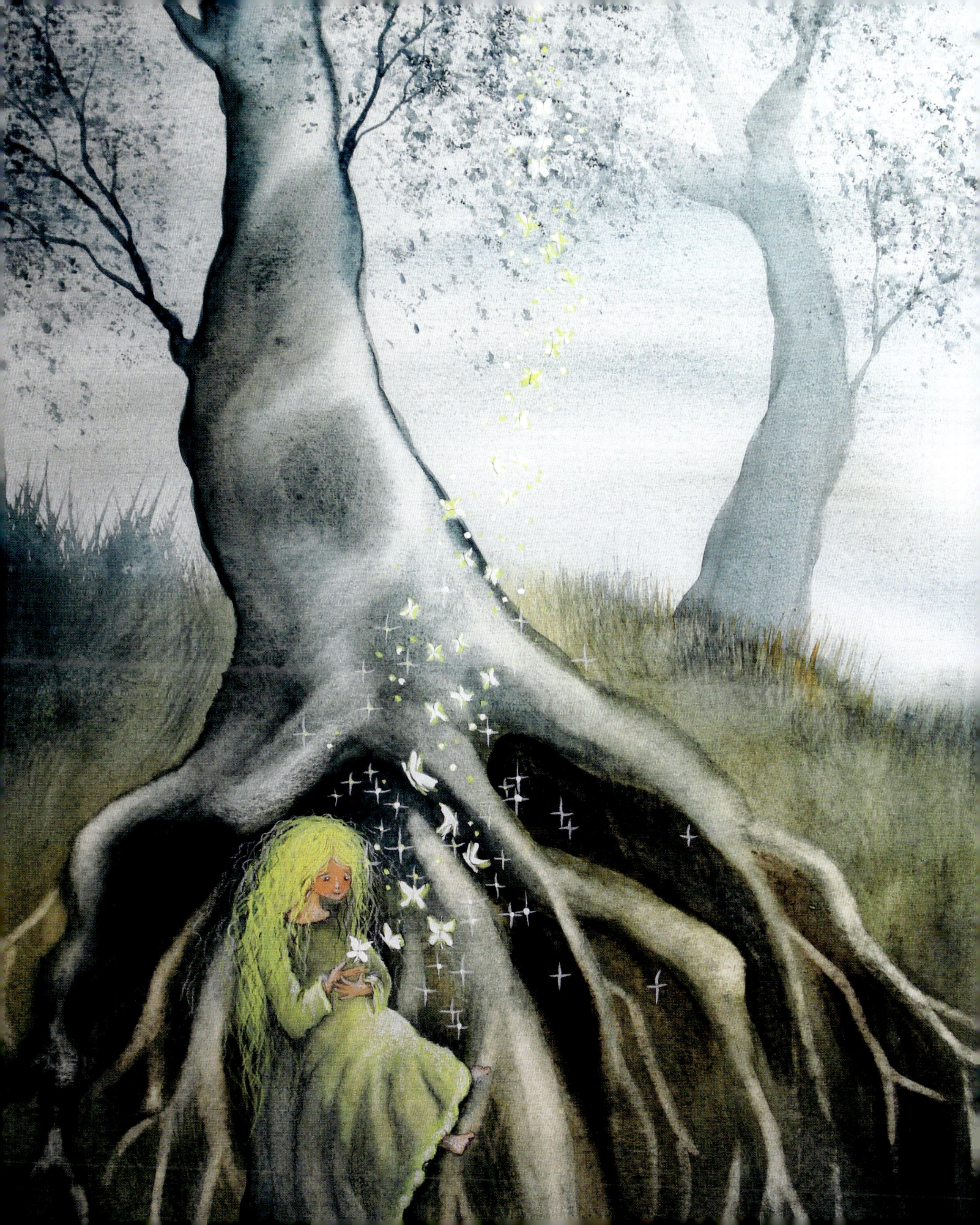

Inspiration – Imagination – Intuition

Bevor ich dich an die Orte meiner Inspiration mitnehme, möchte ich etwas näher auf die Begriffe Inspiration, Imagination und Intuition eingehen. Alle drei haben etwas gemeinsam, nämlich, dass wir im Erleben und Entwickeln von jedem einzelnen recht alleine sind, nahezu einsam. Nie kann ich jemandem mein inneres Bild, mein Gefühl, mein Hineindenken genau zeigen. Ich kann versuchen, es in Worte zu fassen oder ein Bild zu malen, aber so ganz wird ein Du nie an die inneren Bilder eines Ichs herankommen. Gemeinsam haben sie auch, dass aus ihnen zusammen Innovation entstehen kann, also etwas Greifbares und Vorantreibendes.

Für den Künstler ist die Inspiration fast so wichtig wie das Atmen, worauf das Wort letztendlich zurückzuführen ist. Die Bedeutung im Lateinischen könnte gleichgesetzt werden mit „einhauchen" oder „Beseelung". Jedenfalls ist Inspiration der Beginn jeder künstlerischen Kreativität, ihr Ausgangspunkt. Die Imagination ist eine Möglichkeit, um tiefer einzudringen. Sie ist gleichzusetzen mit Fantasie. Das bedeutet, Traumbilder erzeugen zu können. Ein Gefühl und gleichzeitig die Vorstellungskraft, etwas zu einem inneren Bild zu komponieren. Die Intuition hingegen ist weniger Bild als Gefühl. Sie ist Teil der kreativen Entwicklung. Das Unterbewusste leitet den Intellekt und kann dadurch ein imaginiertes Bild, welches durch Inspiration geboren wurde, intuitiv in die richtige Richtung lenken, auch was Farbwahl oder Bildkomposition angeht.

Inspiration, Imagination und Intuition sind etwas sehr Persönliches. Etwas, wohin wir auch unsere liebsten Menschen nicht mitnehmen können. Da ich dich also nicht mitnehmen kann, versuche ich, dich zu deinen eigenen Quellen der Inspiration zu führen, indem ich dir erzähle, wie ich diese Wege finde.

Wenn nicht von alleine Bilder auf mich einprasseln oder ich zu einem bestimmten Thema noch eine Inspiration brauche, etwa weil ich eine Geschichte illustrieren möchte, habe ich verschiedene Möglichkeiten. Möchte ich beispielsweise eine verzauberte Morgenstimmung malen, dann ist der einfachste Weg, am nächsten Morgen einen größeren Spaziergang zu machen und diese herrlich frische Stimmung einzusaugen. Danach ist es ganz leicht, weil sich uns gleichzeitig Duft, Gefühl, Klang und das Bild präsentieren.

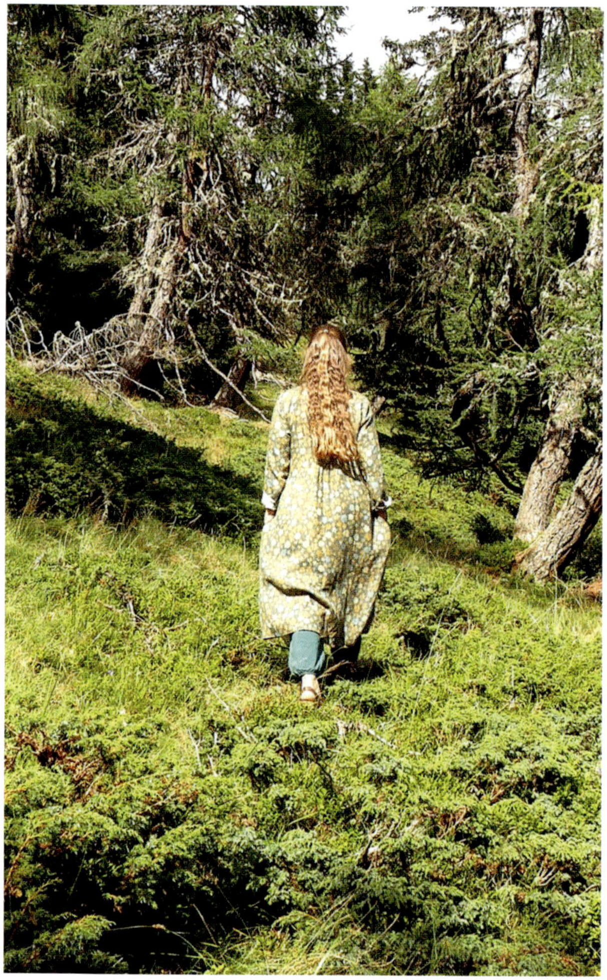

Eine weitere sehr einfache Möglichkeit besteht darin, dass ich mir Fotografien zum Thema anschaue und aus verschiedenen Bildern mein eigenes kreiere. Beim Anschauen lasse ich dann einfach mein Gefühl schweifen und erst, wenn ich habe, was sich intuitiv richtig anfühlt, versuche ich, das Bild zu konkretisieren, sprich, mir Details vorzustellen und daran zu denken, wie ich es umsetzen kann. Für Letzteres brauche ich natürlich einiges an Technik. Ich benötige künstlerische Wege, die meine Imaginationen aufs Papier bringen. Aber das hat mit Übung zu tun und gelingt, sobald ich mich daranwage. Inspiration kann mich aber auch treffen, wenn ich einen Duft atme, Musik höre oder eine Geschichte lese. Bilder aus dem „Kopfkino" zu malen, ist etwas Herrliches.

Nehmen wir als Beispiel für eine Geschichte ein bekanntes Märchen: „Die Bremer Stadtmusikanten". Beim Lesen habe ich immer sofort Bilder im Kopf, Stimmungen und imaginäre Düfte. Trotzdem kann es sein, dass ich Referenzfotos benötige, zum Beispiel für die Tiere. In dem Fall kann ich mir zusätzlich Fotos von einem Esel, einem Hund, einer Katze und einem Hahn anschauen und daraus schließlich mein Bild in der imaginierten Farbstimmung kreieren.

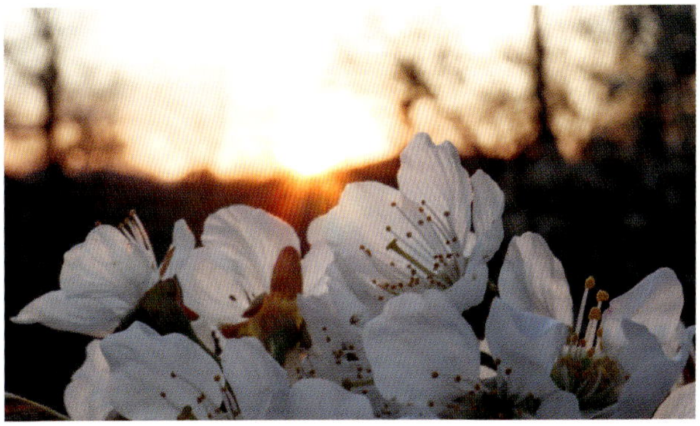

Einführung in die Projekte

Ich werde dir zu Beginn jedes Projekts kurz zeigen oder erzählen, woher ich die Inspiration dafür bekommen habe. Jedes Projekt kann auch ohne Figuren gemalt werden. Der in Federn angegebene Schwierigkeitsgrad bezieht sich auf das Bild ohne Figuren. Figuren in die Bilder zu zaubern, hat immer den Schwierigkeitsgrad 3. Wenn du die Vorlage nicht abzeichnen, sondern sie direkt übertragen möchtest, kann sie kopiert und ins Bild gepaust werden. Dazu grundierst du die Rückseite der Vorlage mit einem weichen Bleistift und malst anschließend auf der Vorderseite die Figur nach. So hast du die Bleistiftskizze, die du auswaschen und kolorieren möchtest, direkt im Bild. Bereite dir alle Materialien vor, bevor du mit dem Malen eines Projekts startest. Ich wünsche dir viel Freude!

VORLAGEN ALS PDFS HERUNTERLADEN

bit.ly/magische-landschaften-in-aquarell

Tipp

Die Figuren und Tiere kannst du später in deine magischen Landschaften einsetzen.

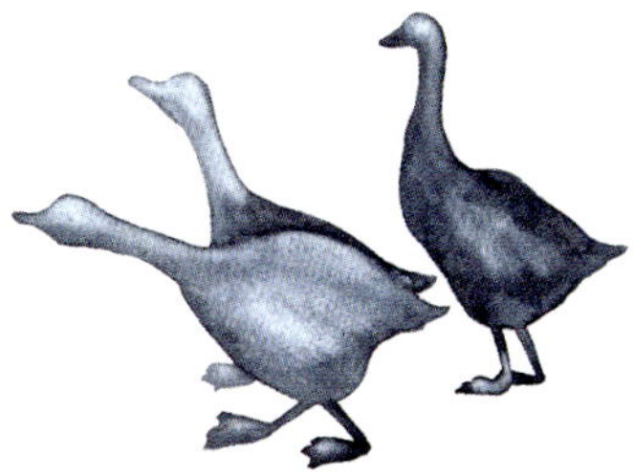

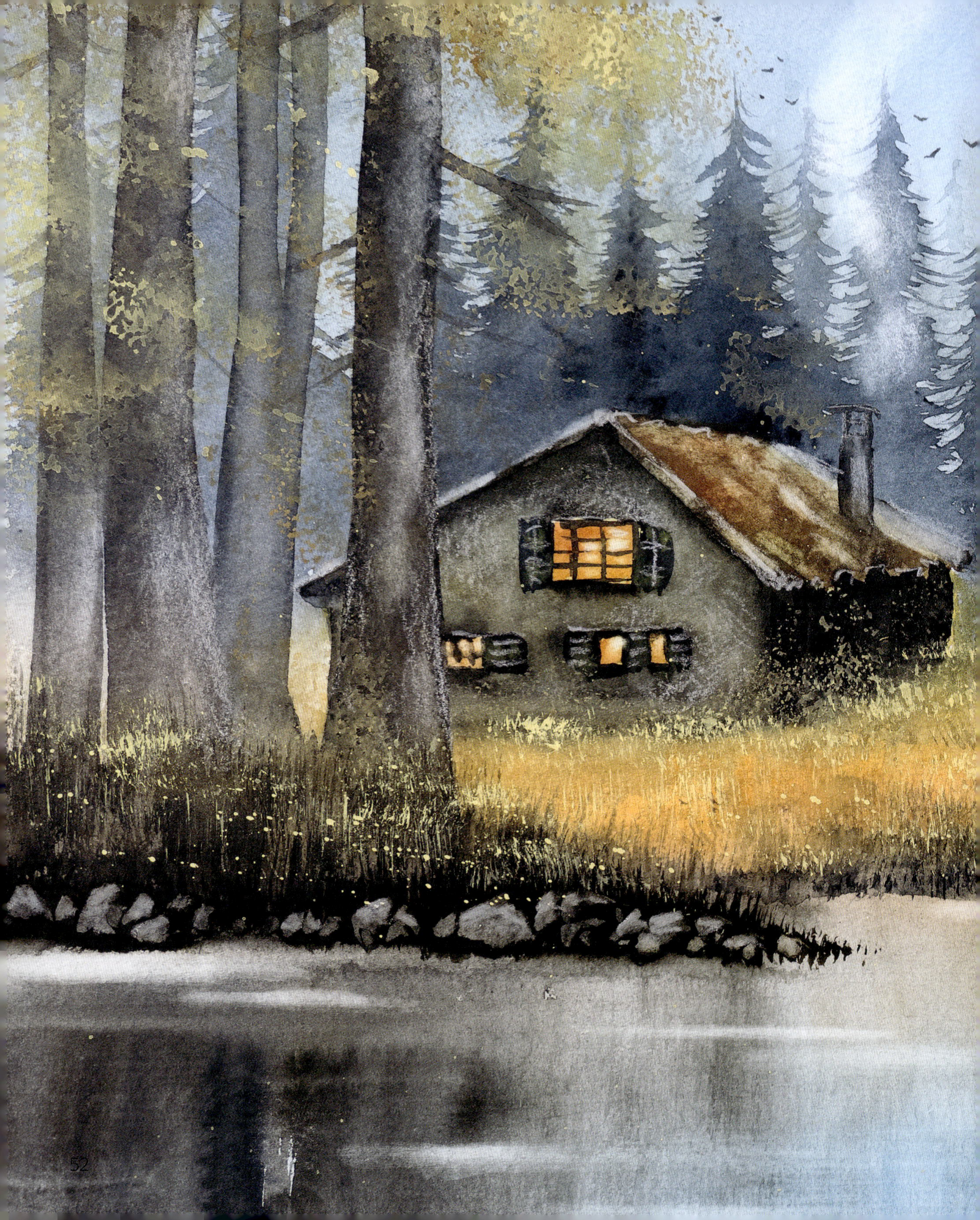

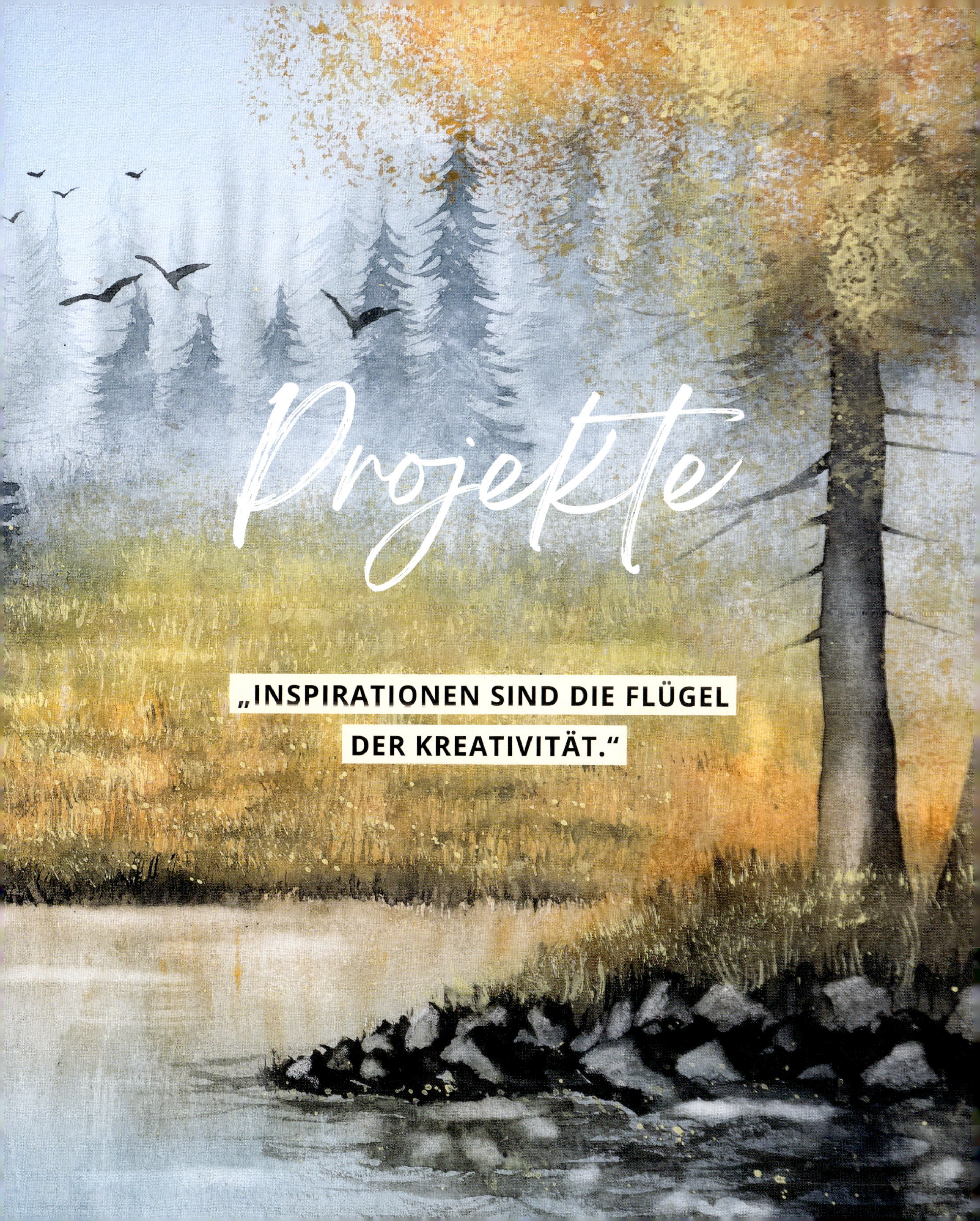

Projekte

„INSPIRATIONEN SIND DIE FLÜGEL DER KREATIVITÄT.“

Keltischer RABENNEBEL

Farben

Titangoldocker

Kobalttürkis

Heliocoelinblau

Purpur Magenta

Paynesgrau bläulich

Titangelb

Neapelgelb rötlich

Zu diesem Bild, welches für mich der Inbegriff aller Kraftorte ist, habe ich natürlich Inspirationsquellen gesucht. Ich habe Steinformationen bei uns im Wald studiert und mir auch Bilder von Steinkreisen angeschaut. Sehr schnell hatte ich ein Bild von Nacht, Nebel, einem klugen Raben und einem neugierigen Mädchen vor Augen. Nun musste ich mir nur noch eine Umsetzung überlegen. Dass ich dem nächtlichen Himmel zwei Schichten geben muss, war schnell klar, denn ich wollte schon im Himmelblau viel Tiefe erzeugen. Für die Steine im Hintergrund habe ich eine blaue Farbe gewählt, die sich ganz von alleine zurücknimmt. Für die großen Steine im Vordergrund habe ich Titangoldocker genommen, weil es dem Orange, also der Komplementärfarbe von Blau, am nächsten kommt. Und sie mit Moos überzogen.

Material

AQUARELLPAPIER

- Jubiläumsblock von Gerstäcker 425 g/m² (30 × 40 cm)

PINSEL

- Ellastip
- Schriftenpinsel (Nova Synthetics No. 4 von Da Vinci)
- Detailpinsel (Maestro No. 3 von Da Vinci)
- Casaneo No. 12 von Da Vinci

EFFEKTMITTEL

- Aquarellschwamm
- schwarzer und weißer Buntstift
- Gouacheweiß
- Salz

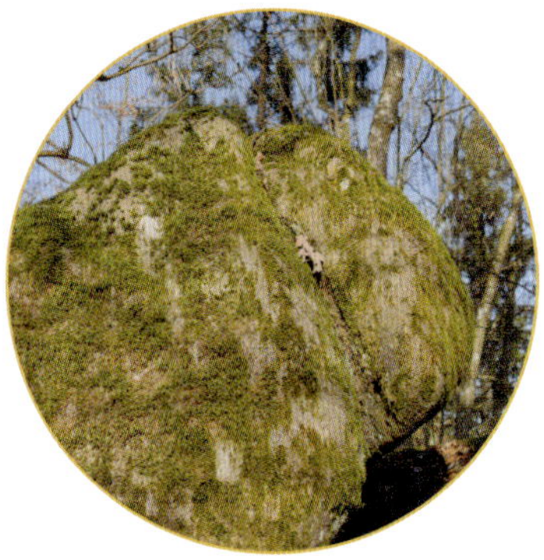

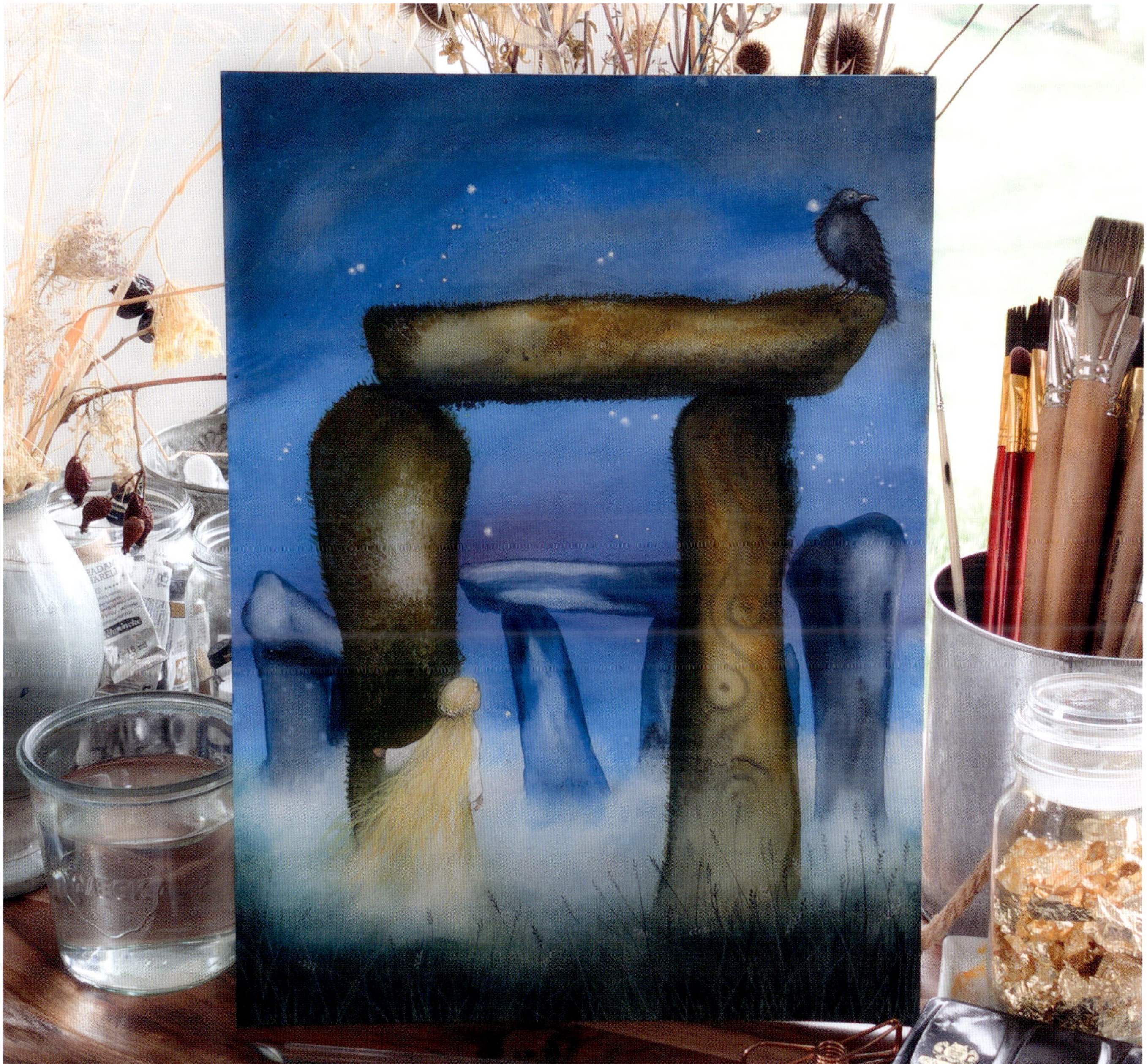

So geht's

Du beginnst auf dem nassen Blatt und trägst mit dem Ellastip im unteren Drittel Kobalttürkis horizontal auf. Gegen oben hin nimmst du Purpur Magenta und Heliocoelinblau dazu. Vom unteren Blattrand kommst du dem Kobalttürkis mit Titangoldocker entgegen. Dann kannst du alle Farben schön verblenden und anschließend gut trocknen lassen.

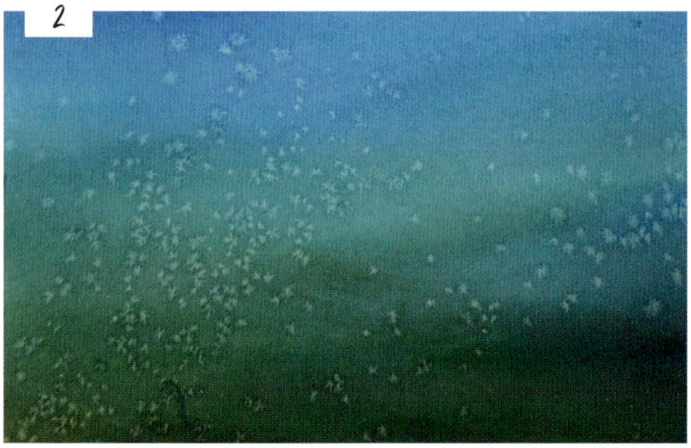

Bei der zweiten Schicht musst du rascher arbeiten, damit die erste nicht angelöst wird. Beginne am oberen Blattrand mit Paynesgrau bläulich, gefolgt von Heliocoelinblau. Verblende die Farben schon beim Auftragen. In der unteren Hälfte mischst du noch ein wenig Purpur Magenta und Kobalttürkis dazu. Übermale das Titangoldocker mit Heliocoelinblau, um einen tiefen Grünton zu erhalten. Bevor du es trocknen lässt, streust du Salz hinein.

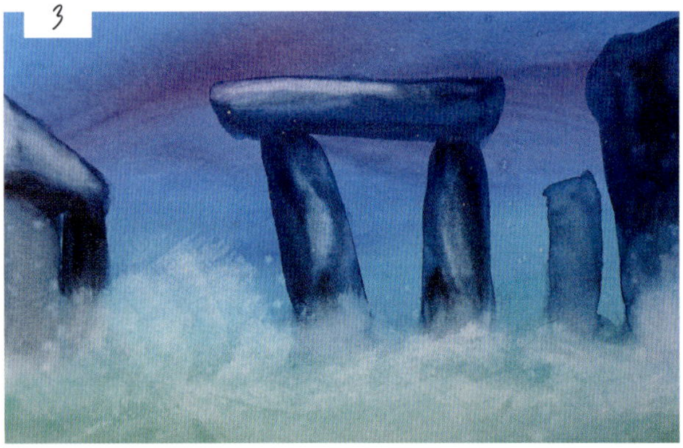

Male mit dem Casaneo und einer Mischung aus Heliocoelinblau und Paynesgrau bläulich die entfernteren Steine. Verwende unterschiedlich viel Farbe. Sobald die Steine trocken sind, holst du mit einem feuchten Naturschwamm an den Füßen der Steine Nebel vom Blatt.

Merke

Es ist schnell zu viel Farbe gelöst! Tupfe nur wenig mit dem Schwamm und nimm alles sofort mit dem Taschentuch auf.

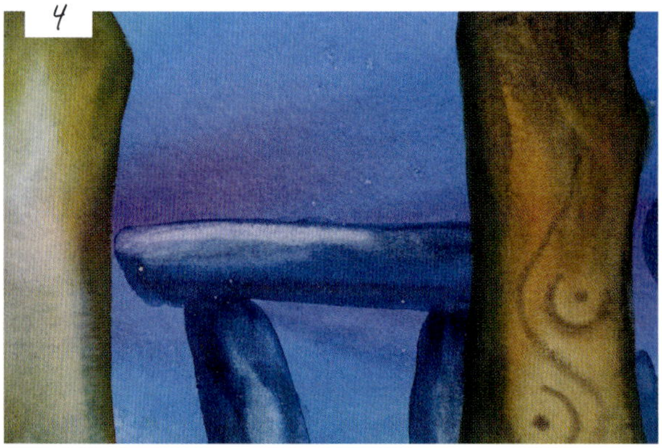

Um den ersten großen Stein anzulegen, verwendest du den Casaneo und Titangoldocker. Sobald er groß und golden vor dir steht, gehst du mit Heliocoelinblau hinein und dunkelst die rechte Seite ein wenig ab. In derselben Technik malst du den zweiten Stein und auch den Querstein. Wenn der erste Stein trocken ist, gibst du ihm eine zweite Schicht und malst keltische Muster in die feuchte Farbe hinein.

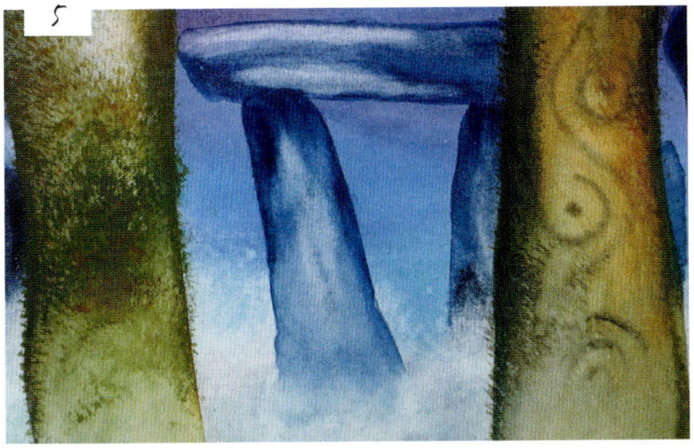

Den Nebel an den Füßen der vorderen Steine kannst du mit dem Casaneo noch weiter auswaschen und gegen unten hin mit Heliocoelinblau eine Stufe abdunkeln. Mit dem Ellastip mischst du auf der Palette mit Titangoldocker und Heliocoelinblau ein Grün, welches du wiederum mit dem Ellastip als Moos auf die Steine tupfst.

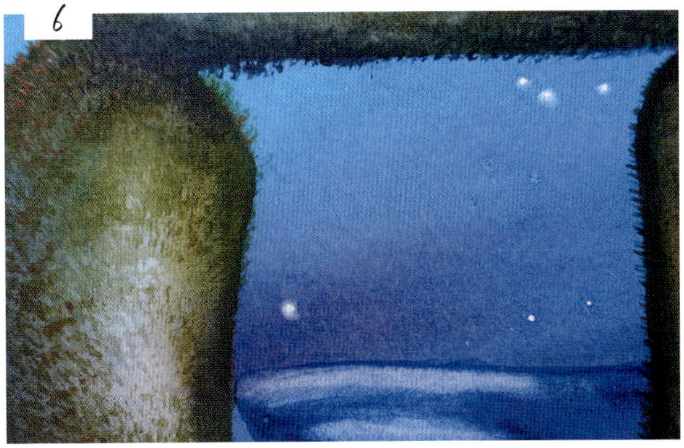

Hole dir mit dem Schriftenpinsel etwas Deckweiß direkt aus der Tube. Tupfe in die Mitte der kleinen Salzsterne ein wenig Weiß. Du kannst auch mit dem Schrubberpinsel weitere Sterne an den Himmel malen und sie mit Weiß aufhellen. Das Bild ist nun fertig, wenn du keine Figuren mehr malen möchtest.

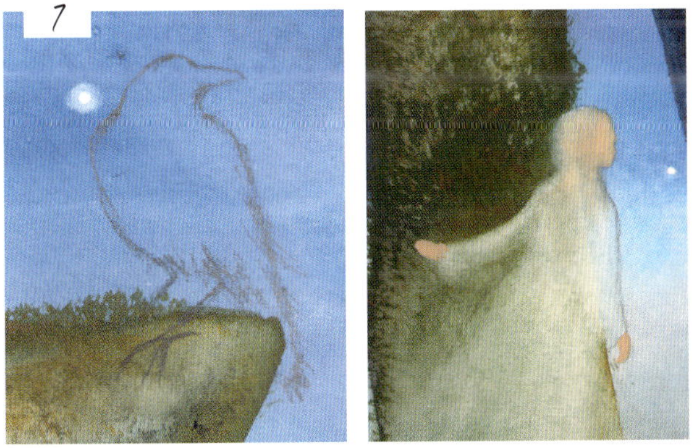

Du kannst natürlich eigene Figuren in dein Bild zaubern oder andere Figuren aus der Vorlagensammlung verwenden. Wenn du dich wie ich für den Raben und das Mädchen entscheidest, skizzierst du beides vor. Die Skizze des Mädchens musst du mit dem Schrubberpinsel auswaschen, bevor du sie kolorierst, die des Raben nicht.

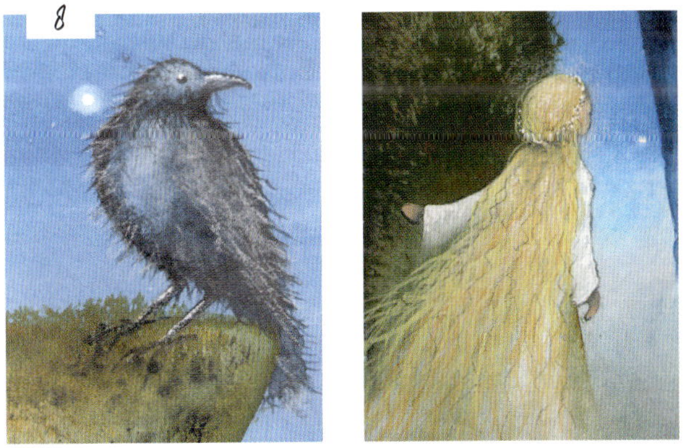

Mit dem Maestro und Paynesgrau bläulich bemalst du den Raben. Trocknen lassen und dann die helle Stelle auf Brust und Kopf auswaschen. Nach dem Trocknen überarbeitest du ihn mit Buntstift. Gesicht und Hände des Mädchens kolorierst du mit Neapelgelb rötlich, das Kleid mit Gouacheweiß. Die Haare kannst du mit Titangoldocker, Titangelb und dem Schriftenpinsel malen. Details ergänzt du nach dem Trocknen mit dem Buntstift.

Morning in THE FAIRYLANDS

Farben

Kadmiumgelb zitron

Lasurgoldgrün

Undersea Green

Shadow Green

Zinnoberrot

Lavender

Die Idee zu diesem Bild ist an einem frühen Morgen in unserem Garten entstanden. Zu dieser Stimmung ist die Imagination von einem Sonnenstrahl und einem Weg dazugekommen. Viel Spaß beim Ausprobieren!

Material

AQUARELLPAPIER

- Hahnemühle The Collection Watercolour Echt-Bütten 300 g/m² und 640 g/m²

PINSEL

- Ellastip
- Casaneo No. 12 von Da Vinci
- Schriftenpinsel (Nova Synthetics No. 4 von Da Vinci)
- Detailpinsel (Maestro No. 3 von Da Vinci)
- Schrubberpinsel

EFFEKTMITTEL

- Aquarellnaturschwamm
- Taschentücher
- Gouacheweiß

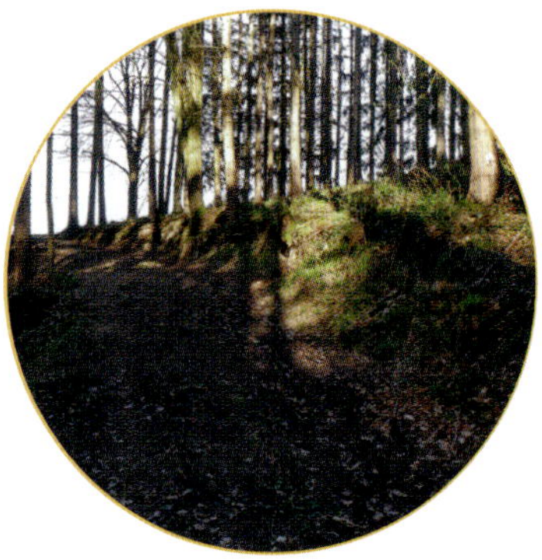

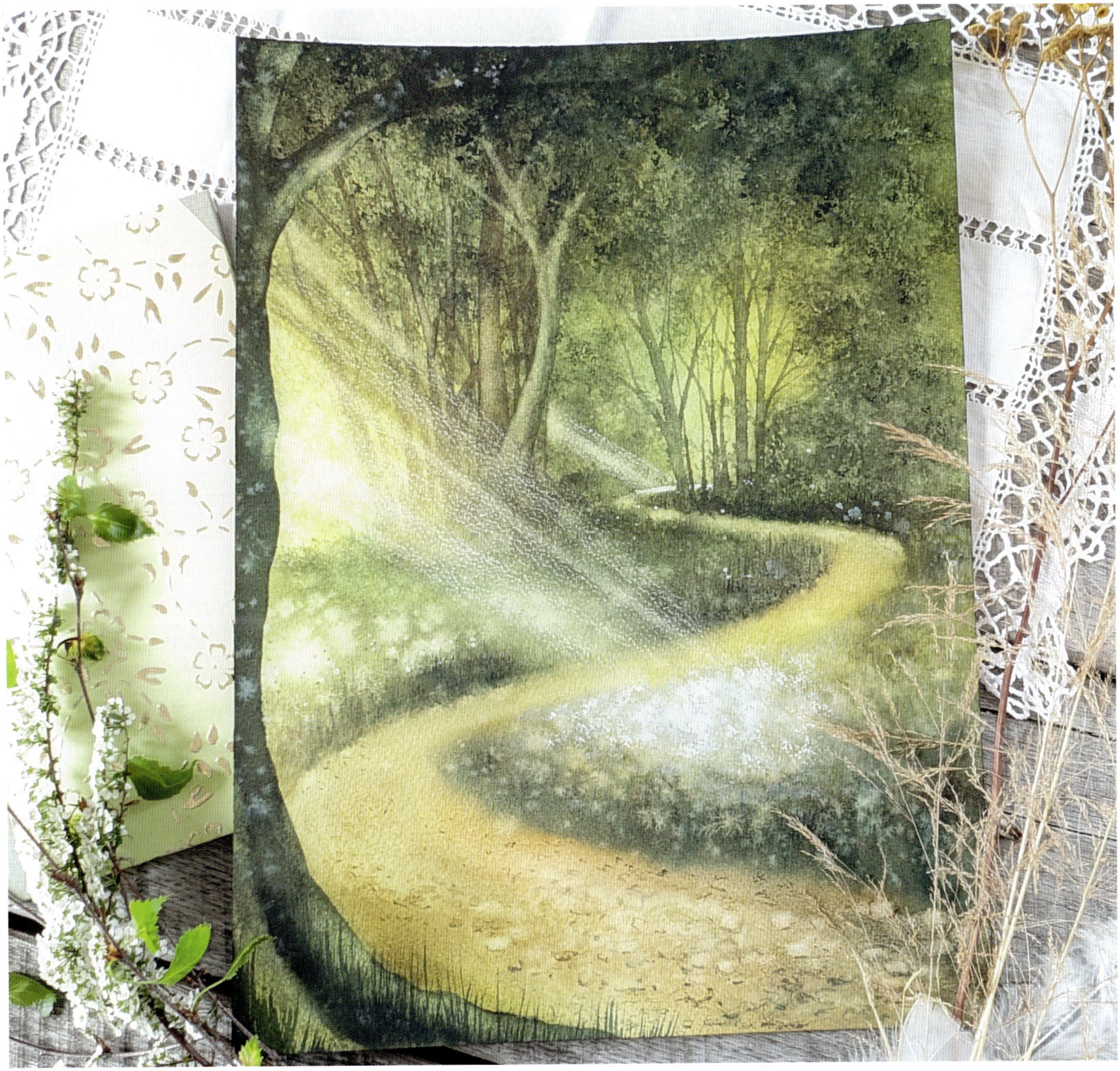

So geht's

1

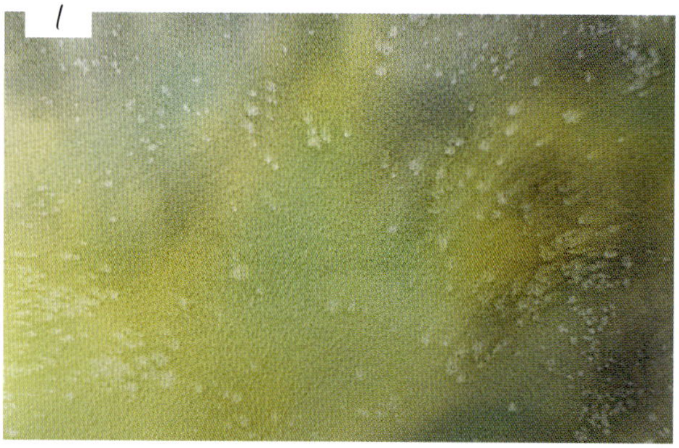

Feuchte die obere Hälfte des Aquarellpapiers an und trage mit dem Ellastip zuerst von links her Kadmiumgelb zitron auf und lass immer im Wechsel Lasurgoldgrün und Undersea Green folgen. Wenn die ganze obere Hälfte koloriert und verblendet ist, kannst du alles trocknen lassen.

2

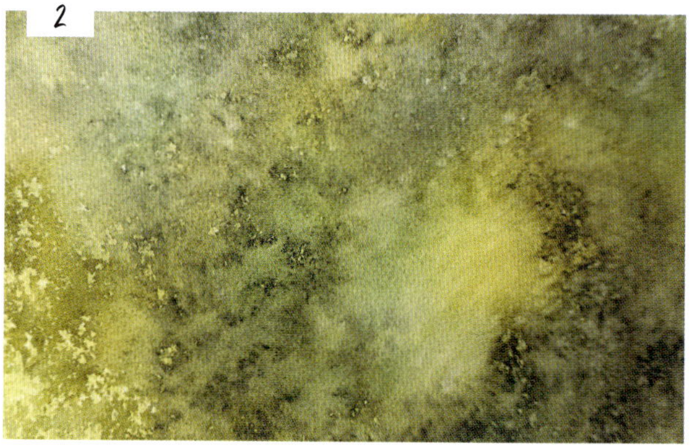

Nun nimmst du einen Aquarellnaturschwamm und übertupfst alles in denselben Farben, wobei du optional ein wenig Lavender zufügen kannst. Es ist sehr schön, wenn man viel von der Schwammstruktur sieht.

3

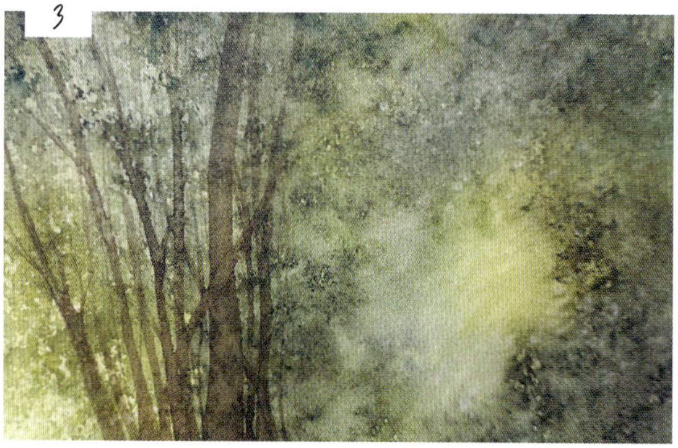

Auf der linken Seite, aber nicht ganz am Rand, malen wir buschartige Bäume. Mische auf der Palette aus Zinnoberrot und Undersea Green einen Braunton und ziehe mit dem Casaneo, dem Detailpinsel und dem Schriftenpinsel Bäume ins Bild.

4

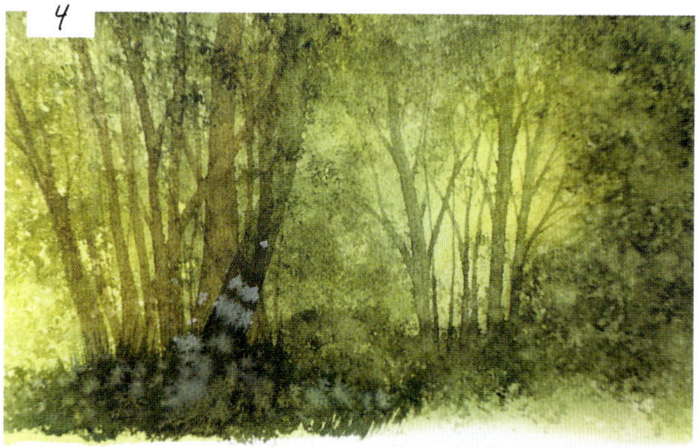

An einer helleren Stelle auf der rechten Seite mit derselben Farbe kleinere Bäume und Büsche ins Bild ziehen.

EIN VIDEO DAZU AUF YOUTUBE

is.gd/BDpGa4

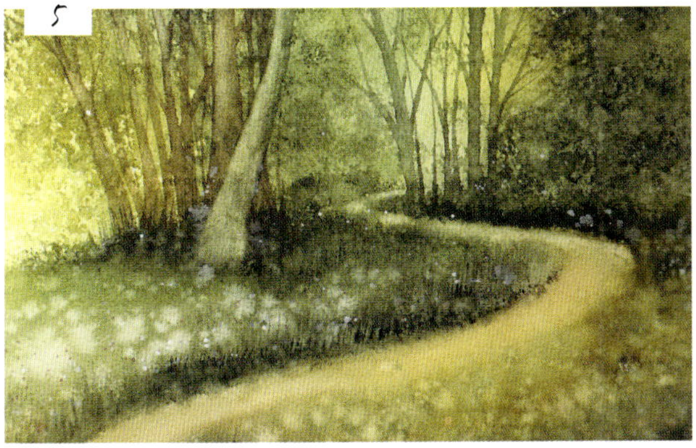

Nun ist der Hintergrund angelegt und wir nehmen den Ellastip und sehr verdünntes Braun und ziehen einen Weg von hinten nach vorn. Achte auf die Breite des Weges, denn davon hängt die Perspektive ab.

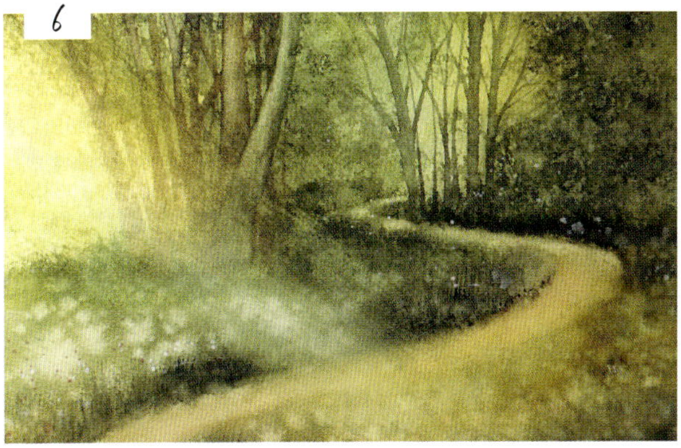

Mit dem Ellastip und den Farben Gelb und Zinnoberrot kolorierst du den Weg, der uns durch den Wald führt.

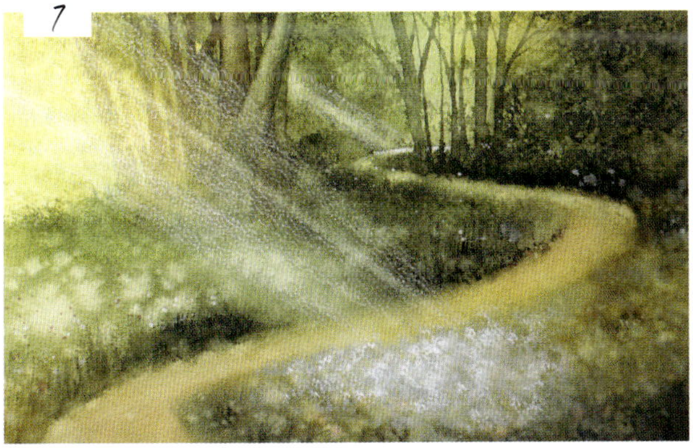

Wenn alles gut trocken ist, kannst du mit dem Ellastip in der Auswaschtechnik ganz vorsichtig einen Sonnenstrahl ins Bild ziehen. Zuerst noch nicht viel Farbe anlösen. Sobald die Richtung stimmt, kann sehr gerne mehr Farbe weggeholt werden.

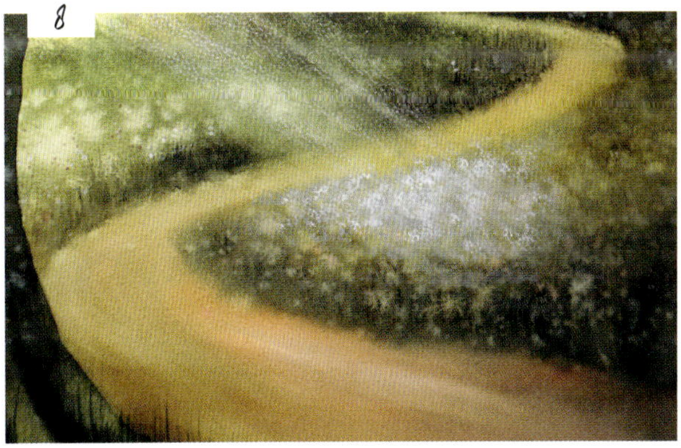

Ist der Sonnenstrahl angelegt, verstärkst du ihn ganz vorsichtig und sehr verdünnt mit Gouacheweiß. Weiter hinten fällt auch noch einmal Licht auf den Weg. Dort tupfst du mit dem Aquarellnaturschwamm und Gouacheweiß Blumen. Durch kleine Tupfen in verdünntem Braun und kleine ausgewaschene Stellen deutest du die Steine auf dem Weg an.

ATLANTIS

Farben

Heliocoelinblau

Kobalttürkis

Ultramarinblau

Tiefsee Grün

Kobaltgrün Türkis

Titangoldocker

Shadow Green

Die Geschichte von Atlantis erzählt von einem großen, blühenden Reich, das an einem einzigen Tag unterging. Als ich in meinen Jugendjahren erstmals davon hörte, stellte ich mir sofort vor, wie dieses Reich unter Wasser weiter besteht. Es wurde in meiner Fantasie zu einem Kraftreich, golden, groß und verborgen. Mein Bild soll Tiefe und Beständigkeit ausdrücken, aber auch das Tor für einen Neuanfang sein.

Material

AQUARELLPAPIER

- Hahnemühle The Collection Watercolour Echt-Bütten 300 g/m^2 und 640 g/m^2

PINSEL

- Ellastip, Casaneo No. 12 von Da Vinci
- Schriftenpinsel (Nova Synthetics No. 4 von Da Vinci)
- Detailpinsel (Maestro No. 3 von Da Vinci)
- Blackbird (Cosmotop Spin No. 1 von Da Vinci)
- Schrubberpinsel

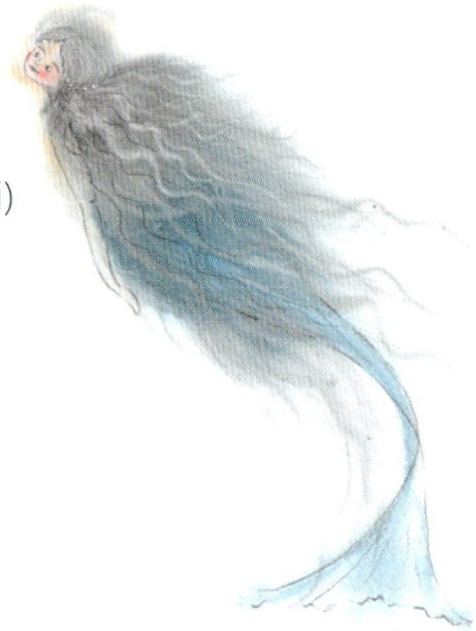

EFFEKTMITTEL

- Aquarellschwamm,
- Taschentücher
- Tafelsalz
- Wachskreide
- Gouacheweiß

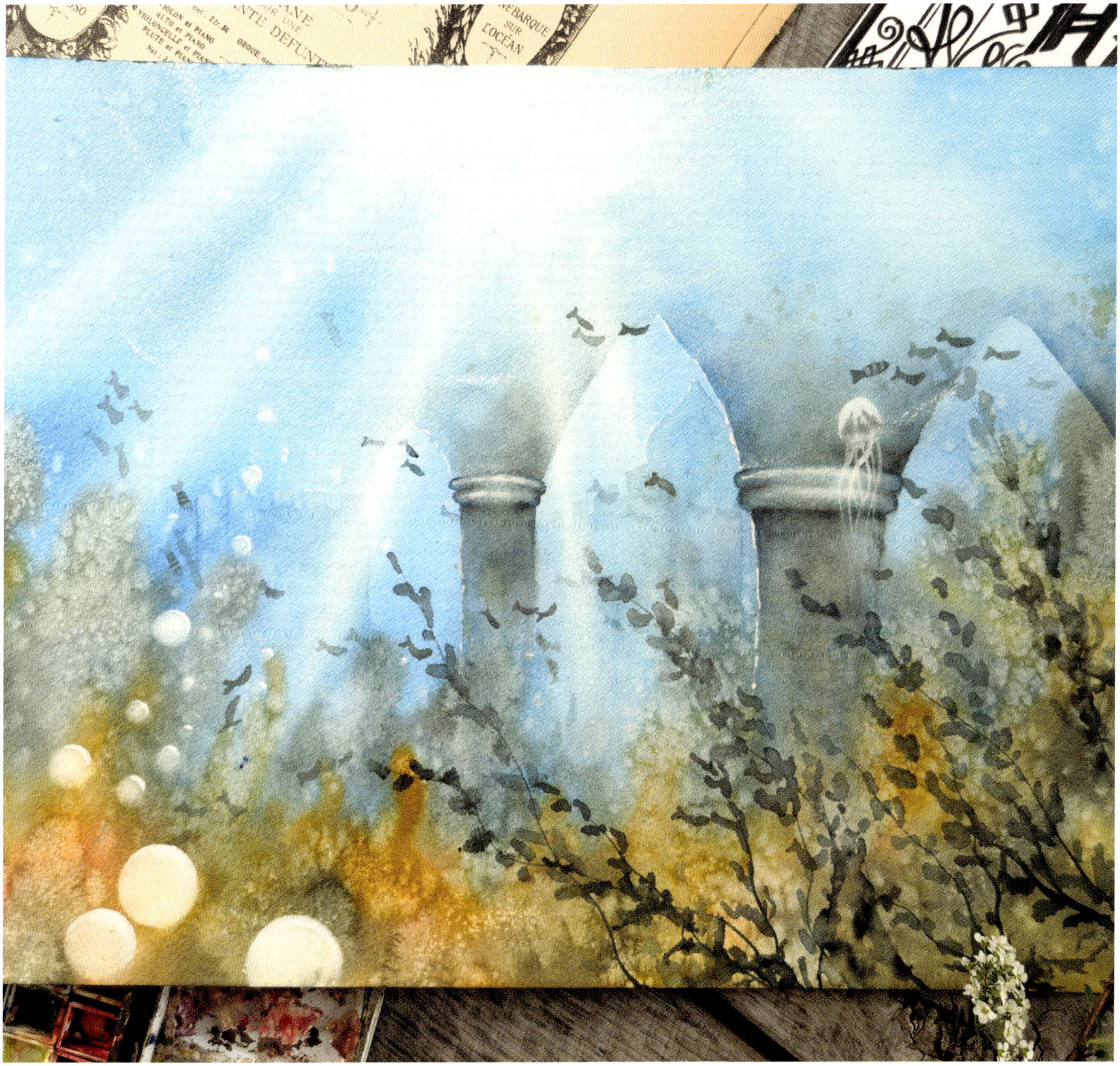

So geht's

1

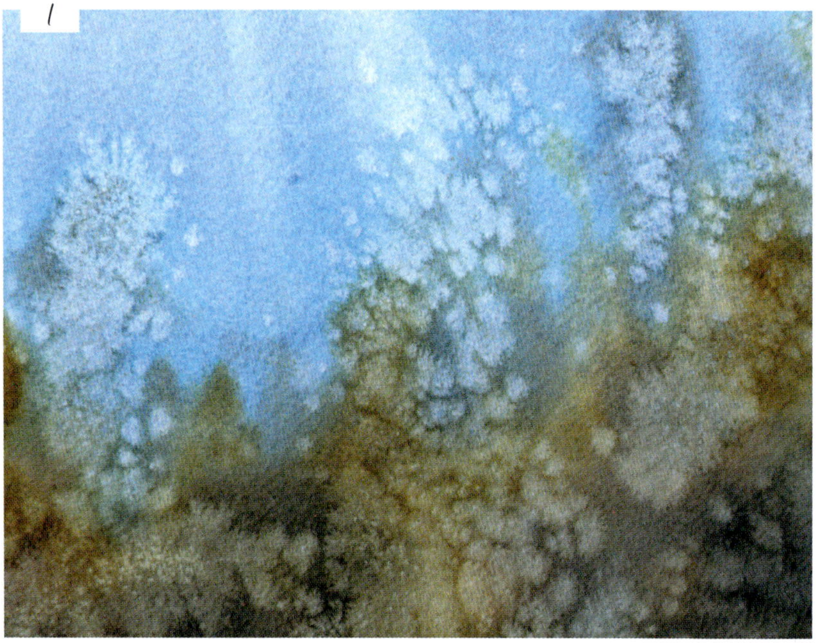

Mit weißer Wachskreide ziehst du oben in der Mitte des Blattes Lichtstreifen ins Bild und machst anschließend das Blatt gut nass. Mit dem Elastip und Kobalttürkis startest du in der oberen Mitte und gibst Heliocoelinblau und Ultramarinblau dazu. Bevor du den Boden malst, deutest du die Strahlen an. Dazu einfach den Elastip gut auswaschen und trocken tupfen, ehe du die Strahlen herausarbeitest. Erst dann malst du Titangoldocker und Shadow Green vom unteren Blattrand her ins nasse Bild. In die Feuchtigkeit hinein streust du Salz. Lass alles gut trocknen.

2

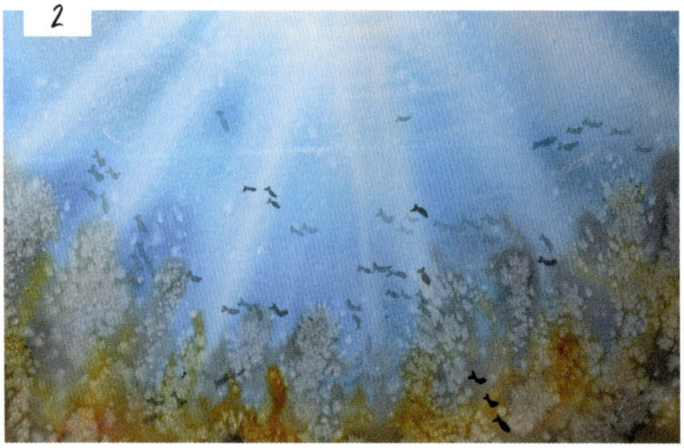

Mit dem Detailpinsel und dem Blackbird malst du in Tiefsee Grün und Kobaltgrün Türkis Fische ins Meer. Das Bild könnte hier, als reines Unterwasserbild ohne Gebäude, fertig sein. Lass es trocknen.

3

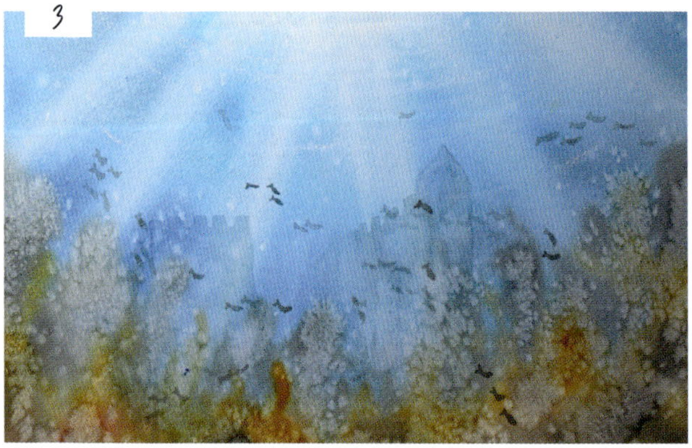

Wer möchte, ergänzt mit sehr verdünntem Tiefsee Grün eine entfernte Unterwasserwelt. Vielleicht durch ein paar angedeutete Zinnen?

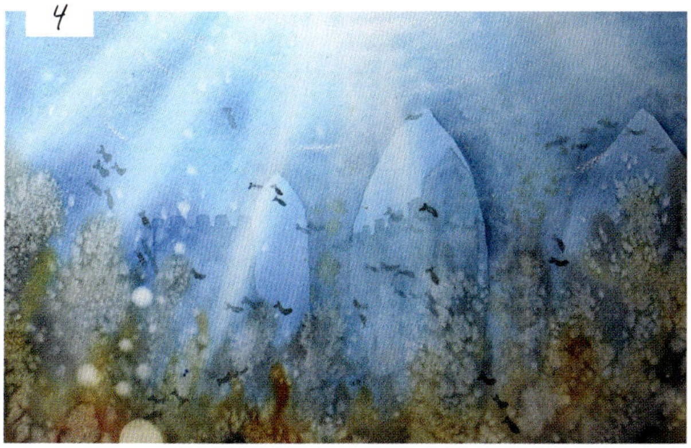

Wenn alles getrocknet ist, malst du die Tore mit dem Detailpinsel, dem Casaneo und dem Ellastip in Tiefsee Grün. Du wirst merken, dass du die Farbe problemlos in den trockenen Untergrund hinein verblenden kannst. Lass wiederum alles trocknen und wasche dann Luftblasen aus, die gegen oben hin kleiner werden. So bekommst du mehr Perspektive und Tiefe ins Bild.

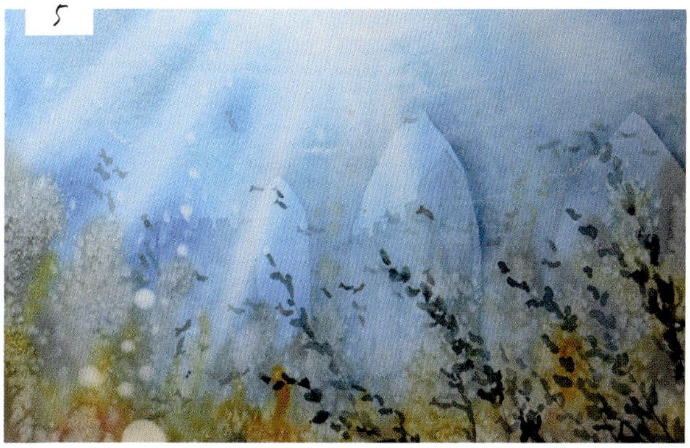

Von unten rechts lassen wir Algen ins Meer hineinwachsen. Somit haben wir einen Vordergrund und unterstreichen nochmals die Bildtiefe.

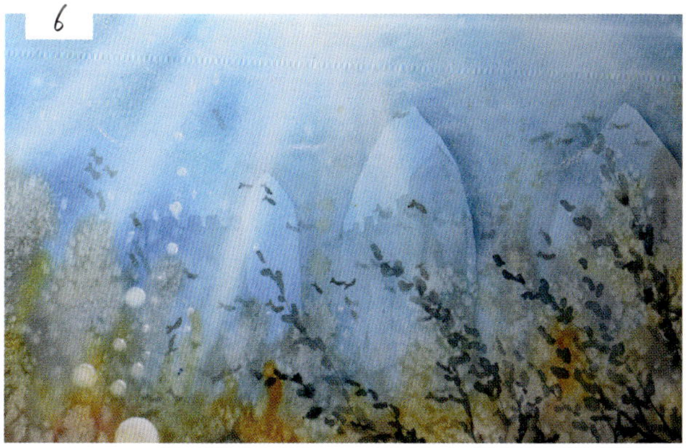

Mit Gouacheweiß legen wir auf die Luftblasen einen leichten Schimmer. Das lässt sie dreidimensional wirken.

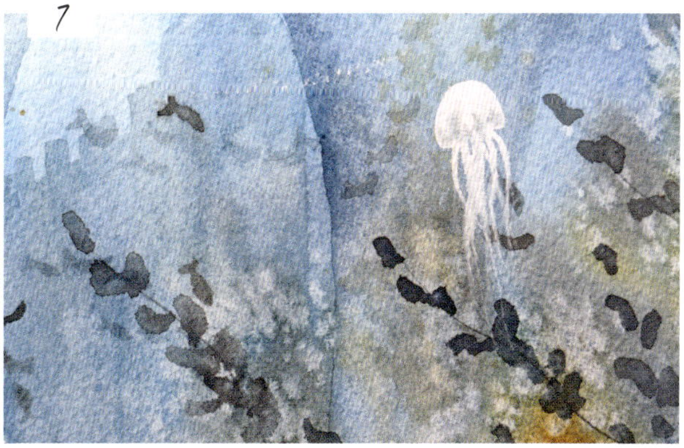

Mit dem Schrubberpinsel holst du an einer Stelle ein wenig Farbe vom Blatt und malst mit Gouacheweiß einen Tintenfisch. Für die Schattierungen nimmst du verdünntes Shadow Green.

Ein NEUER TAG

Farben

Lasurgoldgrün

Kadmiumorange hell

Undersea Green

Shadow Green

Potters Pink

Sanft scheint die Sonne zwischen den Bäumen auf die taufrische Sommerwiese. Vögel singen, die Luft ist warm und duftet nach Blumen. Tiefer Frieden beherrscht die Szene. Dieses Bild ist bei einem Morgenspaziergang entstanden.

Material

AQUARELLPAPIER

- Hahnemühle The Collection Watercolour Echt-Bütten 300 g/m^2 und 640 g/m^2

PINSEL

- Ellastip
- Schriftenpinsel (Nova Synthetics No. 3 von Da Vinci)
- Casaneo No. 12 von Da Vinci
- Detailpinsel (Maestro No. 3 von Da Vinci)
- Schrubberpinsel und flacher Borstenpinsel

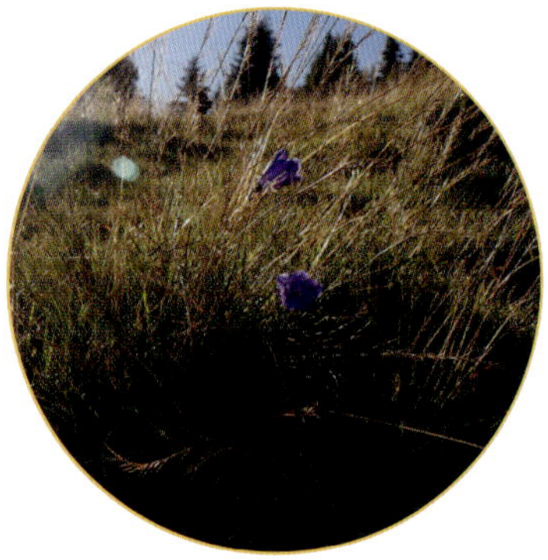

EFFEKTMITTEL

- Rubbelkrepp
- Kreisschablone
- Aquarellschwamm
- Taschentücher
- weißer und schwarzer Buntstift
- Gouacheweiß

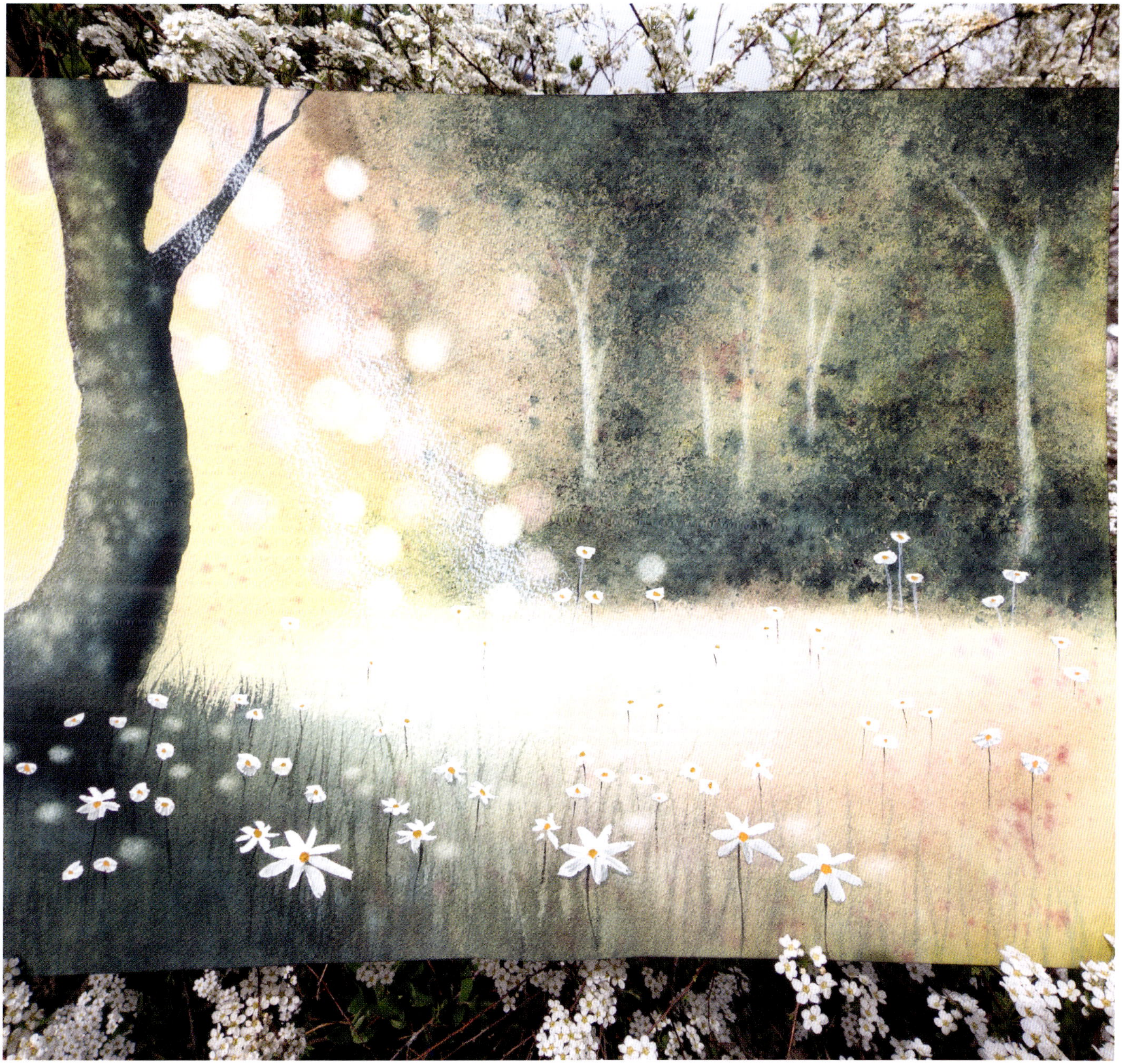

So geht's

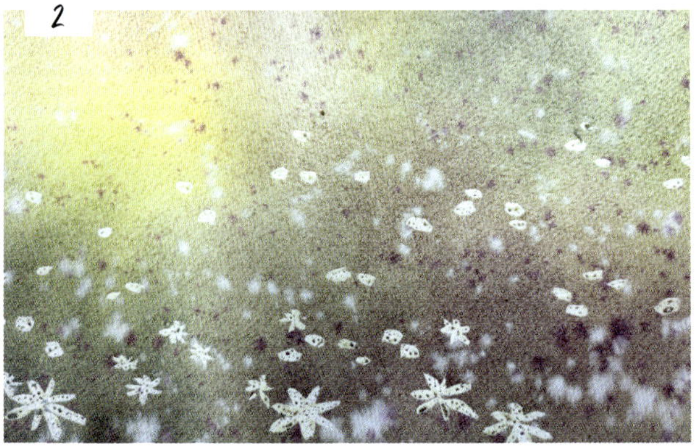

Mit einem alten Pinsel oder einem Detailpinsel, den du in Seife getaucht hast, trägst du Rubbelkrepp auf. Male sternförmige Blumen wie Margeriten und tupfe Punkte dazwischen. All das legst du in die untere Hälfte des Blattes. Den Rubbelkrepp gut lufttrocknen lassen.

Auf nassem Papier verblendest du mit dem Ellastip von oben links ausgehend Kadmiumorange hell. Mische zur Blattmitte hin Potters Pink und etwas Lasurgoldgrün dazu. Komme der hellen Fläche von unten links mit ein wenig Undersea Green entgegen. Alles verblenden. Arbeite rasch, damit das Papier feucht bleibt und du die Farben verblenden kannst. In die nasse Farbe spritzt du mit dem Detailpinsel wässriges Gouacheweiß und Potters Pink. Trocknen lassen.

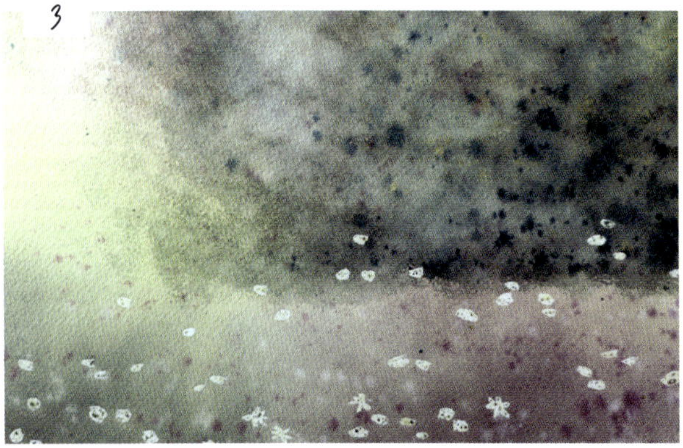

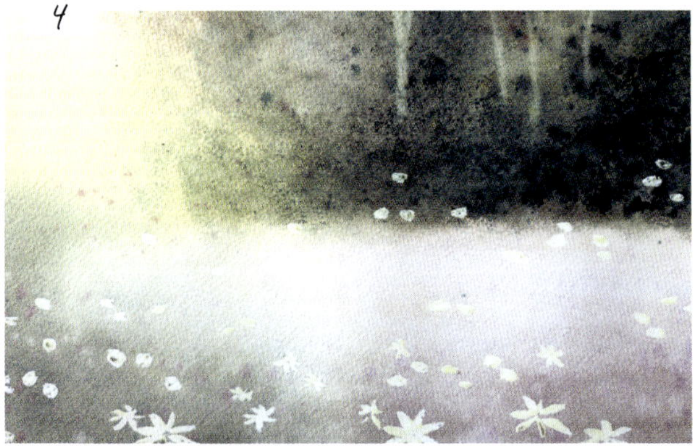

Feuchte einen Aquarellschwamm an, drücke ihn aber aus, bevor du Farbe aufnimmst. Mit Undersea Green und Shadow Green dunkelst du die rechte Seite ab. Den Wiesenbereich im unteren Drittel belässt du hell. Gegen links erzeugst du einen sanften Übergang in die Helligkeit. Spritze mit Shadow Green in die nasse Farbe. Gut trocknen lassen.

Mit einem ausgewaschenen, nur ein bisschen feuchten Schwamm löst du in der Auswaschtechnik im Wiesenbereich ein wenig Farbe an. Achte auf fließende Übergänge. Gegen den dunklen Waldbereich ist dieser eher schmal gehalten, aber nicht hart. Mit einem feinen Schrubberpinsel kannst du in den dunklen Waldrand helle Baumstämme hineinwaschen. Alles trocknen lassen.

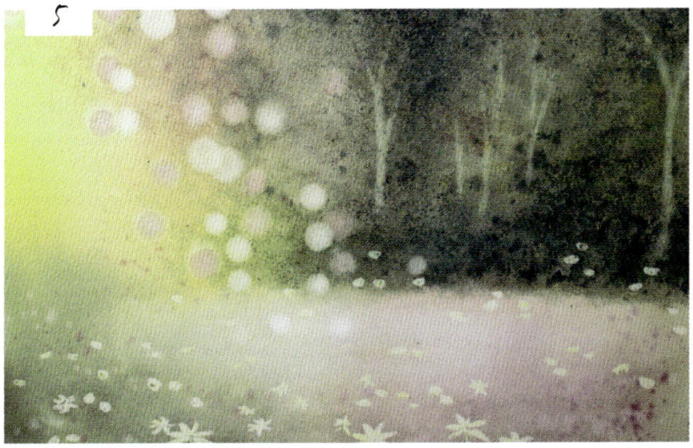

Von oben links werden mit einem flachen Borstenpinsel und einer Kreisschablone helle Kreise in den Lichtstrahl gewaschen und mit einem sauberen Taschentuch abgetupft. Achte darauf, die Kreise unterschiedlich stark auszuwaschen. Einige schimmern nur leicht heller, andere sind wirklich lichthell. Ziehe sie sanft in die Wiesenfläche hinein, immer im Lichtstrahl. Lass diesen Bereich vor dem nächsten Schritt gut trocknen.

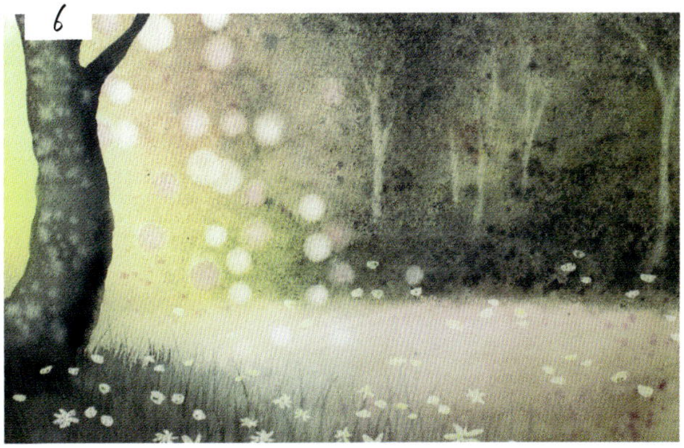

Mit dem Casaneo mischst du aus Shadow Green und Undersea Green eine dunkle Baumstammfarbe und ziehst den Stamm dick auf der linken Seite ins Bild. Mit verdünntem Gouacheweiß kannst du in die Rinde spritzen, um die Härte ein wenig aufzulösen. Mit dem Ellastip stippst du unten links den Baumschatten ins Bild.

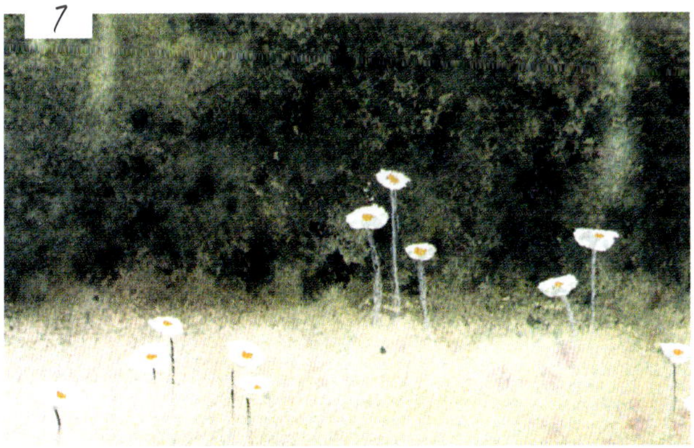

Wenn alles trocken ist, kannst du den Rubbelkrepp entfernen und die Blüten mit dem Maestro und sehr verdünntem Shadow Green schattieren. Wenn die Schattierung trocken ist, kommt das kadmiumgelbe Zentrum in jede Blüte. Auch Blüten, die nur getupft sind, bekommen ein wenig Gelb in die Mitte. Wieder alles gut trocknen lassen.

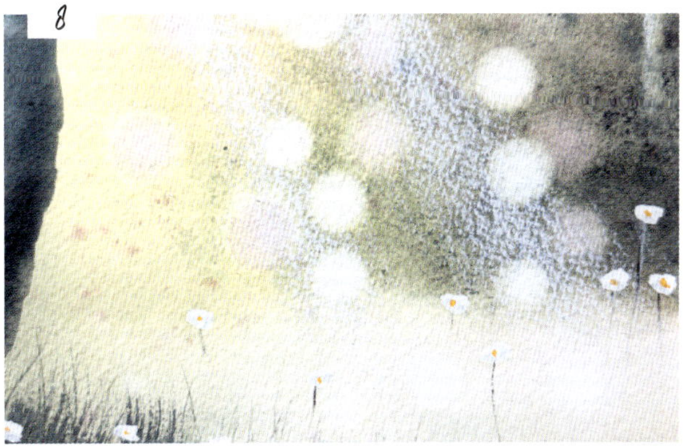

Mit weißem Buntstift den Sonnenstrahl dort, wo auch die Schablonenkreise sind, hell und gerade ins Bild ziehen. Mit dem weißen und dem schwarzen Buntstift kannst du einzelnen Blüten einen Stiel geben.

ELFENREIGEN

Farben

- Kobalttürkis
- Heliocoelinblau
- Paynesgrau bläulich
- Titangelb
- Neapelgelb rötlich
- Zinnoberrot
- Sepiabraun

Schon lange wollte ich zu diesem Gedicht von Johann Wolfgang von Goethe meine inneren Bilder zu Papier bringen. Nun habe ich es für dieses Buchprojekt endlich geschafft und eine mystisch verzauberte Waldstimmung in kühlen Mondfarben gemalt.

Elfenlied

Um Mitternacht,
Wenn die Menschen erst schlafen,
Dann scheinet uns der Mond,
Dann leuchtet uns der Stern;
Wir wandeln und singen
Und tanzen erst gern.

Um Mitternacht,
Wenn die Menschen erst schlafen,
Auf Wiesen, an den Erlen
Wir suchen unsern Raum
Und wandeln und singen
Und tanzen einen Traum.

Material

AQUARELLPAPIER

- Hahnemühle The Collection Watercolour Echt-Bütten 300 g/m^2 und 640 g/m^2

PINSEL

- Ellastip
- Schriftenpinsel (Nova Synthetics No. 4 von Da Vinci)
- Casaneo No. 12 von Da Vinci
- Detailpinsel (Maestro No. 3 von Da Vinci)
- Blackbird (Cosmotop Spin No. 1 von Da Vinci)
- Schrubberpinsel

EFFEKTMITTEL

- Aquarellnaturschwamm
- Taschentücher
- Gouacheweiß
- schwarzer und weißer Buntstift, Bleistift 3B

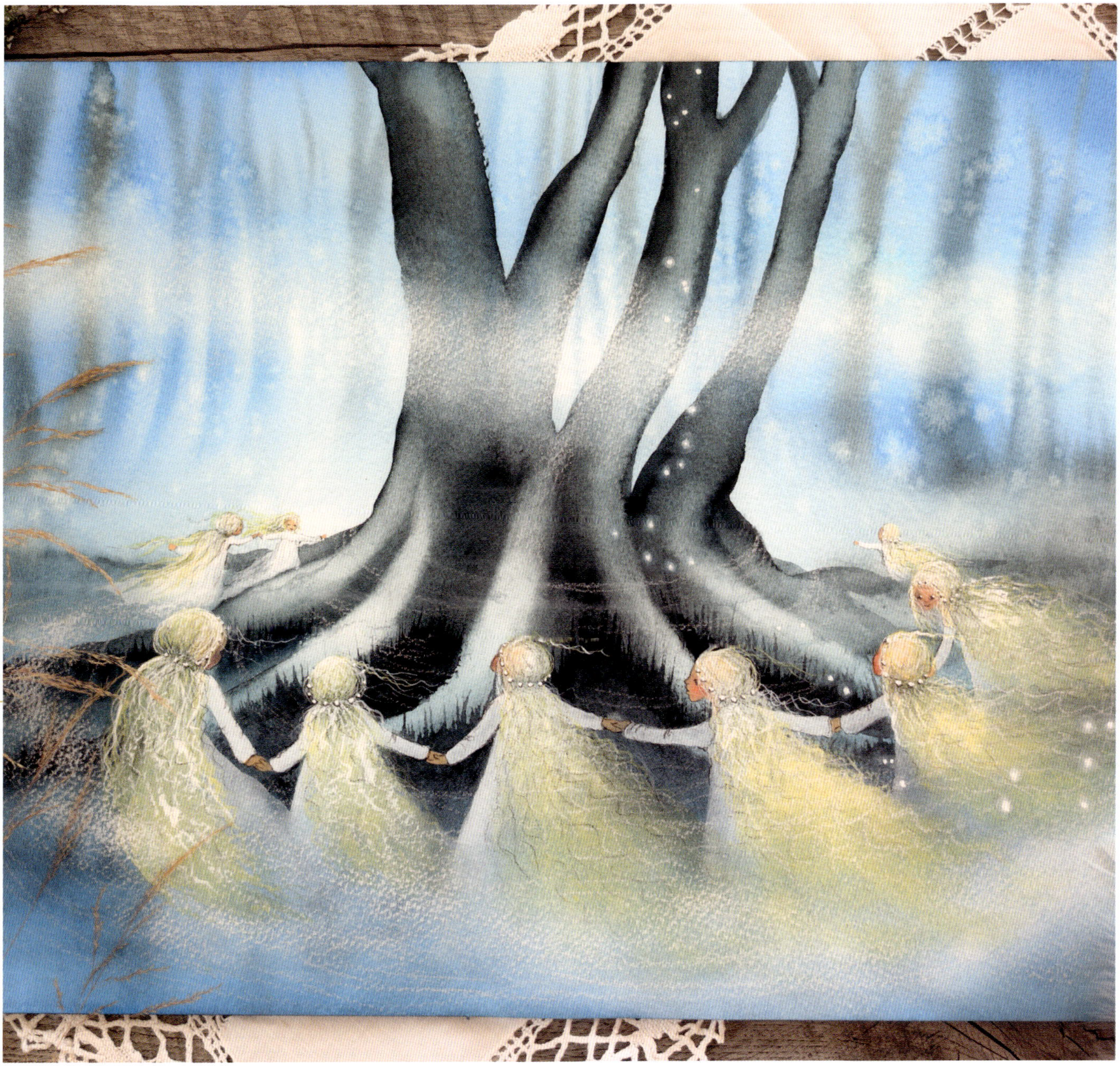

So geht's

1

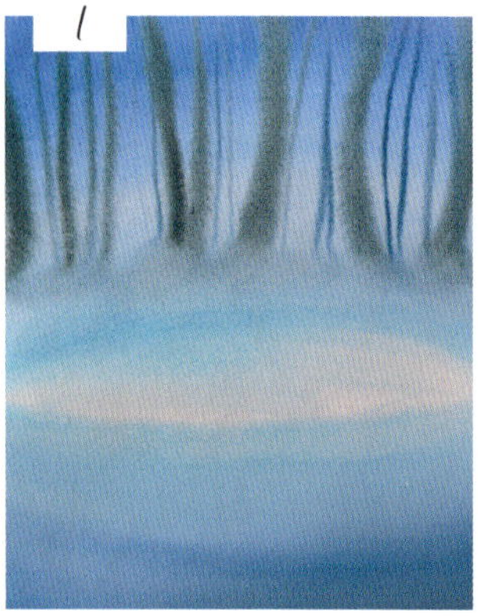

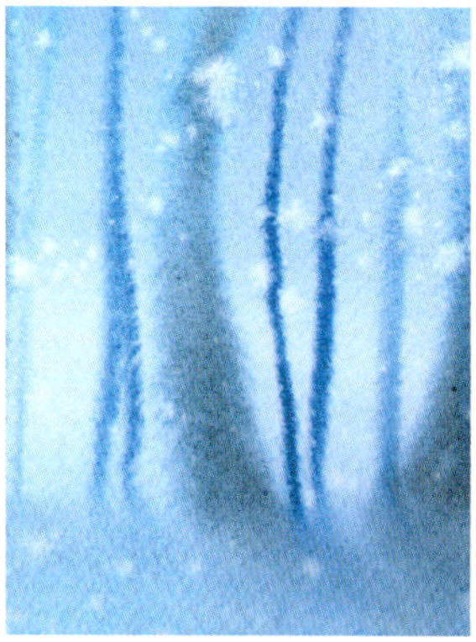

Feuchte das Blatt an, sodass es glänzt. Nimm den Ellastip und Kobalttürkis und starte mit einem flachen Kreis in der Blattmitte. Gegen außen verblendest du das Kobalttürkis mit Heliocoelinblau und letztendlich mit zartem Paynesgrau bläulich. Mit dem Casaneo und dem Maestro ziehst du in das obere Drittel einen Waldrand, noch in die nasse Unterlage hinein. Mit Gouacheweiß, sehr verdünnt und wässrig, spritzt du über die ganze Fläche. Tocknen lassen.

2

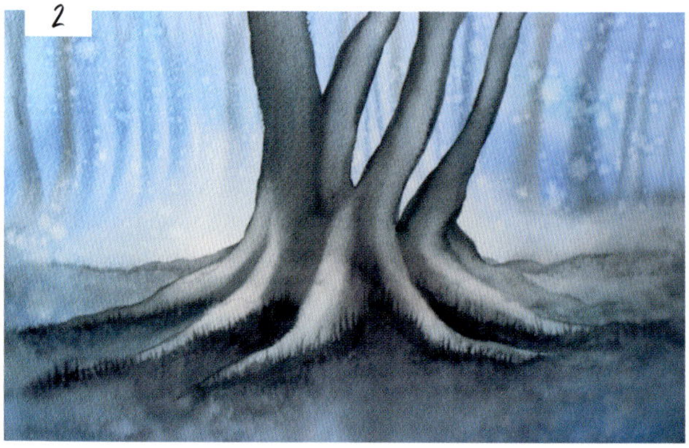

Mit dem Casaneo und Paynesgrau bläulich malst du in die helle Stelle in der Mitte einen alten dicken Baum, der sich nach oben hin aber sehr bald verzweigt. Male ihn dunkel und lass ihn gut trocknen, bevor du mit dem Schrubberpinsel die erhabenen Stellen aufhellst, um den Baum plastisch wirken zu lassen. Lass auch das wieder trocknen und male anschließend mit dem Ellastip von unten her Gras.

3

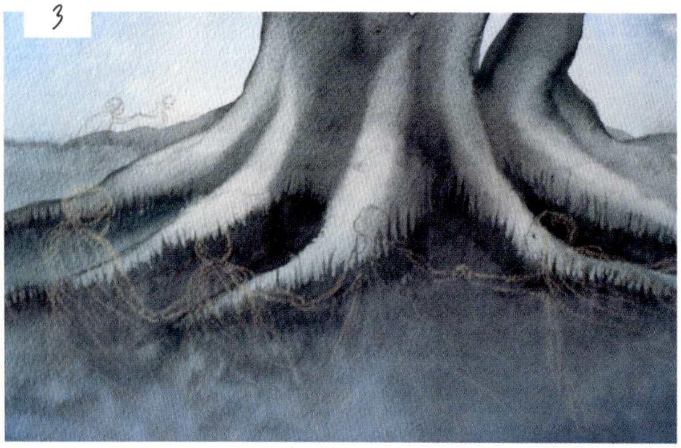

Wenn alles getrocknet ist, holst du dir die Vorlage für dieses Bild und zeichnest rund um den Baum mit einem weißen Buntstift oder einem Bleistift 3B zart die Elfen ein.

4

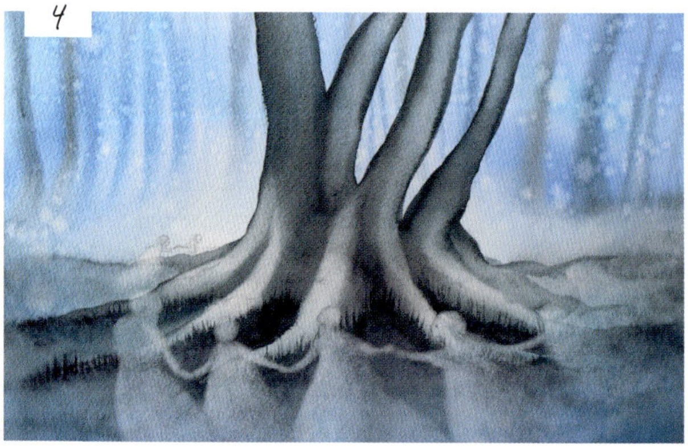

Mit dem Schrubberpinsel müssen alle Elfen gut aufgehellt werden. Dann grundierst du sie mit dem Detailpinsel und dem Blackbird. Grundiere mit Neapelgelb rötlich die Gesichter und tupfe mit Zinnoberrot rötliche Wangen in die noch nassen Flächen. Dann hellst du die Kleider mit Gouacheweiß auf und malst, sobald die Gesichter trocken sind, Haare mit Titangelb.

5

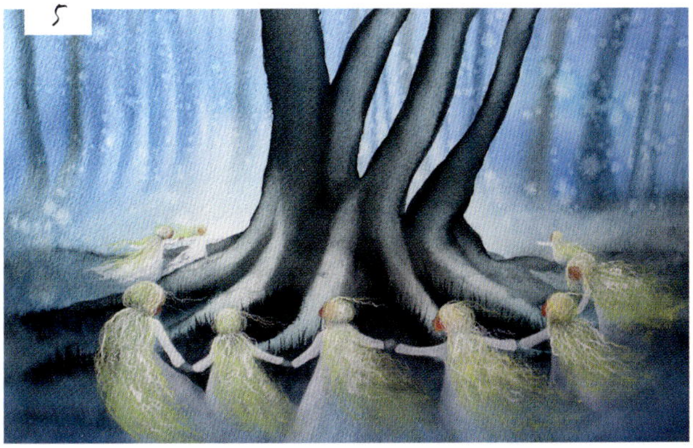

Lass alle Elfen gut trocknen, bevor du mit dem Schriftenpinsel und Titangelb sowie Gouacheweiß feine Haare in die Frisuren malst. Hier kannst du deiner Fantasie freien Lauf lassen und fliegende Frisuren kreieren. Natürlich musst du darauf achten, dass die Haare die Tanzbewegung unterstützen und in die richtige Richtung wehen. Vor dem nächsten Schritt muss alles vollständig trocknen.

6

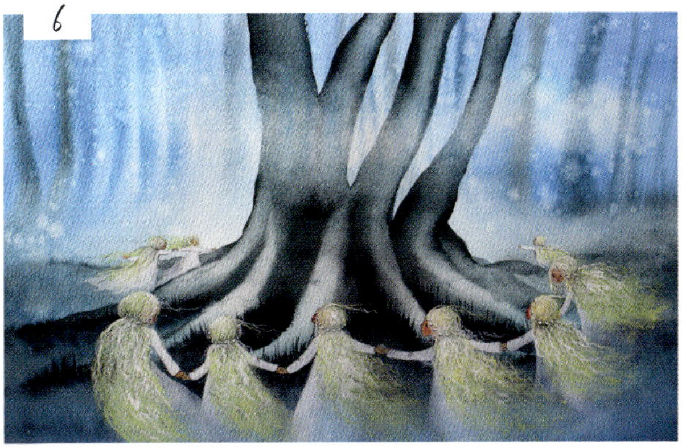

Mit dem schwarzen und dem weißen Buntstift kannst du die Figuren noch ausarbeiten. Mittels Auswaschtechnik legst du quer über das Bild mit dem Aquarellnaturschwamm einen zarten Nebelschleier.

7

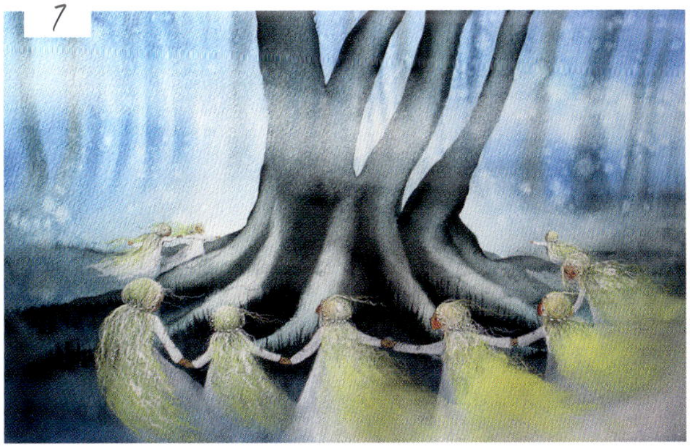

Von unten links habe ich noch mehr Nebel ins Bild gefügt, einfach mit dem Schwamm und der Auswaschtechnik. Wenn die Figuren ein wenig verwaschen sind, noch einmal nachziehen und die Haare mit Titangelb stärker leuchten lassen.

8

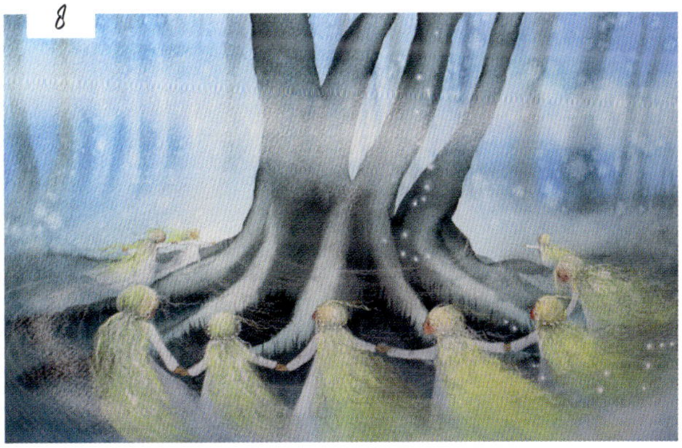

Nun ist das Bild sehr klar und braucht mehr Zauber. Mit dem Schrubberpinsel wasche ich aufsteigende Punkte aus, wie zarte Schmetterlinge, und gebe mit Gouacheweiß einen Leuchtpunkt in die Mitte. Mit dem weißen Buntstift male ich sichtbare Magie, indem ich die Tanzbewegung in sanften Strichen um den Baum lege. Auch den Nebel kann ich so ein wenig verstärken.

WISH

Farben

Kadmiumgelb zitron

Lasurgoldgrün

Undersea Green

Shadow Green

Alizarin Karmesin

Ultramarinblau

Wer liebt sie nicht, die so vergänglichen Pusteblumen? In diesem Bild wollte ich die Frühlingszeit einfangen, mit ihrem Blütenduft und den ersten wirklich warmen Sonnenstrahlen auf der Haut. In dieser Zeit des Frühlings ist das klare Spiel zwischen Licht und Schatten oft sehr eindrücklich. Der Schatten wirkt noch richtig kühl, während die Luft in der Sonne schon flirrt. Eine wunderschöne Zeit!

Material

AQUARELLPAPIER

- Hahnemühle The Collection Watercolour Echt-Bütten 300 g/m^2 und 640 g/m^2

PINSEL

- Ellastip
- Schriftenpinsel (Nova Synthetics No. 3 von Da Vinci)
- Casaneo No. 12 von Da Vinci
- Blackbird (Cosmotop Spin No. 1 von Da Vinci)
- Detailpinsel (Maestro No. 3 von Da Vinci)
- Schrubberpinsel

EFFEKTMITTEL

- Aquarellnaturschwamm
- Taschentücher
- weißer Buntstift
- Gouacheweiß

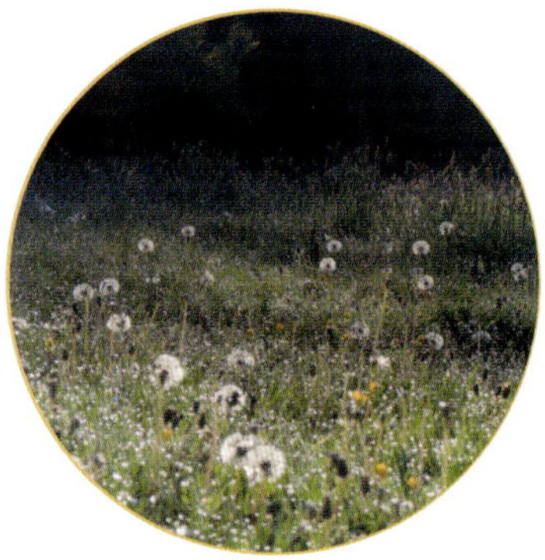

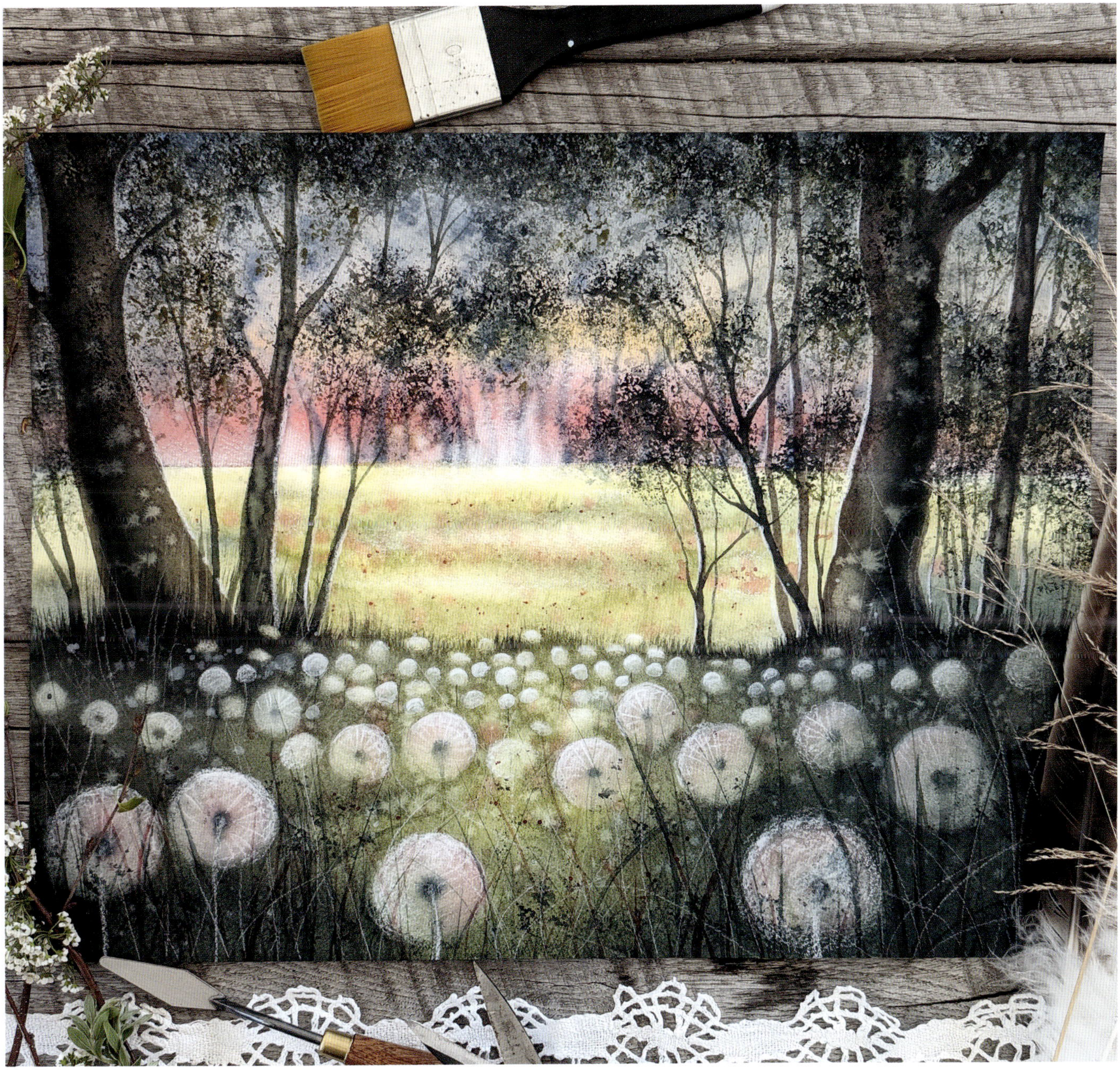

So gehts

1

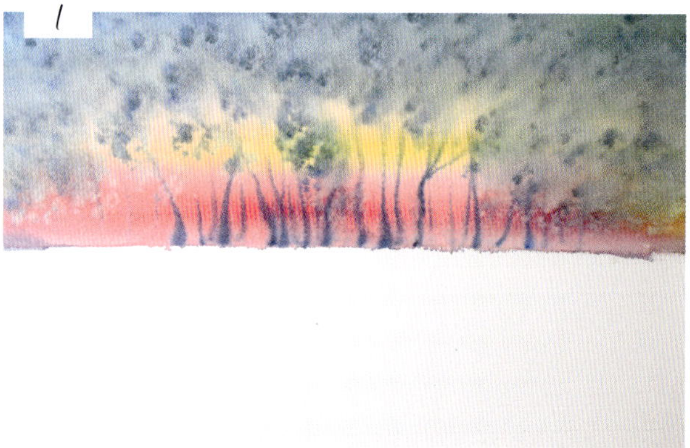

Verteile mit dem Ellastip im oberen Drittel und auf nassem Grund Kadmiumgelb zitron. Gib am unteren Rand reines Alizarin Karmesin dazu und verblende es über das obere Drittel. Anschließend kommt vom oberen Rand Ultramarinblau dazu. Alles verblenden und mit dem Schriftenpinsel und Ultramarinblau Stämme in den nassen Untergrund an den Horizont ziehen. Den Baumkronenbereich mit Ultramarinblau und dem Schwamm übertupfen.

2

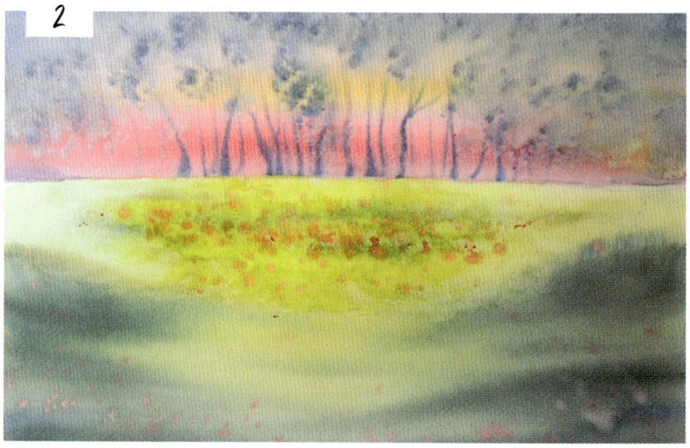

Feuchte das Blatt nochmals vom Horizont bis zum unteren Blattrand an und trage mit dem Ellastip Lasurgoldgrün auf, in der oberen Mitte am intensivsten. Dort spritzt du auch Alizarin Karmesin hinein. Von unten kommst du dem Lasurgoldgrün mit Ultramarinblau entgegen, sodass ein gedämpftes Grün entsteht. In den Vordergrund spritzt du Wasser hinein. Alles gut trocknen lassen.

3

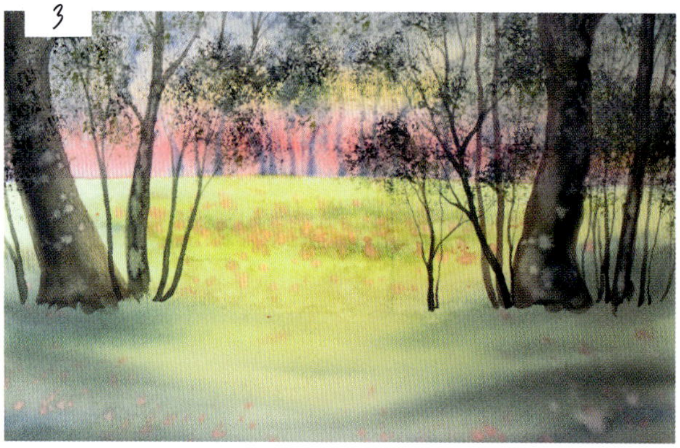

Mische aus Kadmiumgelb zitron, Ultramarinblau und Alizarin Karmesin ein Braun. Mit dem Casaneo links einen dicken Stamm und mit dem Maestro daneben weitere dünnere Stämme malen. Mit dem Schriftenpinsel Äste ergänzen. Den dicken Stamm mit Shadow Green schattieren. Aus Kadmiumgelb zitron und Ultramarinblau ein Grün mischen und mit dem Schwamm in die Baumkronen tupfen. In den dicken Stamm wässriges Gouacheweiß spritzen, solange er noch feucht ist. Rechts das Ganze wiederholen.

4

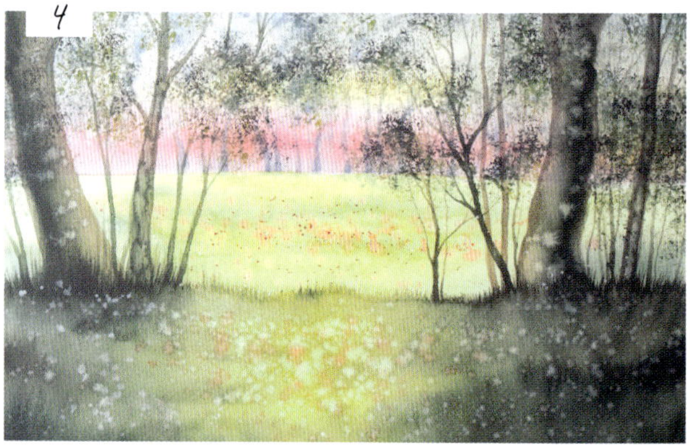

Nun nehmen wir den Ellastip und binden die Bäume in den Untergrund ein. Dazu verwenden wir Undersea Green, Shadow Green und die Braunmischung der Stämme. Den Pinsel führen wir stippend, damit Grasbüschel erkennbar werden. Mit verdünntem Gouacheweiß besprühen wir die vordere Wiesenfläche.

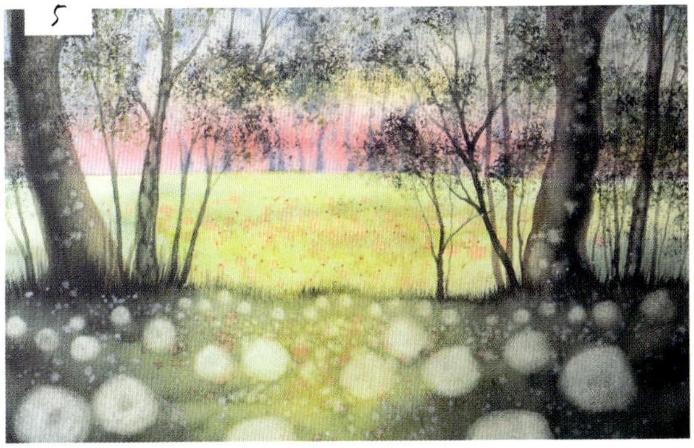

Sobald alles getrocknet ist, kannst du mit dem Aquarellnaturschwamm Pusteblumen auswaschen. Einfach den Schwamm sanft drehen, fast ganz ohne Druck. Im Bereich direkt unter den Bäumen nimmst du statt des Schwammes den Schrubberpinsel zum Auswaschen.

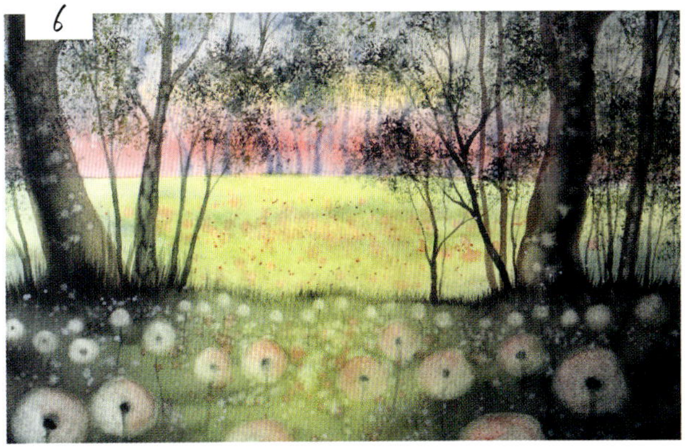

Mit dem Casaneo und sehr verdünntem Alizarin Karmesin malst du rötlichen Schimmer auf die Pusteblumen. Ins Zentrum des noch feuchten „Bällchens“ setzt du mit dem Maestro und Undersea Green einen Punkt und ziehst daraus einen Stängel nach unten.

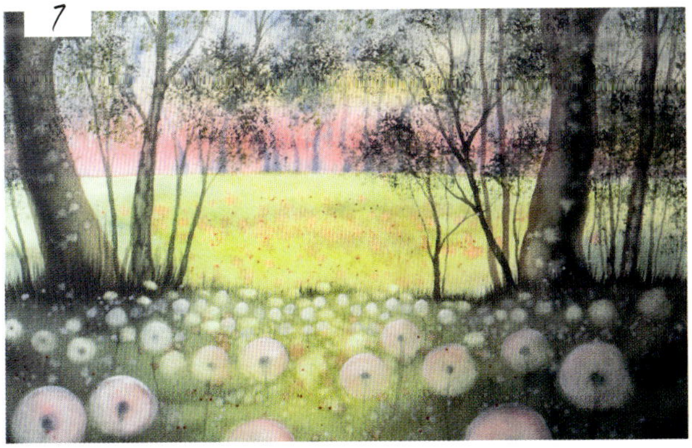

Sobald alles trocken ist, kannst du mit Gouacheweiß die „Bällchen“ aufhellen und so noch mehr Licht aus der oberen Mitte ins Bild strömen lassen.

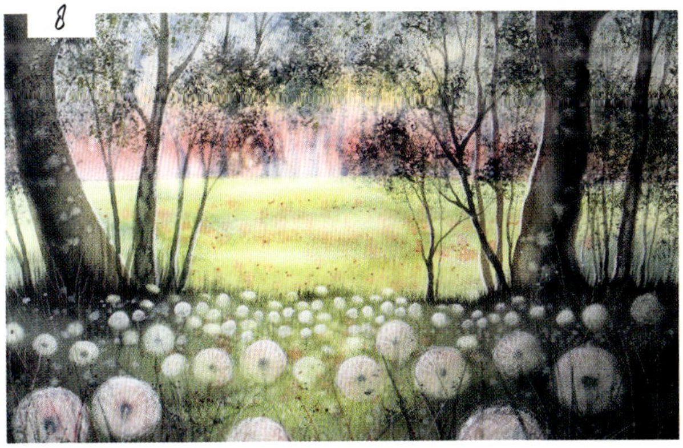

Zum Abschluss, wenn wieder alles getrocknet ist, kannst du mit dem weißen Buntstift lichte Stellen ins Bild malen, was ihm noch mehr Transparenz gibt.

WILDGÄNSE

Farben

Kadmiumorange hell

Kobalttürkis

Alizarin Karmesin

Paynesgrau bläulich

Neapelgelb rötlich

Titangelb

Wasser ist zu jeder Jahres- und Tageszeit ein wunderbares Motiv. Ich bin am Bodensee aufgewachsen und liebe die unterschiedlichen Wasserstimmungen. Ein Höhepunkt im Jahr ist für mich immer, wenn die Wildgänse in ihrer klaren Formation über unser Zuhause fliegen und so den Frühling ankündigen.

Material

AQUARELLPAPIER

- Hahnemühle The Collection Watercolour Echt-Bütten 300 g/m² und 640 g/m²

PINSEL

- Ellastip
- Schriftenpinsel (Nova Synthetics No. 3 von Da Vinci)
- Casaneo No. 12 von Da Vinci
- Blackbird (Cosmotop Spin No. 1 von Da Vinci)
- Schrubberpinsel

EFFEKTMITTEL

- Aquarellschwamm
- runde, selbstklebende Etikette
- Gouacheweiß
- Masking Tape
- weißer und schwarzer Buntstift

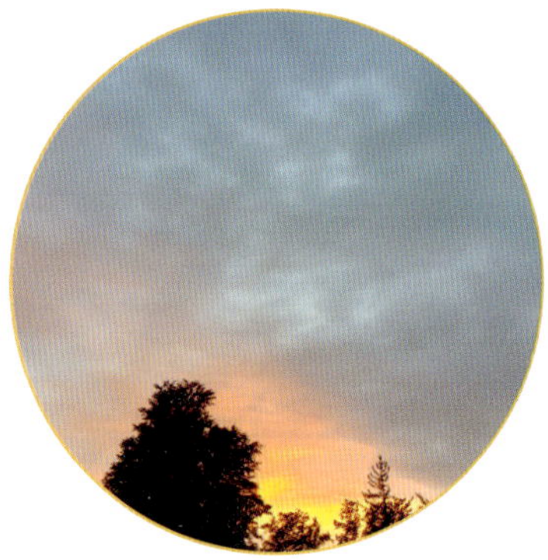

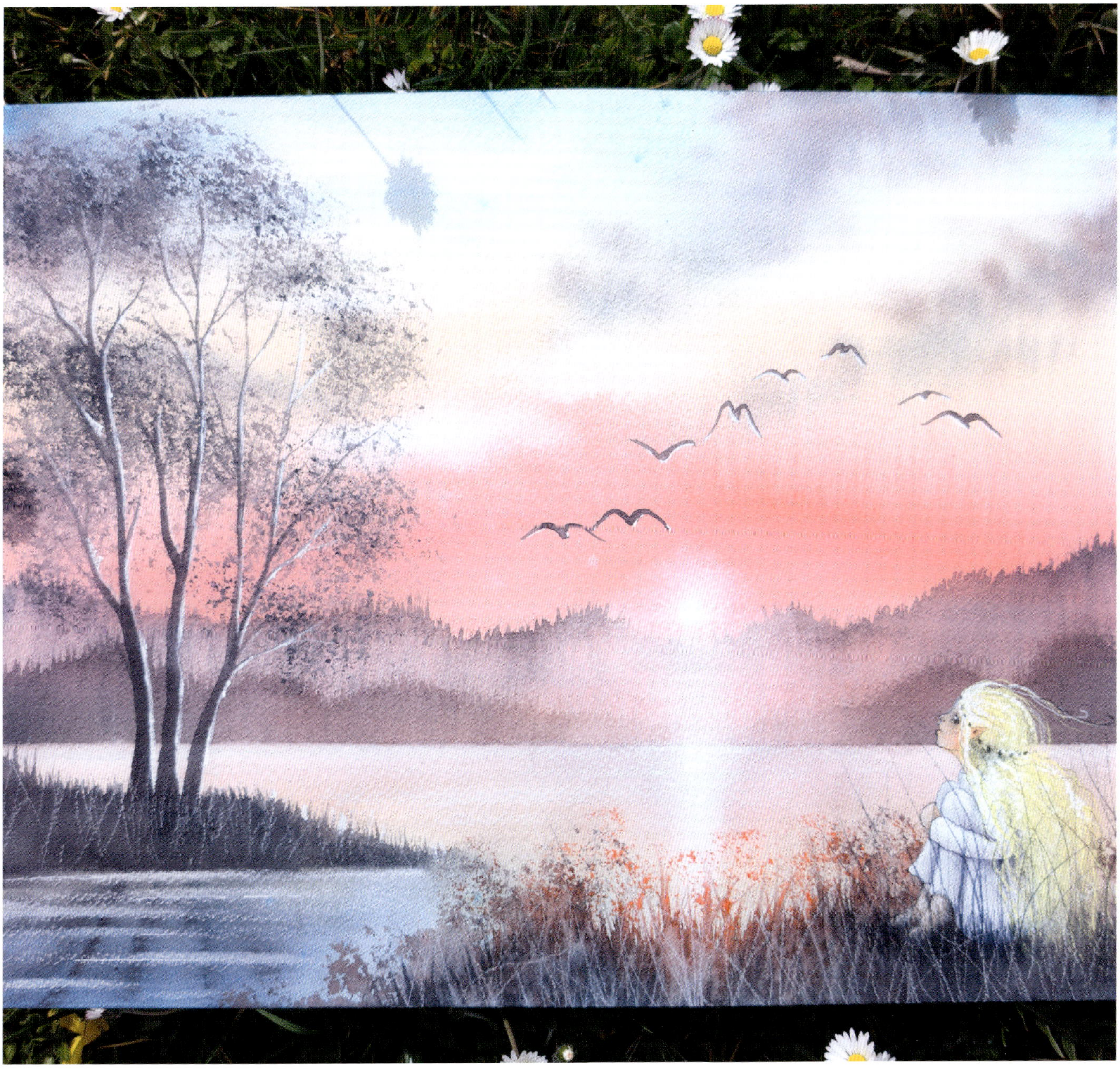

So geht's

1

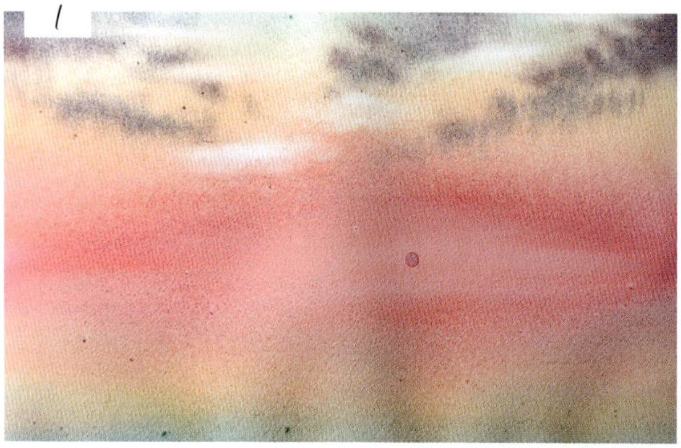

Klebe ein rundes Etikett an die Stelle der Sonne. Mische aus Paynesgrau bläulich und Alizarin Karmesin ein Violett. Feuchte das Blatt mit dem Ellastip an und streiche mit Alizarin Karmesin von der Mitte her horizontal über das Papier. Oberhalb und unterhalb davon kommt Kadmiumorange hell, ganz außen Kobalttürkis. Alle drei miteinander verblenden. Tupfe mit dem Violett von der oberen Ecke zur Mitte hin Wolken. Vorsicht, bleibe oberhalb des Alizarin Karmesin!

2

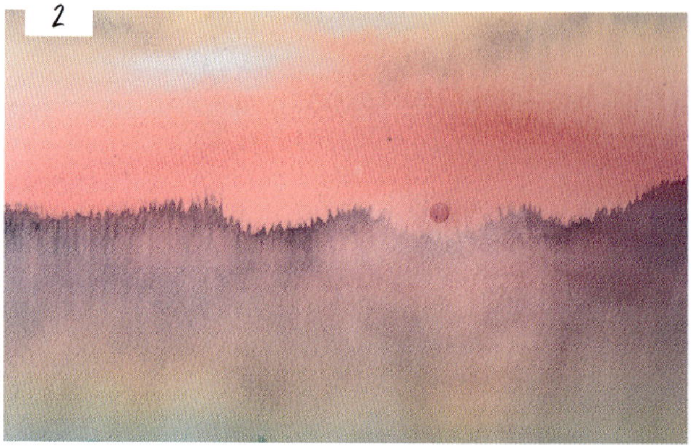

Trocknen lassen. Dann mit dem Ellastip und deinem Violett knapp unter dem Etikett einen Horizont anlegen. Nach unten hin die Farbe ausklingend verblenden. Nach dem Trocknen mit dem Schrubberpinsel die hügelige Horizontlinie unterhalb der Sonne auswaschen und abtupfen. Trocknen lassen und ein Masking Tape horizontal direkt ins Alizarin Karmesin kleben. Mische in dein Violett ein wenig mehr Alizarin Karmesin und male eine weitere Hügellinie.

3

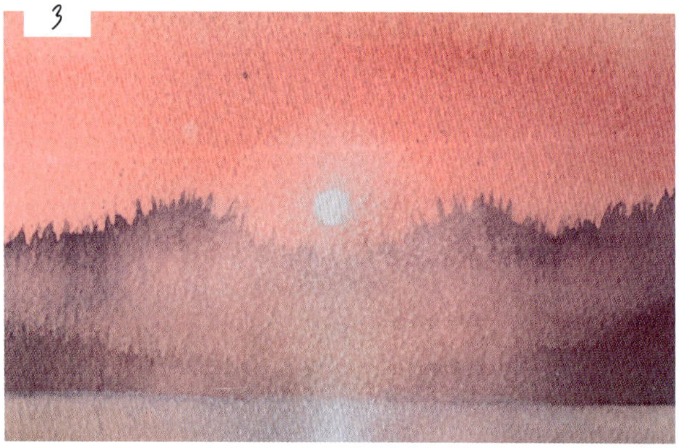

Entferne das Tape und wasche die so entstandene Wasseroberfläche ein wenig heller. Auch das Etikett kannst du entfernen. Wasche die Sonne ein wenig aus, damit kein zu harter Übergang entsteht, und „schrubbe" in das Wasser eine helle Reflexionsstraße hinein.

4

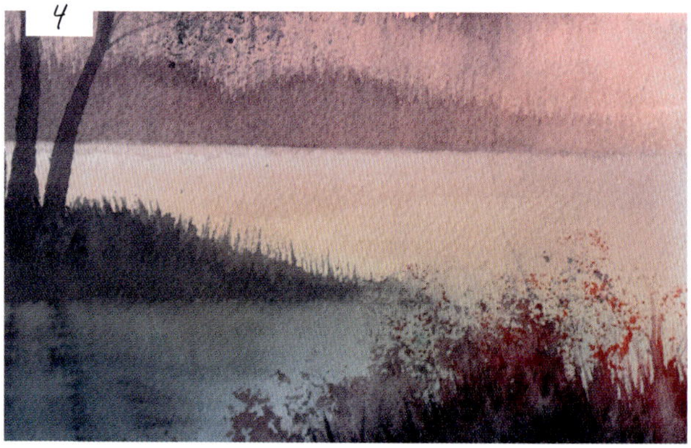

Mit dem Ellastip, Paynesgrau bläulich und sehr wenig Alizarin Karmesin von links die Landzunge ins Bild ziehen. Mit dem Schriftenpinsel und derselben Farbe drei Bäume darauf stellen und ihre Spiegelungen im Wasser einziehen. Mit dem Schwamm Laub in die Baumkronen tupfen. Male mit dem Ellastip und Paynesgrau bläulich Gras in den Vordergrund. Die Spitzen leicht mit einer Mischung aus Kadmiumorange hell und Alizarin Karmesin einfärben. Tupfe mit dem Naturschwamm noch mehr Pflanzeneffekt hinein.

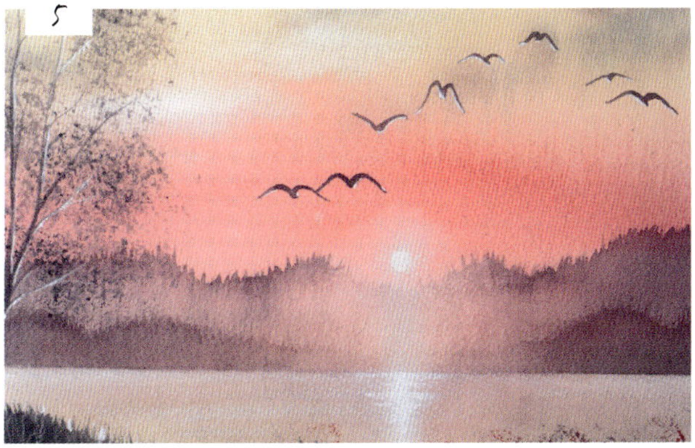

Mit derselben Violettmischung kannst du mit dem Blackbird Wildgänse an den Himmel malen. Lass alles gut trocknen. Jetzt brauchen wir nur noch gleißendes Licht auf dem Wasser. Dafür verwenden wir den weißen Buntstift. Lichtpunkte auf dem Wasser ziehen wir horizontal hinein. Leuchtstellen an den Bäumen malen wir direkt am Rand der Rinde. Auch auf den Vogelflügeln ist Licht erkennbar. Das Bild ist fertig. Doch natürlich kann noch ein Elfchen hineingesetzt werden.

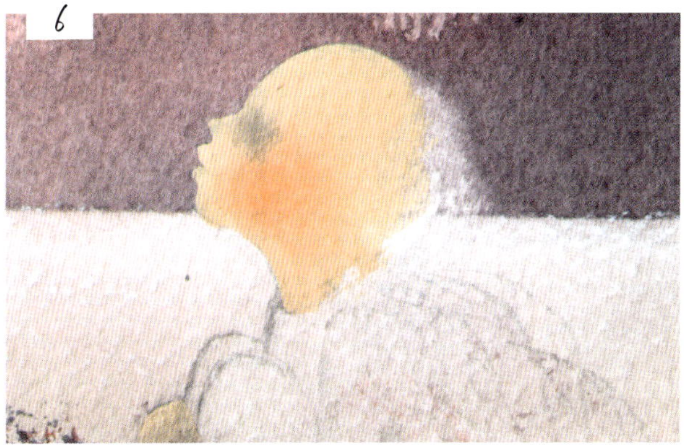

Suche dir in den Vorlagen die passende Skizze für das Elfchen oder eine andere Figur und übertrage sie in dein Bild. Helle die Figur mit dem Schrubberpinsel und der Auswaschtechnik auf. Grundiere mit dem Blackbird das Gesicht, die Hände und die Füße mit Neapelgelb rötlich. Ins feuchte Gesicht tupfst du ganz wenig Alizarin Karmesin für die Wange und Paynesgrau bläulich für die Vertiefung beim Auge.

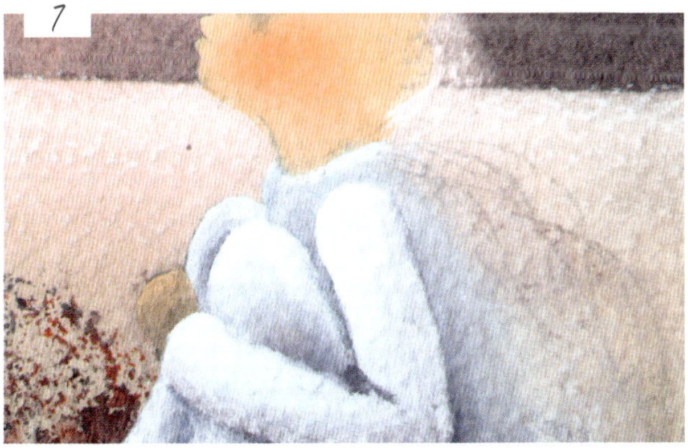

Mit dem Maestro grundierst du das Kleid in Gouacheweiß. Mit Paynesgrau bläulich schattierst du die entsprechenden Stellen am Kleid. Mit dem feinen Schriftenpinsel, Titangelb und Gouacheweiß malst du der Figur eine Frisur.

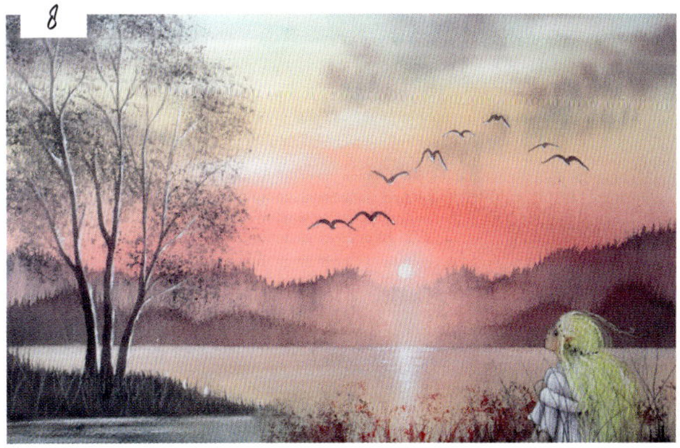

Wenn alles trocken ist, kannst du mit einem weißen und einem schwarzen Buntstift die Details an der Figur herausarbeiten.

EINE VARIATION AUF YOUTUBE

is.gd/xlM39d

In die FERNE

Farben

- Kadmiumgelb zitron
- Alizarin Karmesin
- Ultramarinblau
- Kobalttürkis
- Lasurgoldgrün
- Undersea Green
- Shadow Green
- Neapelgelb rötlich
- Titangelb

Wer kennt nicht das Gefühl von Sehnsucht nach der Ferne? Tief in der Brust sitzt ein Schmerz, der nicht einfach zu stillen ist. Der Blick ist in die Weite gerichtet. Es zieht uns hinaus in ferne Länder, hin zu neuen Wegen. Wie eng scheint uns oft der Alltag und wie viel bunter und wohliger ein weit entfernter Ort. Fühle dich ganz in diese Emotion hinein, verliere dich im Horizont und seinen unendlichen Möglichkeiten.

Material

AQUARELLPAPIER

- Hahnemühle The Collection Watercolour Echt-Bütten 300 g/m^2 und 640 g/m^2

PINSEL

- Ellastip
- Schriftenpinsel (Nova Synthetics No. 3 von Da Vinci)
- Casaneo No. 12 von Da Vinci
- Detailpinsel (Maestro No. 3 von Da Vinci)
- Schrubberpinsel

EFFEKTMITTEL

- Aquarellschwamm
- Taschentuch
- Plastikkarte zum Kratzen
- Gouacheweiß
- Bleistift, weißer und schwarzer Buntstift

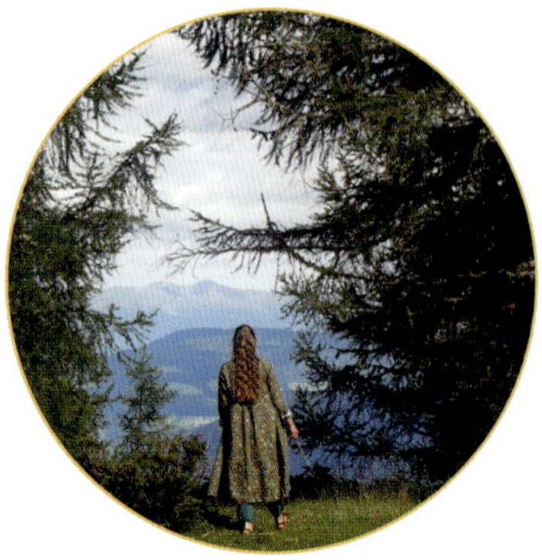

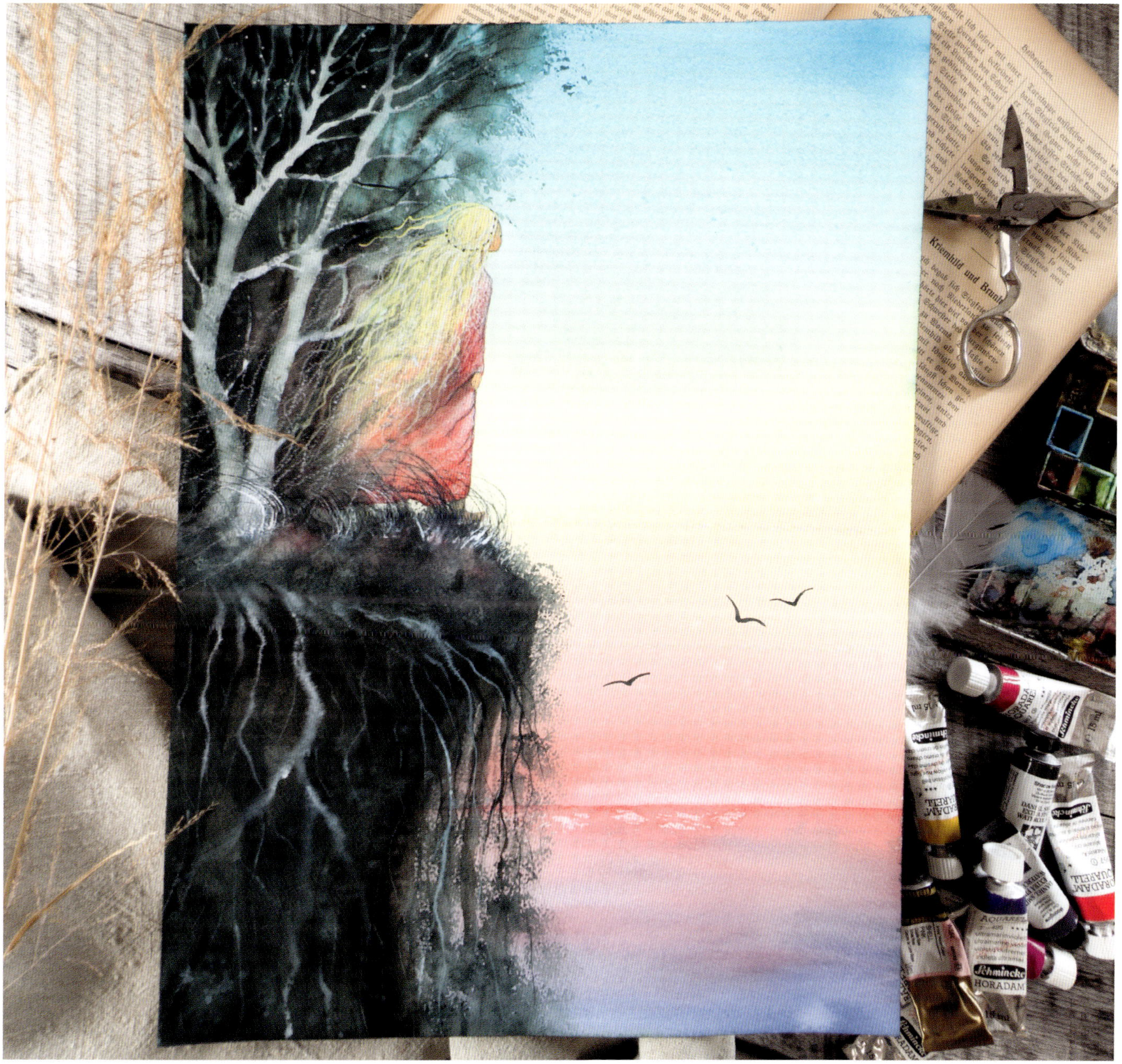
Schmincke
HORADAM

So geht's

1

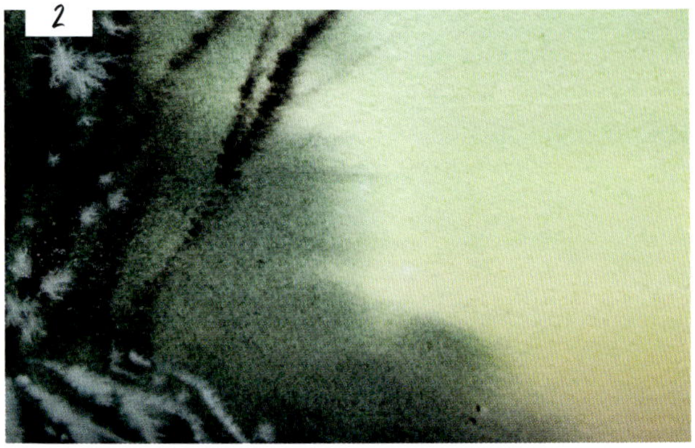
2

Feuchte mit dem Ellastip das Blatt gut an und grundiere vom Alizarin Karmesin ausgehend nach oben hin mit Kadmiumgelb zitron und Kobalttürkis und nach unten hin mit Ultramarinblau. Alle Farben sauber verblenden. Nicht zu viel mischen, sodass die Wirkung klar bleibt. Vom linken unteren Rand her mit Undersea Green und Shadow Green einen Felsen ins Bild ziehen. Mit Lasurgoldgrün und Undersea Green Gebüsch auf den Felsen tupfen.

Ziehe mit dem Schriftenpinsel und Undersea Green Äste ins Blattwerk und mit Gouacheweiß Wurzeln. Spritze mit verdünntem Gouacheweiß in beide Flächen. Am Fuß der Büsche mit der Plastikkarte Felsen kratzen.

Tipp

Übe das Kratzen von Felsen und Steinen auf einem Extrablatt, bevor du mit diesem Bild startest.

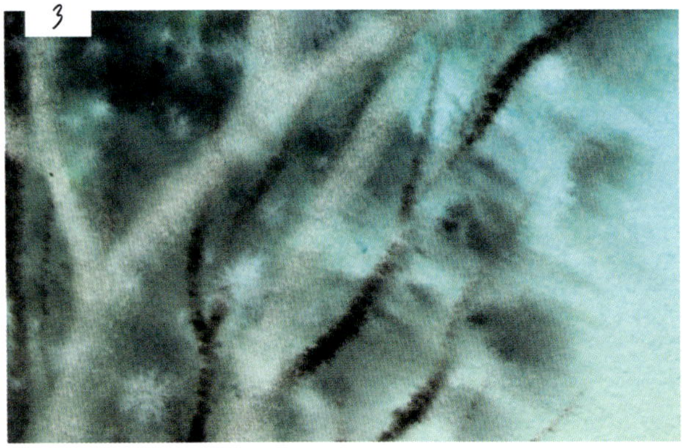
3

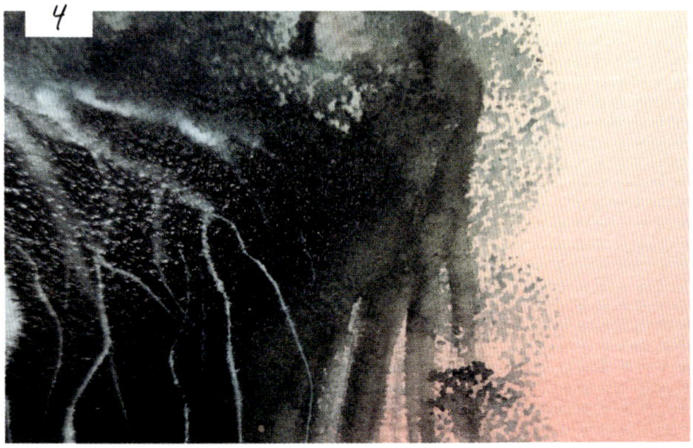
4

Nun muss alles gut trocknen. Anschließend kannst du mit dem Schrubberpinsel ein paar dickere Äste aus dem Busch herauswaschen. Nimm den Casaneo und ziehe mit zartem Alizarin Karmesin den Meereshorizont ins Bild. Nach unten hin verblendest du das Wasser mit Ultramarinblau.

Den Felsen kannst du mit dem Casaneo und Undersea Green und Shadow Green noch ein wenig abdunkeln. Deute mit dem Aquarellschwamm und denselben Farben Schlingpflanzen an, die über die Brüstung hängen. Mit Gouacheweiß die Äste aufhellen und auch in den Schlingpflanzen einige Äste mit Weiß malen.

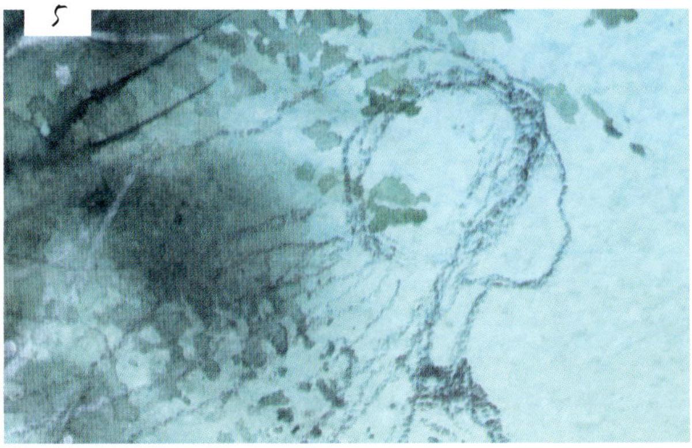

Wenn alles trocken ist, kannst du aus den Vorlagen die Figur des langhaarigen Mädchens heraussuchen und sie mit dem Bleistift ins Bild übertragen.

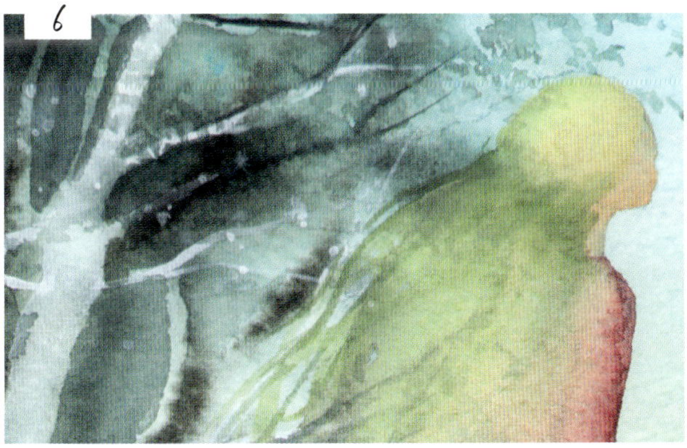

Wenn nötig, den Gesichtsbereich mit dem Schrubberpinsel ein wenig auswaschen und mit Neapelgelb rötlich grundieren. Die Wangen mit einem zarten Tupfer Alizarin Karmesin röten. Das Kleid mit dem Detailpinsel und Alizarin Karmesin grundieren, die Haare mit Titangelb anlegen.

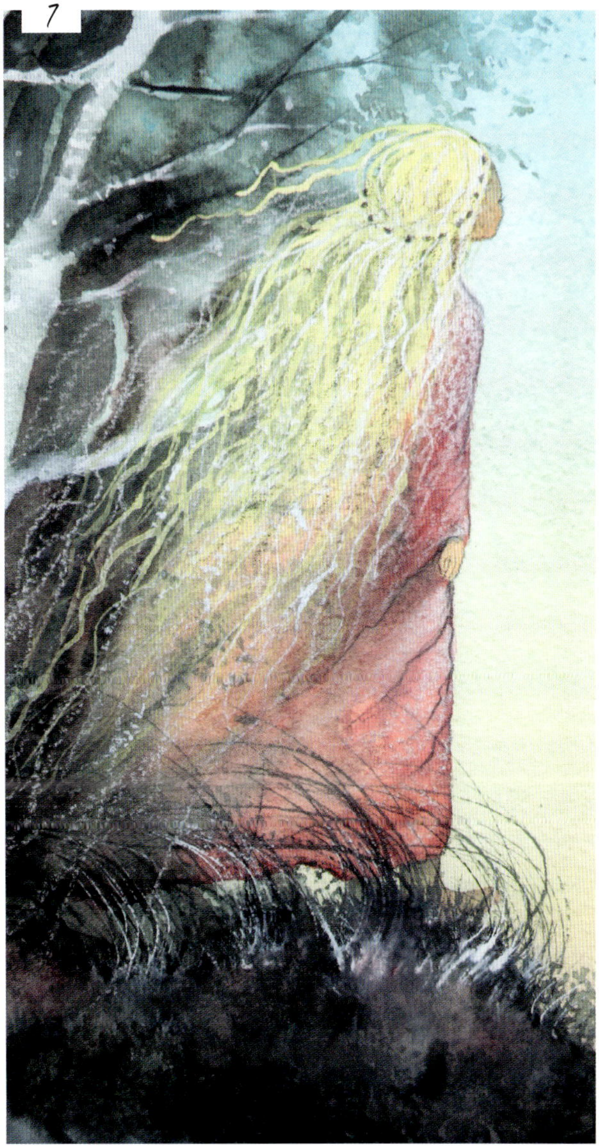

Wenn die Grundierung trocken ist, waschen wir zuerst mit der Auswaschtechnik helle Stellen ins Kleid. Dann nehmen wir den Schriftenpinsel und malen dem Mädchen eine Frisur in Titangelb und Gouacheweiß. Nachdem alles getrocknet ist, komplettieren wir mit einem weißen und einem schwarzen Buntstift.

EISTANZ

Farben

- Kadmiumgelb zitron
- Kobalttürkis
- Paynesgrau bläulich
- Shell Pink
- Heliocoelinblau
- Neapelgelb rötlich
- Titangelb

Für dieses Bild habe ich nach Erinnerungen an Eis gesucht und mich an das Schlittschuhlaufen auf dem Untersee erinnert, das in meiner Kindheit in kalten Wintern noch möglich war. Auch hatten wir einen großen Weiher in unserer Nähe, ganz romantisch von Wald umgeben, der jeden Winter zugefroren war und auf welchem wir die tollsten Pirouetten geübt haben. Gerade das Eislaufen auf dem Weiher hatte etwas sehr Märchenhaftes. Dieses Zauberhafte und gleichzeitig Eiskalte wollte ich im folgenden Bild einfangen, zusammen mit dem Winterlicht.

Material

AQUARELLPAPIER

- Jubiläumsblock von Gerstäcker 425 g/m^2 (30 × 40 cm)

PINSEL

- Ellastip
- Schriftenpinsel (Nova Synthetics No. 3 von Da Vinci)
- Casaneo No. 12 von Da Vinci
- Detailpinsel (Maestro No. 3 von Da Vinci)
- Blackbird (Cosmotop Spin No. 1 von Da Vinci)
- flacher Borstenpinsel

EFFEKTMITTEL

- Kreisschablone, Masking Tape
- Plastikkarte (zurechtgeschnitten)
- Gouacheweiß, Salz
- Bleistift, weißer und schwarzer Buntstift

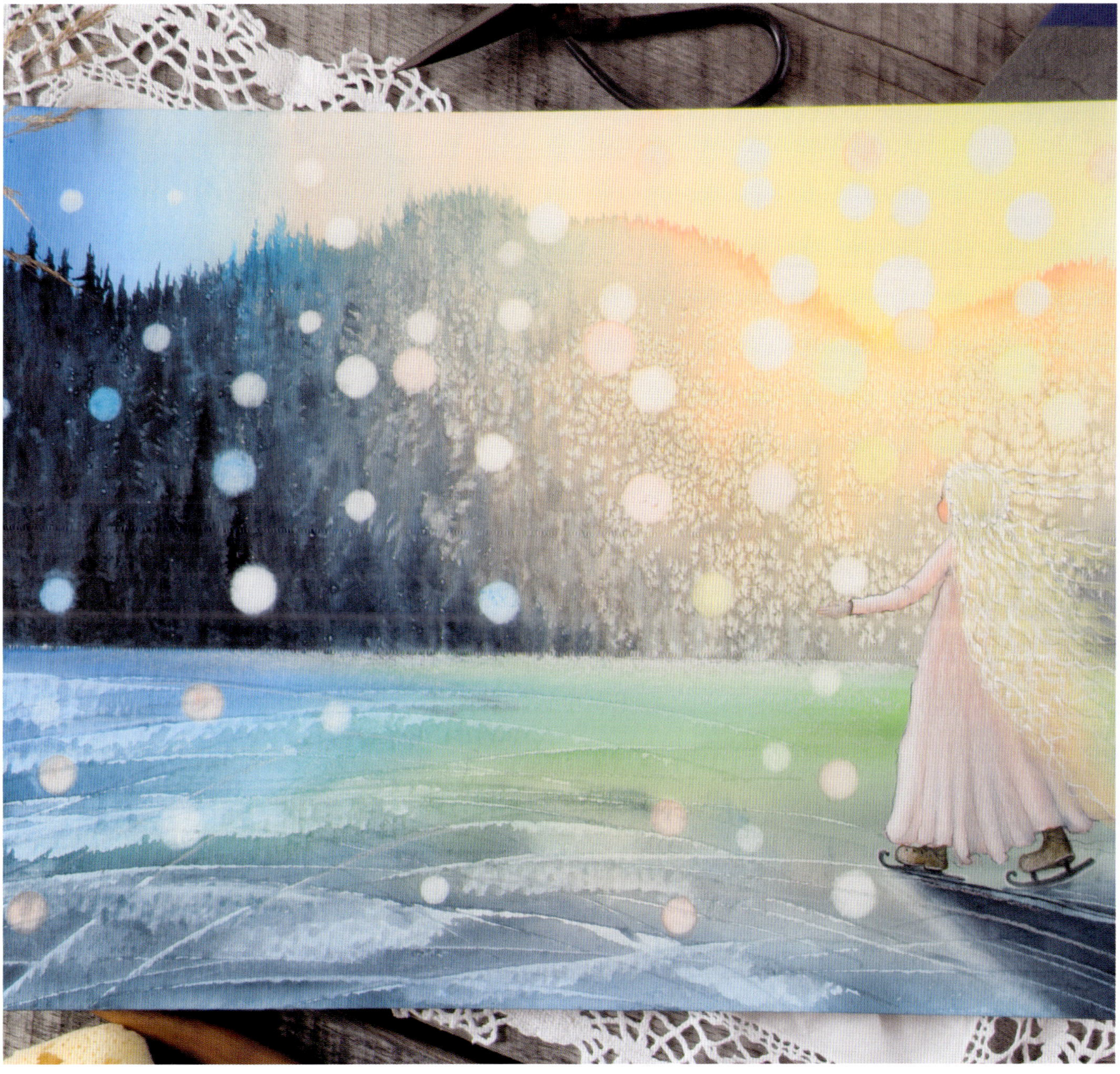

So geht's

1

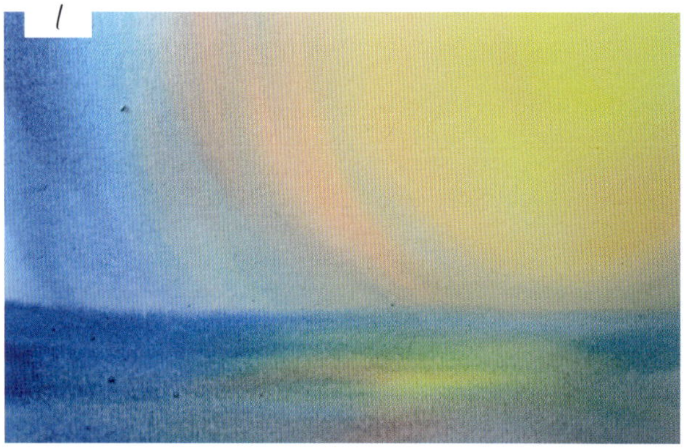

Das Blatt muss gut angefeuchtet sein, bevor du mit dem Ellastip in der rechten oberen Ecke das Kadmiumgelb zitron aufträgst. Im Halbkreis nach links hinüber folgen dann Shell Pink, Kobalttürkis und Heliocoelinblau. Das untere Drittel bemalst du, indem du den Pinsel horizontal führst. Es sind dieselben Farben enthalten, Gelb und Rosa kommen aber im Verhältnis zum Blau nur recht wenig vor. Die Schicht sollte gut trocknen, bevor du mit dem Hügel startest.

2

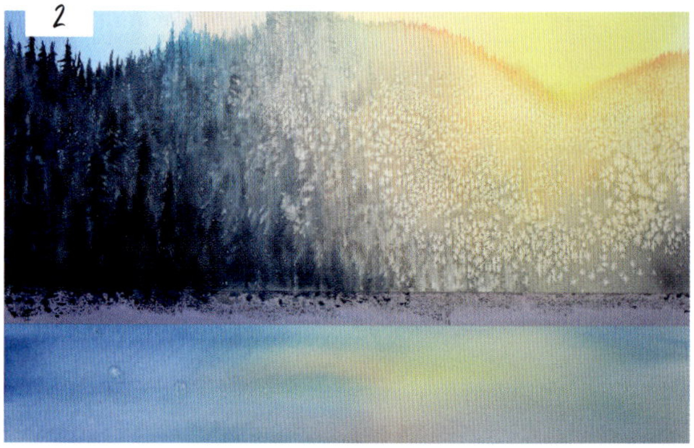

Mit Tape klebst du die quer gestrichene Fläche ab. Mit dem Ellastip stippst du mit Shell Pink direkt unterhalb der Sonne einen Hügel, der nach links hin langsam in Kobalttürkis, Heliocoelinblau und Paynesgrau bläulich übergeht. Sobald du die Grundfläche angelegt hast, streust du Salz in die nasse Farbe. Stelle dann den Ellastip auf und tupfe und strichele von links kommend Paynesgrau bläulich auf, sodass Nadelbäume angedeutet werden. Trocknen lassen.

3

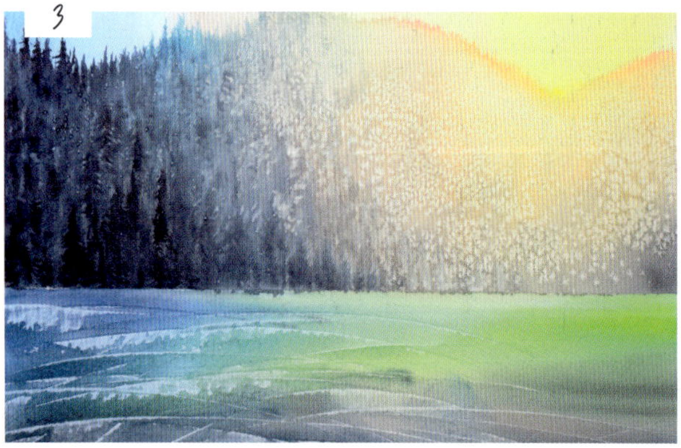

Entferne das Tape. Mit dem Ellastip machst du die untere Hälfte nass und verblendest darauf alle vier Farben. Sobald sie ein wenig angezogen haben, kratzt du mit der Plastikkarte hauptsächlich horizontale Risse in die Eisfläche. Achtung! Wenn du eine Figur geplant hast, halte diese Stelle auf dem Blatt von Kratzern frei.

4

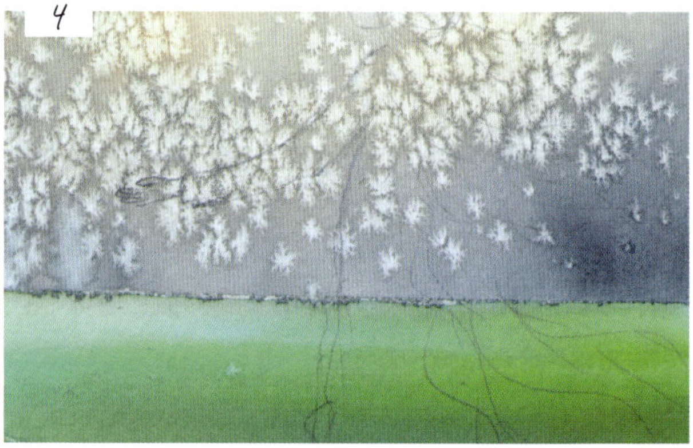

Sobald alles wieder trocken ist, suchst du dir im Vorlagen-Kapitel die passende Figur und überträgst sie mit Bleistift in dein Bild.

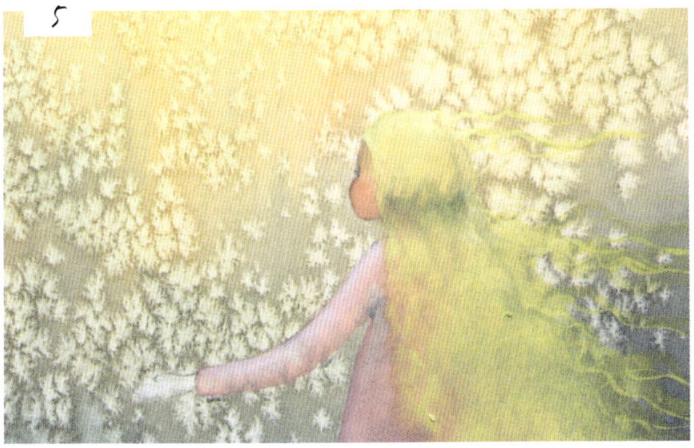

Mit dem Schrubberpinsel löst du die Farbe in der Figur an und tupfst sie mit einem sauberen Taschentuch ab. Mit dem Detailpinsel wird die Figur grundiert: das Gesicht mit Neapelgelb rötlich, das Kleid mit Shell Pink und die Haare mit Titangelb.

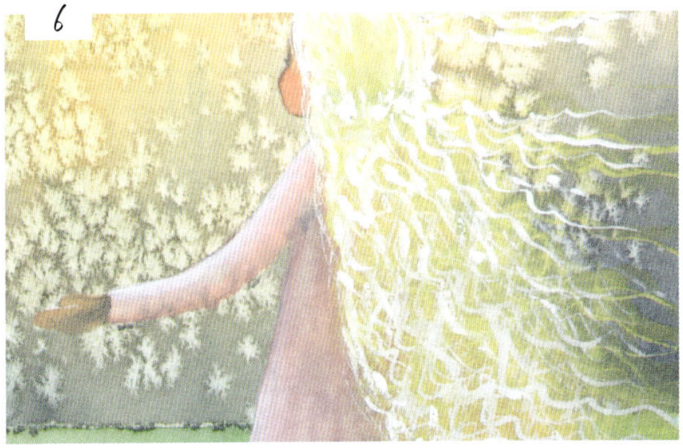

Wenn die Figur trocken ist, schattierst du sie sanft mit Paynesgrau bläulich und hellst die erhabenen Stellen mit Gouacheweiß auf. Für die Haare nimmst du den Schriftenpinsel und konkretisierst die zarte Frisur und die fliegenden Haare in Titangelb und Gouacheweiß. Mit einer Mischung aus Shell Pink und Paynesgrau bläulich färbst du die Schlittschuhe.

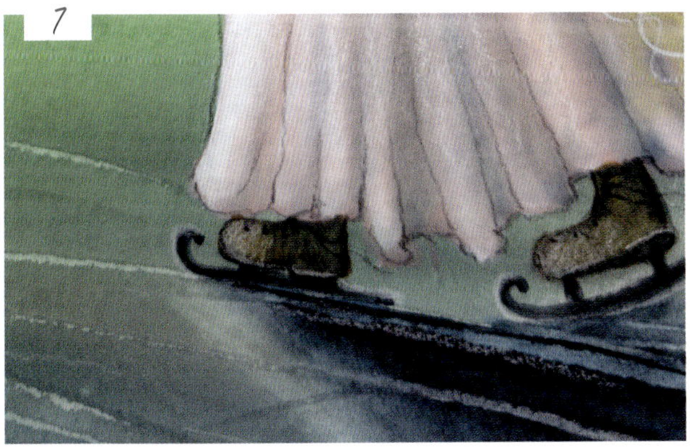

Sobald die Figur trocken ist, überarbeitest du sie mit dem weißen und dem schwarzen Buntstift. Mit dem Casaneo legst du einen Schattenwurf auf das Eis.

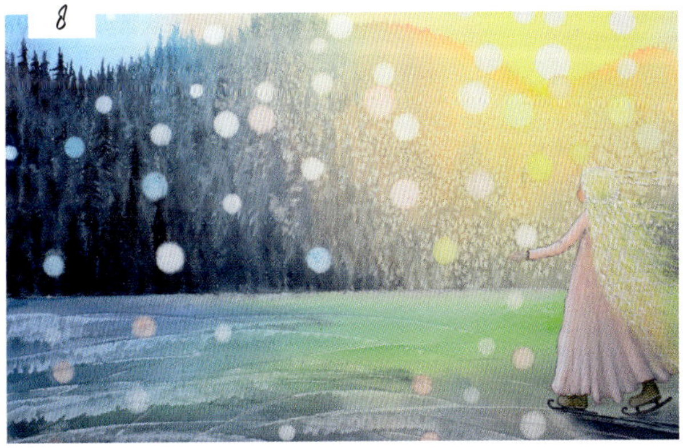

In diesem Schritt kommt die Kreisschablone ins Spiel. Vom Sonnenzentrum ausgehend legst du im Bokeh-Effekt helle Kreise über das Bild. Einzelne Kreise bemalst du zart mit Kobalttürkis und Shell Pink.

Kraft-QUELLE

Farben

Kobalttürkis

Heliocoelinblau

Paynesgrau bläulich

Titangoldocker

Sepiabraun

Purpur Magenta

Diese Inspiration verdanke ich einem Spaziergang am Fluss. In den Wintermonaten sind die Farben dort immer in einem geheimnisvollen Graubraun gehalten. Einige Baumstämme haben einen warmgelben Klang. Das mystisch Dunkle, gepaart mit Glanzlichtern und dem Gold des Holzes, ergibt eine wunderschöne und auch ein wenig verzauberte Stimmung.

Material

AQUARELLPAPIER

- Jubiläumsblock von Gerstäcker 425 g/m² (30 × 40 cm)
- optional: Hahnemühle The Collection

PINSEL

- Ellastip
- Schriftenpinsel (Nova Synthetics No. 3 von Da Vinci)
- Casaneo No. 12 von Da Vinci
- Detailpinsel (Maestro No. 3 von Da Vinci)
- Schrubberpinsel

EFFEKTMITTEL

- Aquarellnaturschwamm
- Taschentuch
- Plastikkarte (zurechtgeschnitten)
- Gouacheweiß

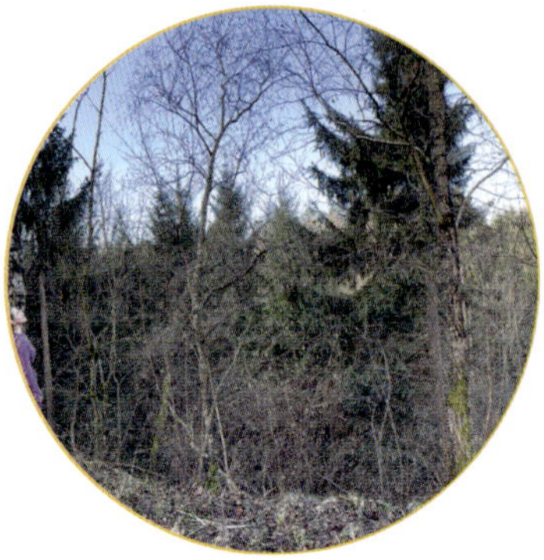

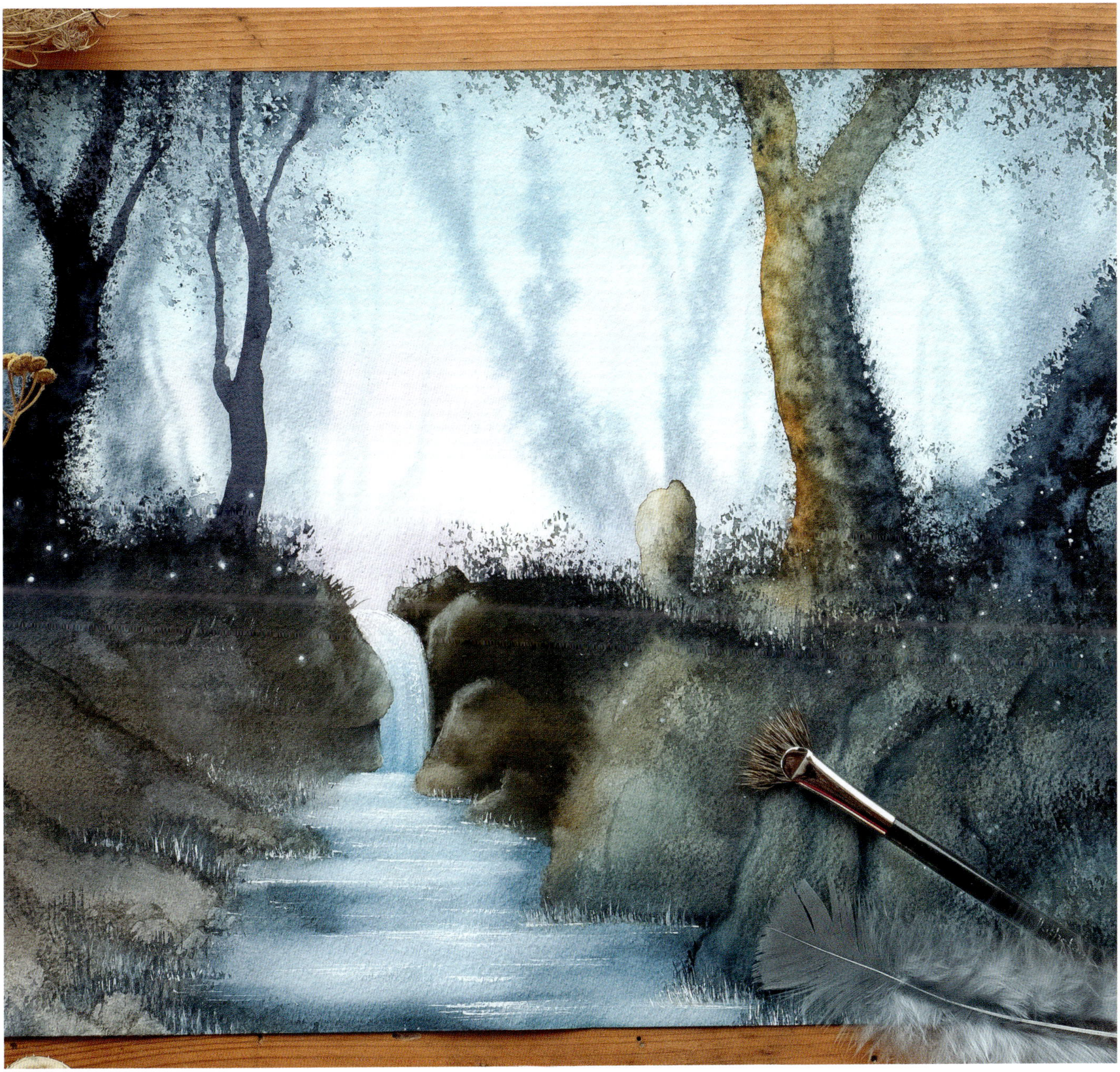

So geht's

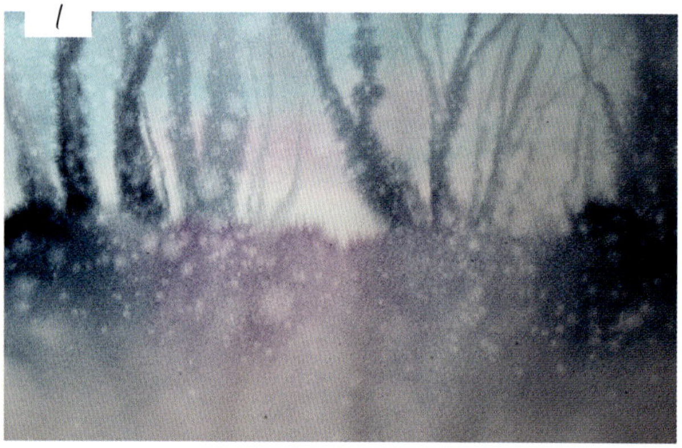

Koloriere auf nassem Papier mit dem Ellastip und Purpur Magenta den Himmel. Rundherum kommt Kobalttürkis und von den oberen Ecken her Heliocoelinblau. Die Farben verblenden. Oberhalb einer gedachten Horizontlinie mit dem Schriftenpinsel und Paynesgrau bläulich Bäume in den Himmel ziehen. Mit dem Ellastip die Horizontlinie mit Paynesgrau bläulich und Violett, gemischt aus Paynesgrau und Purpur Magenta, ziehen. Nach unten heller werdend verblenden. Mit dem Detailpinsel Wassertropfen über das Bild spritzen.

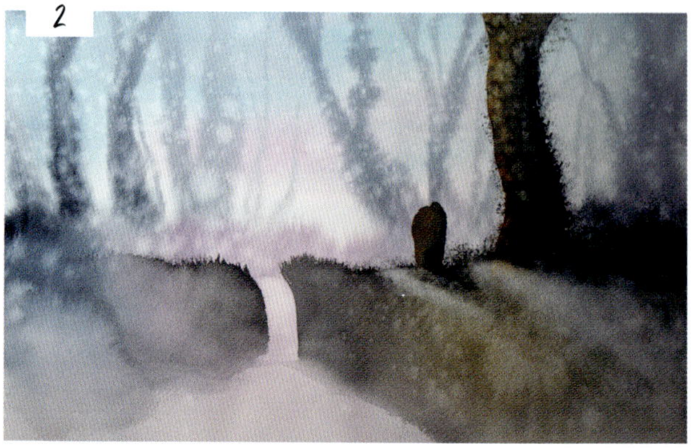

Nachdem alles getrocknet ist, entsteht mit dem Casaneo und Titangoldocker und Paynesgrau bläulich auf der rechten Seite ein großer Baum. Die Farben gegen unten und links verblenden. Lege den kleinen Wasserfall an, indem du die Stelle frei lässt. Neben den Baum stellst du einen Stein, der von der Form her an einen Keltenstein erinnert. Tupfe mit derselben Mischung und dem Naturschwamm über den Stamm und besprenkle ihn mit Wasser. Trocknen lassen.

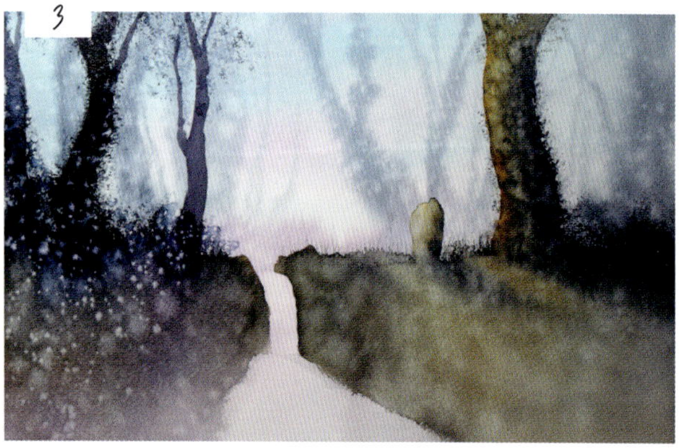

Mit einem Schrubberpinsel löst du mit klarem Wasser an der Stelle des Wasserfalls die Farbe an und tupfst sie mit dem Taschentuch ab. Mische Paynesgrau mit ein wenig Purpur Magenta und male die Bäume und das Ufer auf der linken Seite des Flusses. Auf den mittleren Baum tupfst du mit dem Schwamm Efeu. Den Bäumen tupfst du Blätter in die Baumkronen. Mit viel Wasser und wenig Gouacheweiß besprenkelst du die linke Seite. Wieder trocknen lassen.

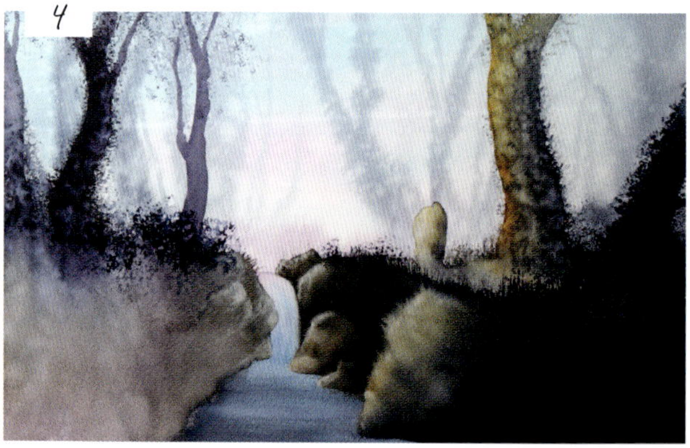

Sobald alles trocken ist, kolorierst du den Fluss und den Wasserfall mit dem Detailpinsel und dem Ellastip. Du verwendest Kobalttürkis, Paynesgrau bläulich, ein wenig Purpur Magenta und Gouacheweiß.

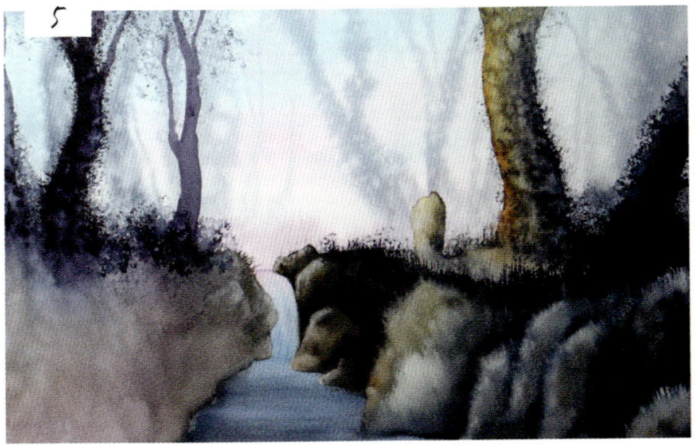

Auf der rechten Seite wird noch ein sehr dunkler Baum in Paynesgrau bläulich mit dem Naturschwamm ins Bild getupft. Die Felsen am Ufer mit Paynesgrau bläulich und Titangoldocker plastisch herausarbeiten. Mit dem Ellastip verblendest du die rechte Bildecke dunkel und verbindest die einzelnen Elemente.

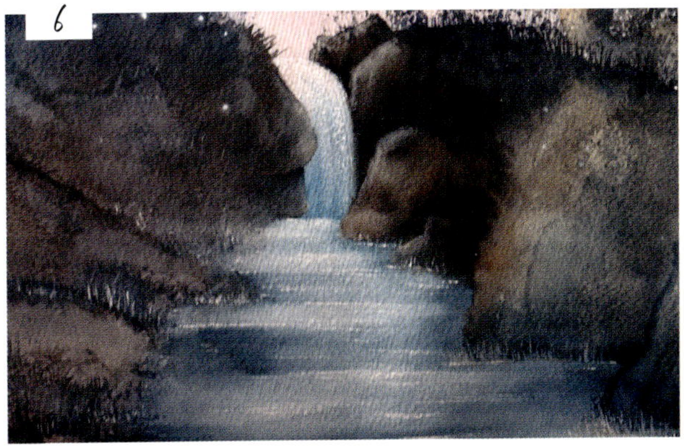

Mit dem Ellastip und Gouacheweiß malst du helle Stellen in die noch feuchte dunkle Fläche auf der rechten Seite des Flusses.

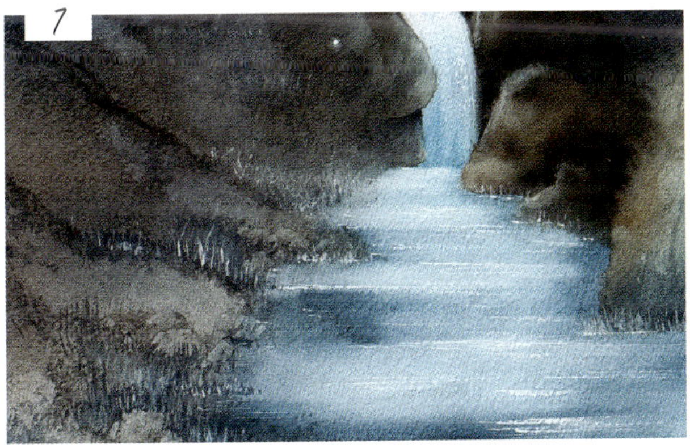

In die nasse Farbe kratzt du mit der Plastikkarte die Felsen. Links grundierst du zuerst mit Titangoldocker und Sepia, bevor du auch dort Felsen hineinkratzt. Auf den Fluss kommen jetzt noch Glanzlichter, zwischen den Bäumen schweben Glühwürmchen. Beides malst du mit Gouacheweiß und dem Schriftenpinsel.

Merke

Wenn du das Bild immer wieder mit Abstand betrachtest, kannst du auf Abweichungen von meinem Bild reagieren. Felsstrukturen und Baumformen sind vielleicht unterschiedlich – und das ist gut so! Dadurch erzählt das Bild deine ganz eigene Geschichte.

Wald-GEHEIMNIS

Farben

- Kadmiumgelb zitron
- Kobalttürkis
- Lavender
- Ultramarinblau
- Heliocoelinblau
- Paynesgrau bläulich
- Sepiabraun

Wälder bergen Geheimnisse und bilden den Ursprung vieler Geschichten. Früher konnte man sich in den „Dark Woods“ verstecken, dort lebten wilde Tiere und mystische Wesen. Doch er besitzt auch Heilkräfte. Mit geweiteten Lungen durch Wälder zu streifen, bringt uns Menschen Gesundheit und Lebensenergie. Bei langen Spaziergängen kommt man immer wieder an Orte, kleine Quellen und Bäche, die einen tief berühren. Als Kind habe ich mir oft vorgestellt, Orte im Wald entdecken zu können, die noch niemand gefunden hat.

Material

AQUARELLPAPIER

- Hahnemühle The Collection Watercolour Echt-Bütten 300 g/m^2 und 640 g/m^2

PINSEL

- Ellastip
- Schriftenpinsel (Nova Synthetics No. 3 von Da Vinci)
- Casaneo No. 12 von Da Vinci
- Detailpinsel (Maestro No. 3 von Da Vinci)
- Blackbird (Cosmotop Spin No. 1 von Da Vinci)
- Schrubberpinsel

EFFEKTMITTEL

- Aquarellschwamm
- Taschentuch
- weißer Buntstift
- Gouacheweiß

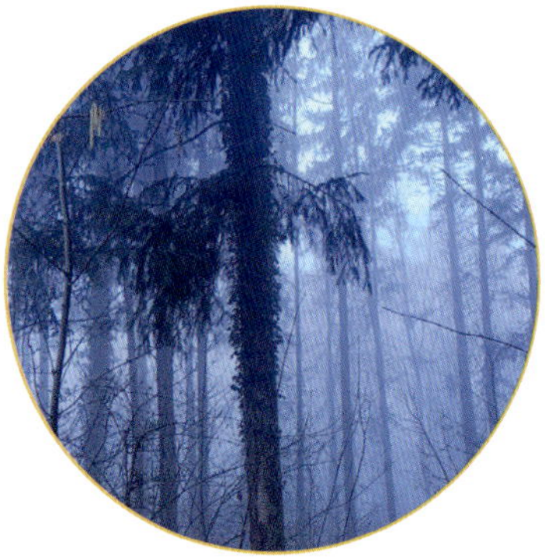

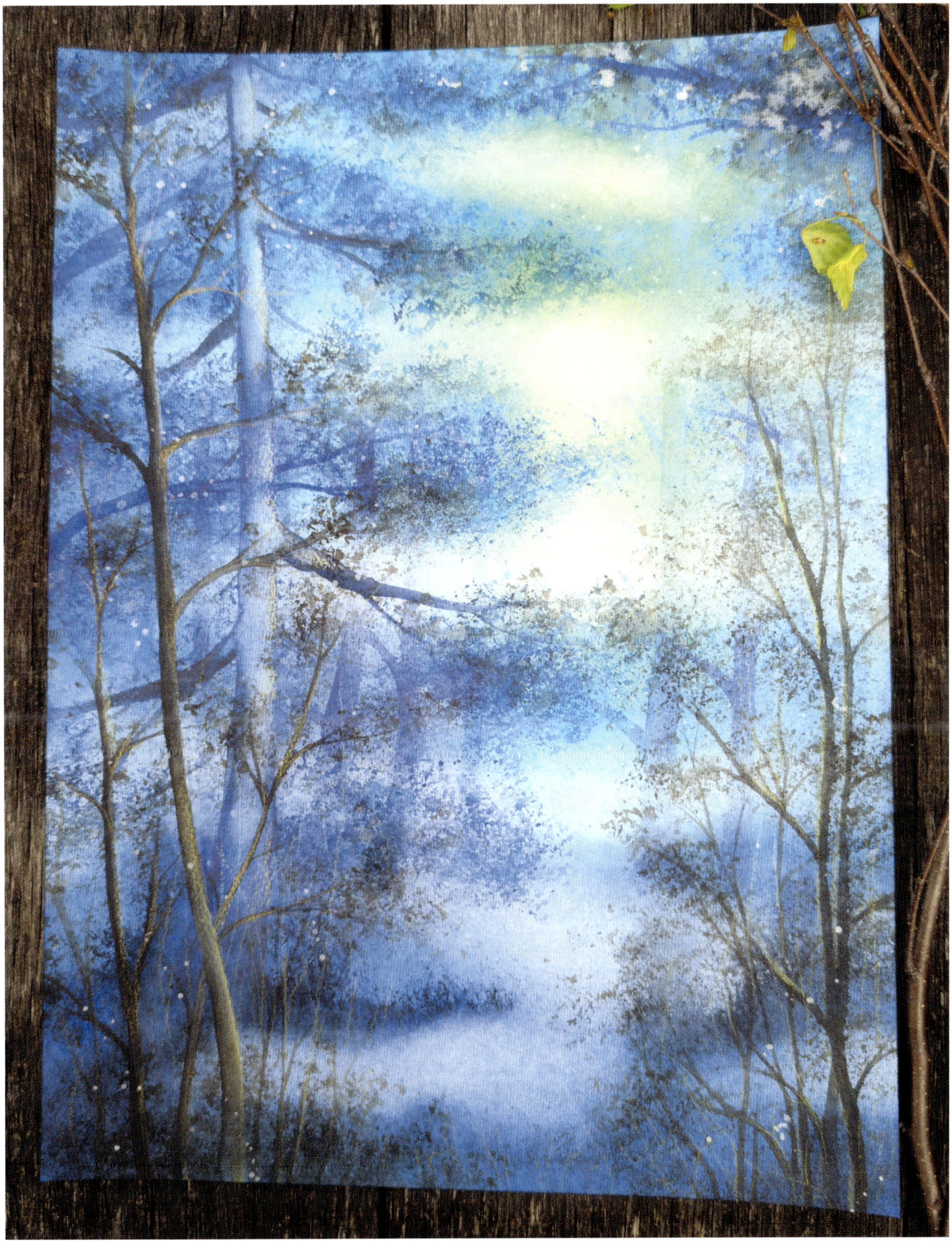

So geht's

1

Feuchte das Blatt mit dem Ellastip an und starte mit demselben Pinsel und Kadmiumgelb zitron in der oberen Mitte. Nach dem Gelb kommt Kobalttürkis dazu und bis zum Blattrand hauptsächlich Ultramarinblau, gestützt von Lavender. Verblende alle Farben miteinander und streue Salz hinein.

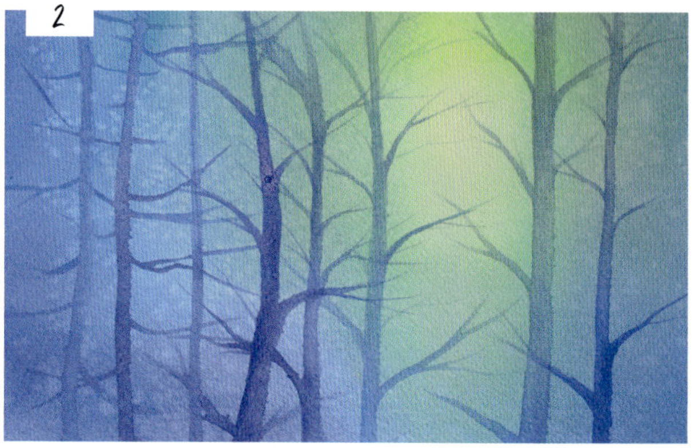

2

Sobald das Bild trocken ist, machst du eine zweite Schicht. Das Gelb malst du ein wenig größer, sodass es bis über die blaue Fläche hinaussteht. Auch das Kobalttürkis ziehst du weit bis über das Ultramarinblau. Das Ultramarinblau wird durch die zweite Schicht kräftig und leuchtend. Lass sie gut trocknen und ziehe dann von unten nach oben mit dem Casaneo in Ultramarinblau Baumstämme ins Bild, denen du mit dem Detailpinsel Äste malst.

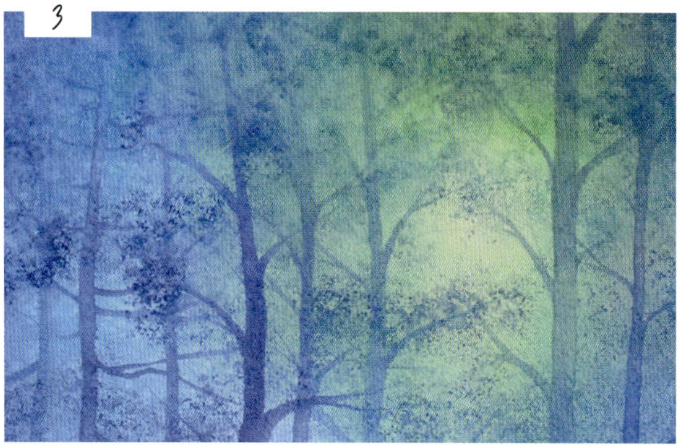

3

Tupfe mit dem Aquarellnaturschwamm und Ultramarinblau Blattwerk in die Bäume.

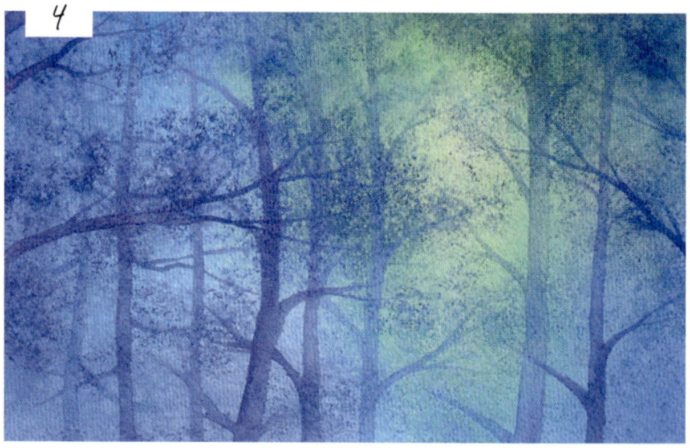

4

Wieder lässt du das Bild trocknen und ziehst anschließend von der Seite her weitere große Äste hinein. Auch diese betupfst du mit dem Schwamm in Ultramarinblau.

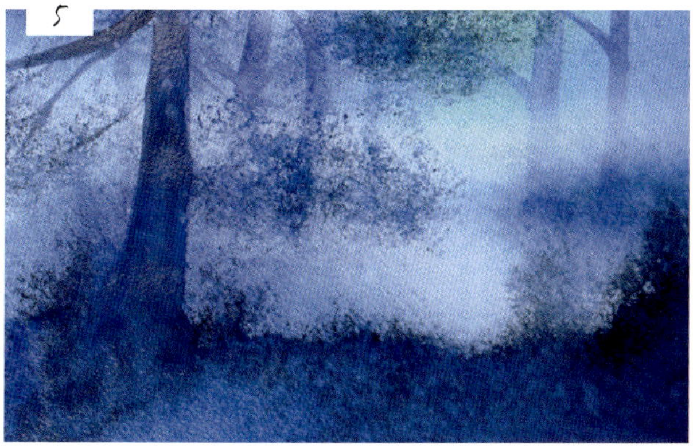

Nach dem Trocknen malst du mit dem Schwamm in der Auswaschtechnik Nebelschleier in den Wald. Lass sie trocknen. Ziehe mit dem Casaneo und Paynesgrau bläulich auf der linken Seite eine Art Kiefer ins Bild. Ins Paynesgrau bläulich mischst du ein wenig Sepiabraun. Mit dem Schwamm deutest du die großen Nadeln an und bindest den Baum mit dem Ellastip in den Bodenbereich ein. So ergibt sich ein Vordergrund. Spritze Wasser und Gouacheweiß hinein.

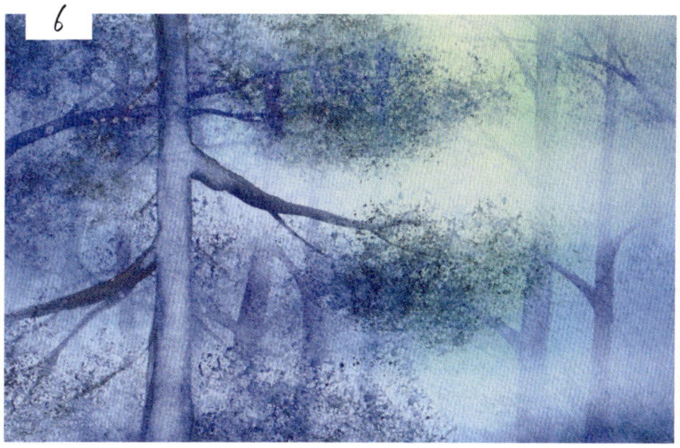

Lass alles gut trocknen. Anschließend hellst du mit dem Schrubberpinsel den Baumstamm auf, sodass er dreidimensional wird. Male im Vorderbereich mit der Auswaschtechnik noch mehr Nebel.

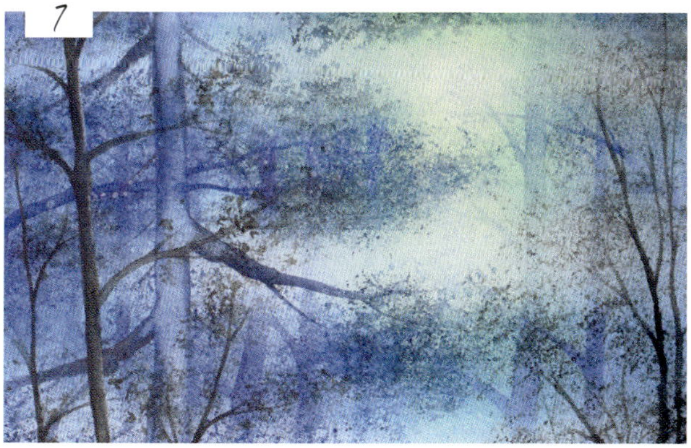

Mit dem Schriftenpinsel und einer Mischung aus Sepiabraun, Paynesgrau bläulich und Kadmiumgelb malst du im Vordergrund schlanke Bäume und Büsche. Da Braun mit Rot verwandt ist, kommt es im Bild auf dich zu, wodurch noch mehr Tiefe entsteht. Das Blau zieht sich zurück, das Rot tritt in den Vordergrund.

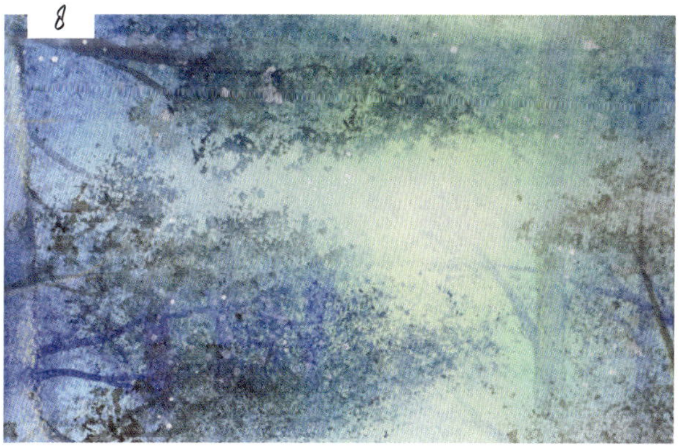

Zum Abschluss überarbeitest du das Bild mit einem weißen Buntstift. Du setzt Akzente, hellst ein wenig auf und verstärkst den Nebeleffekt.

Verborgene WELTEN

Farben

Kadmiumgelb zitron

Kobalttürkis

Paynesgrau bläulich

Sepiabraun

Kobaltgrün Türkis

Tiefsee Grün

Wales und Irland galten schon immer als die Heimatländer des kleinen Volkes. In meiner Jugend konnte ich gar nicht genug bekommen von diesen Geschichten. Immer wieder ist darin von einer besonderen, versunkenen Stadt die Rede. Es heißt, man habe unter der Wasseroberfläche Mauern und Türme gesehen und sogar Glocken läuten hören. In einer irischen Legende habe ich gelesen, dass jeder, der in Irland lebt, das Land, die Berge, Seen und Flüsse mit dem kleinen Volk teilt, welches auch „die Strahlenden“ genannt wird.

Material

AQUARELLPAPIER

- Hahnemühle The Collection Watercolour Echt-Bütten 300 g/m^2 und 640 g/m^2

PINSEL

- Ellastip
- Schriftenpinsel (Nova Synthetics No. 3 von Da Vinci)
- Casaneo No. 12 von Da Vinci
- Detailpinsel (Maestro No. 3 von Da Vinci)
- Blackbird (Cosmotop Spin No. 1 von Da Vinci)
- Schrubberpinsel

EFFEKTMITTEL

- Aquarellschwamm, Taschentuch
- Gouacheweiß
- weißer und schwarzer Buntstift

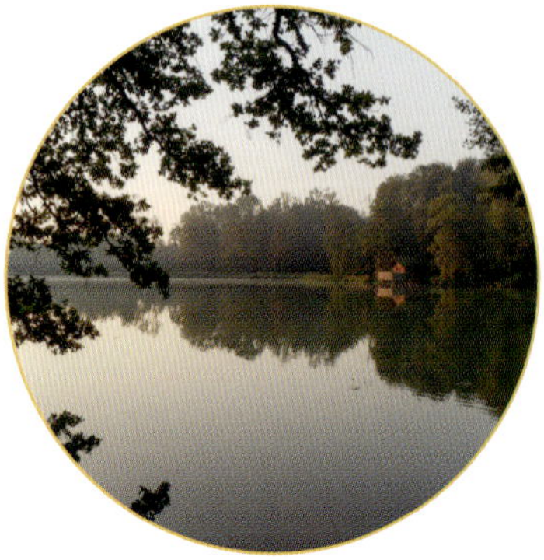

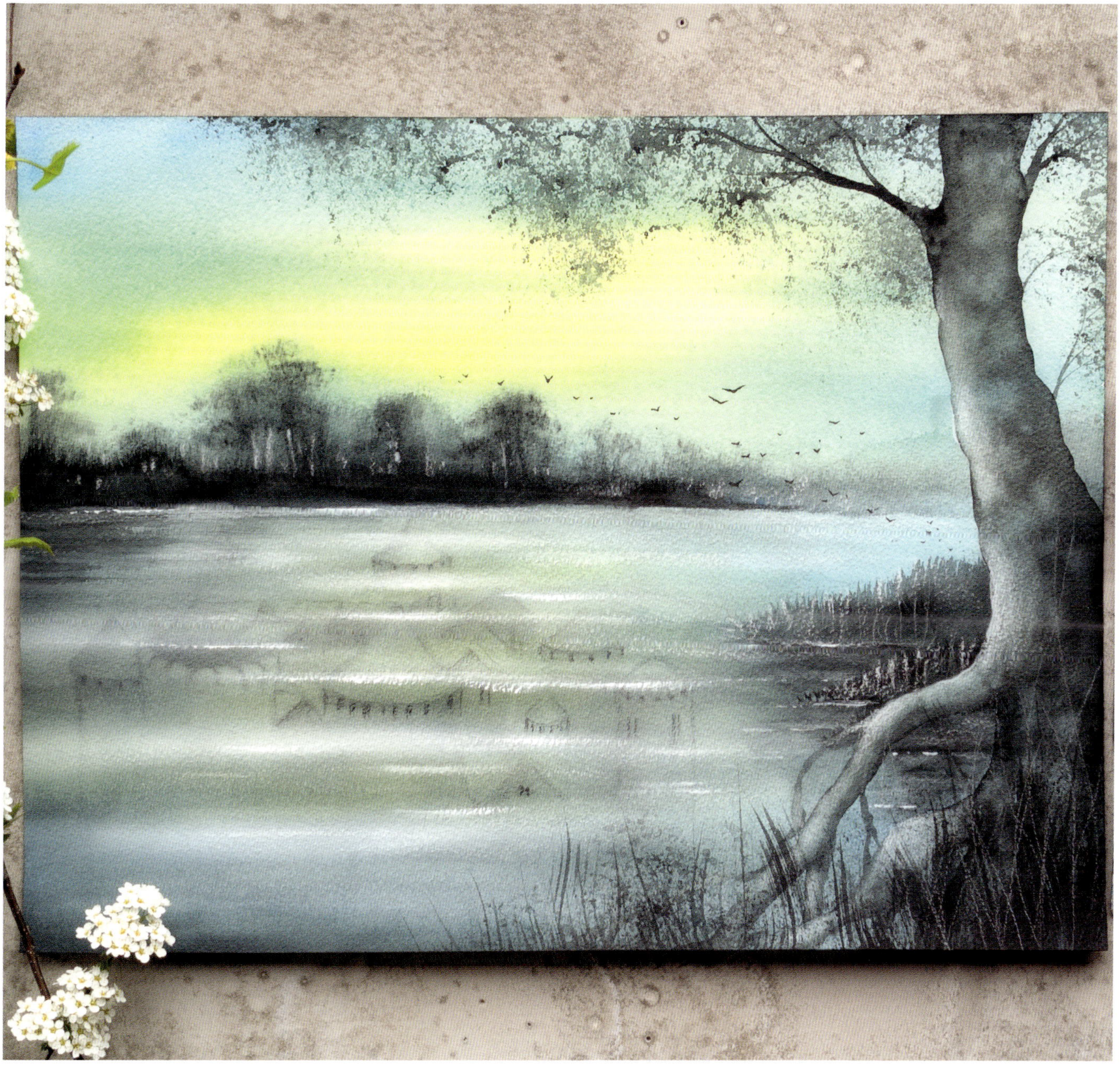

So geht's

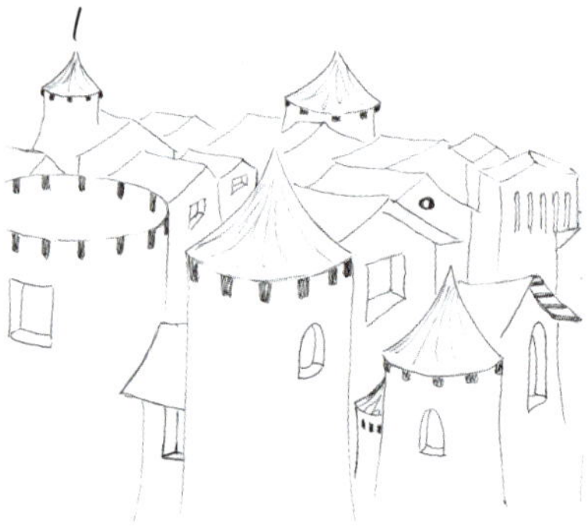

Für dieses Bild überträgst du ausnahmsweise die Skizze vor Beginn des Malens auf dein Blatt.

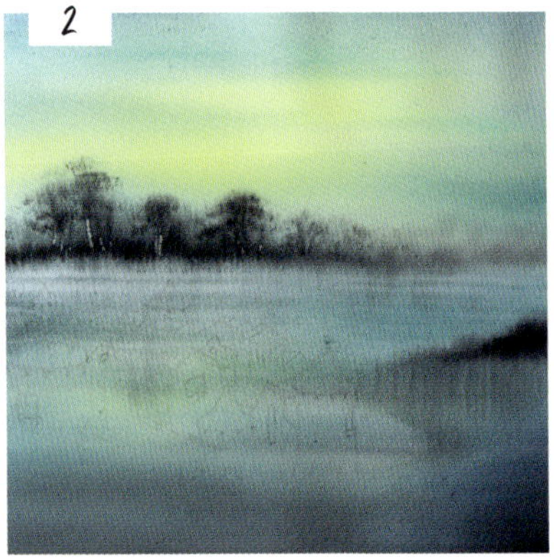

Feuchte mit dem Ellastip das ganze Blatt gut an und starte dann mit Kadmiumgelb zitron in der Blattmitte. Streiche horizontal und nimm oben und unten Kobalttürkis und dann Heliocoelinblau dazu. Verblende alle Farben miteinander.

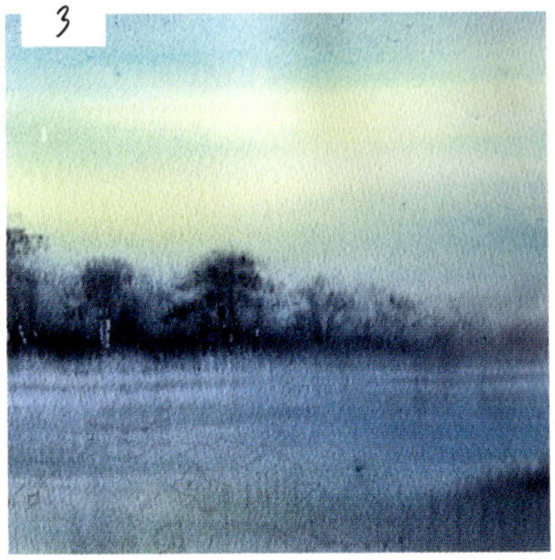

Mit dem Ellastip und Paynesgrau bläulich stippst du eine Horizontlinie mit angedeuteten Bäumen in das feuchte Bild.

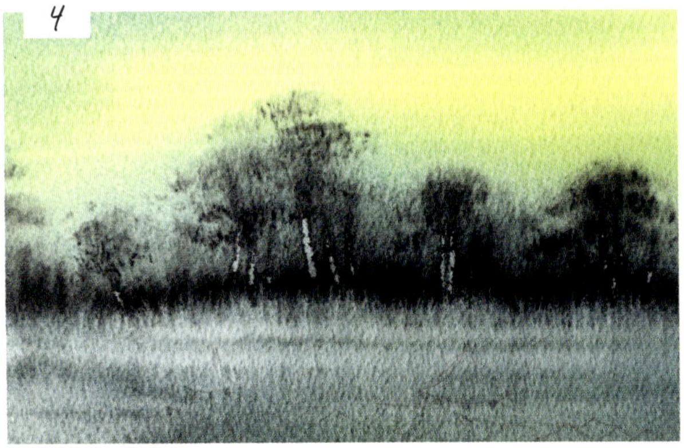

Vorsichtig kannst du mit dem Stiel des Ellastips helle Baumstämme in die angedeutete Baumreihe kratzen. Bevor das Wasser trocknet, ziehst du die Spiegelung des Horizonts mit dem Ellastip direkt zum unteren Blattrand, also im rechten Winkel zum horizontal gestrichenen Wasser. Nun ist der See trüber und dunkler als der Himmel.

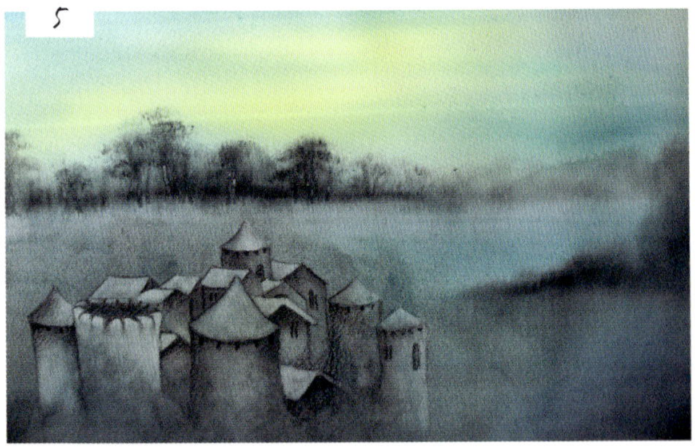

Die Skizze schimmert nur noch zart aus dem Wasser. Mit dem Maestro und Paynesgrau bläulich schattierst du die verborgene Stadt und wäschst helle Stellen mit dem Schrubberpinsel aus

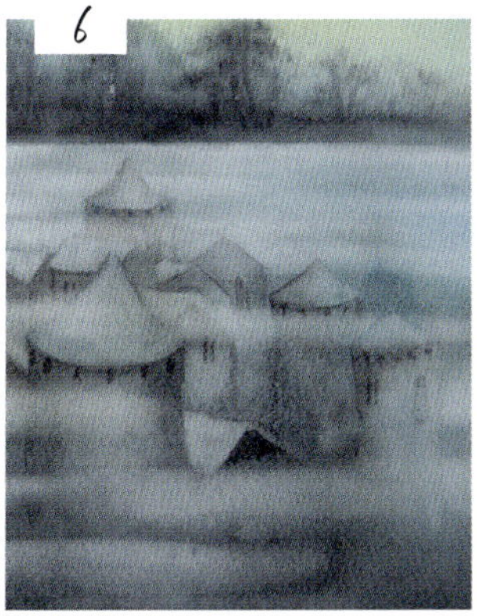

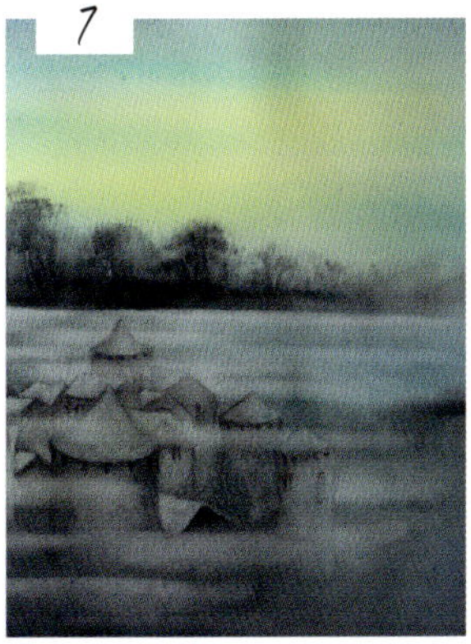

Wieder mit dem Schrubberpinsel hellst du das Wasser an einzelnen Stellen auf. So entstehen Glanzbereiche, die das Licht spiegeln.

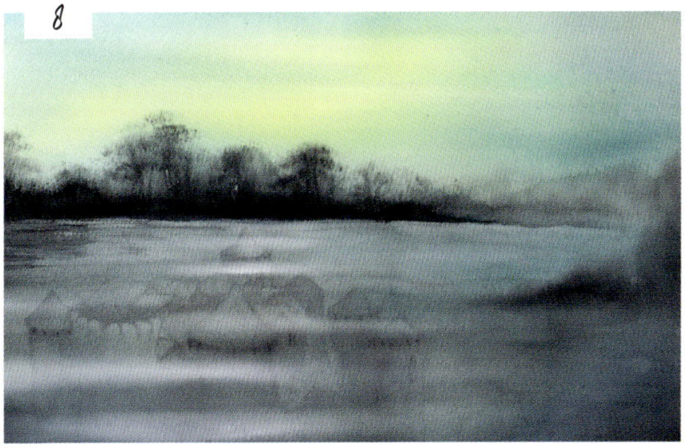

Mit dem Ellastip und verdünntem Gouacheweiß ziehst du eine sanfte Wasserfläche über die verborgene Stadt. Von der Horizontlinie her dunkelst du mit Paynesgrau bläulich noch mehr ab.

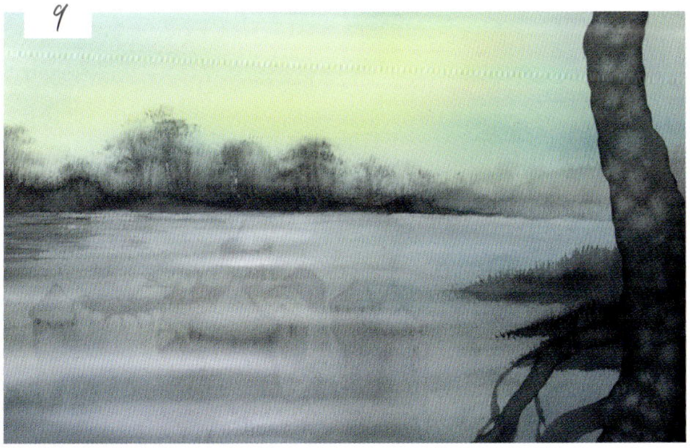

Ziehe mit dem Ellastip und Paynesgrau bläulich von der rechten Seite her Uferzungen ins Wasser. Mit dem Casaneo und dem Schriftenpinsel malst du ans rechte Ufer einen großen Baum und spritzt verdünntes Gouacheweiß in seinen Stamm.

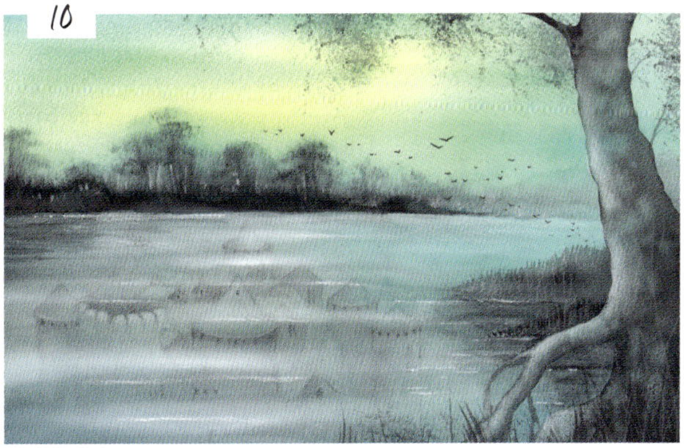

Nachdem der Baum getrocknet ist, holst du die hellen Stellen aus Stamm und Wurzeln mit der Auswaschtechnik heraus. Ziehe die Uferspiegelungen mit dem Ellastip und Paynesgrau bläulich ins Bild. Anschließend trocknen lassen und mit dem weißen und dem schwarzen Buntstift die Stadt überarbeiten, sodass sie wieder ein wenig konkreter zu sehen ist.

Singende HIMMEL

Farben

Kadmiumgelb zitron

Kadmiumorange hell

Alizarin Karmesin

Purpur Magenta

Gletschertürkis

Galaxieblau

Paynesgrau bläulich

An einem zauberhaften Ort tanzen im Winter wunderschöne Farben über den Himmel. Fast unwirklich mutet es an, dieses Malen am Himmel, wie die Nass-in-Nass im Aquarell. Immer wieder male ich Nordlichter und verliere mich in der Vorstellung der vielen Schichten und Galaxien, in den unbekannten Sphären, die sich öffnen, wenn man nur weiter in dieses fließende Licht hineingeht. Das Nordlicht ist ein besonderes Naturphänomen und wirkt sehr mystisch und magisch.

Material

AQUARELLPAPIER

- Hahnemühle The Collection Watercolour Echt-Bütten 300 g/m^2 und 640 g/m^2

PINSEL

- Ellastip
- Schriftenpinsel (Nova Synthetics No. 3 von Da Vinci)
- Casaneo No. 12 von Da Vinci
- Detailpinsel (Maestro No. 3 von Da Vinci)
- Blackbird (Cosmotop Spin No. 1 von Da Vinci)
- Schrubberpinsel

EFFEKTMITTEL

- Radierschwamm
- Taschentuch
- weißer Buntstift
- Gouacheweiß

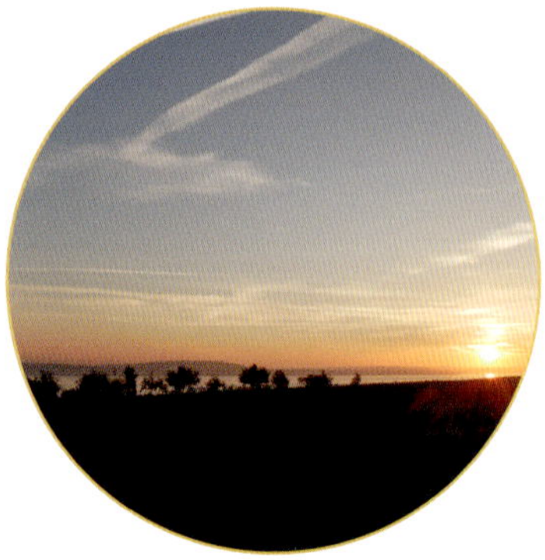

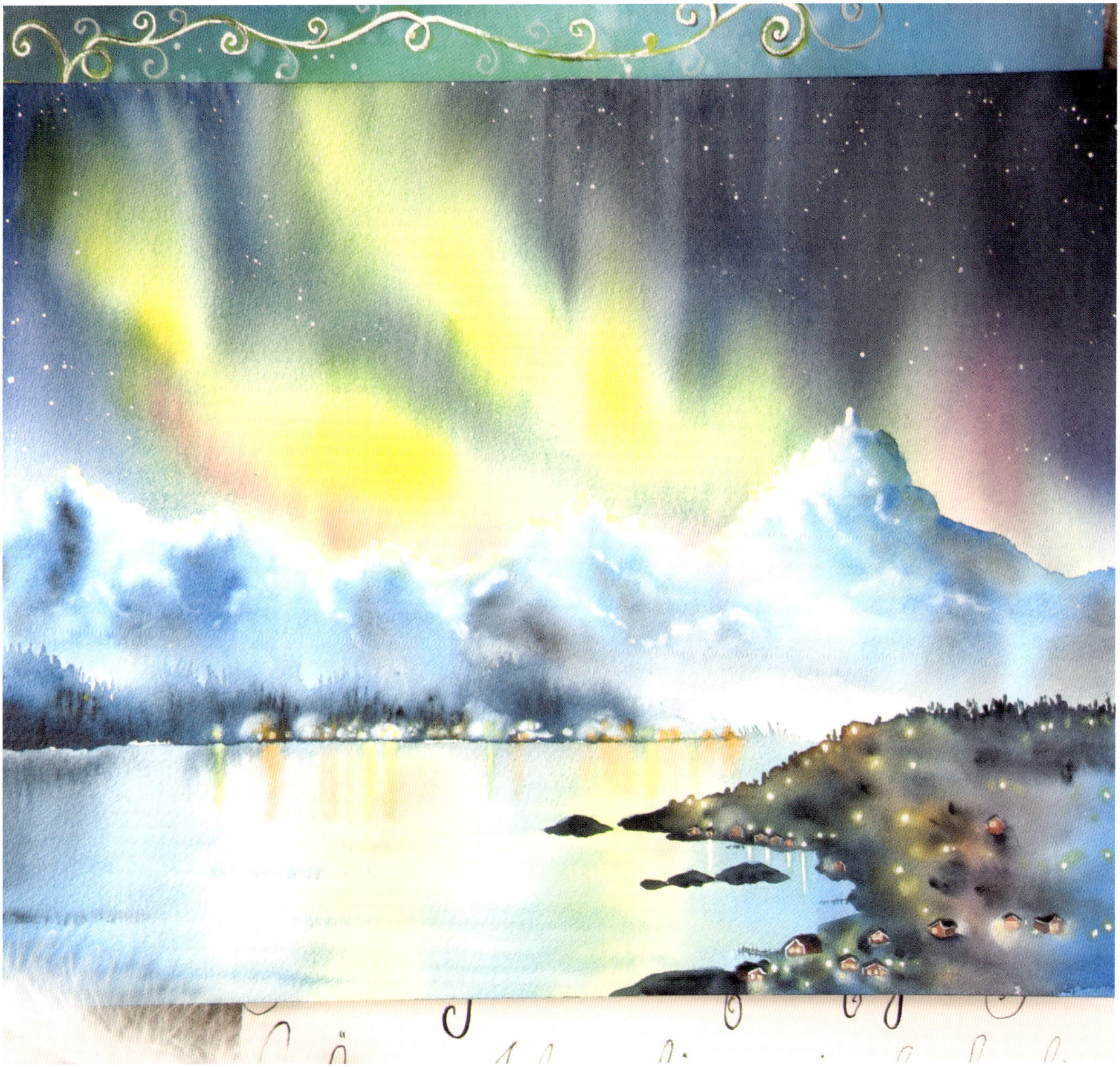

So geht's

Feuchte dein Blatt an und trage mit dem Ellastip Gletschertürkis auf. Bei diesem Bild malst du den Himmel nicht horizontal, sondern vertikal. Trage das Türkis wie in Stufen auf und ziehe die Farbe nach oben.

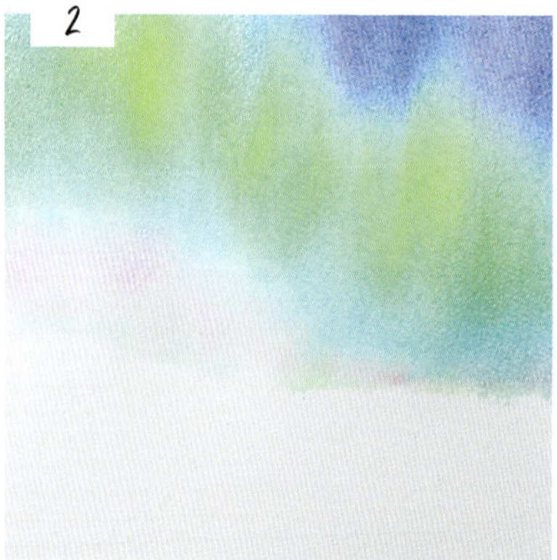

Gib von unten Gletschertürkis zum Gelb und ziehe die Farbe sacht ins Gelb hinein. Unter das Türkis kommt ein wenig Purpur Magenta, das du nach oben hin verblendest. Von den Ecken und dem oberen Blattrand ziehst du kräftiges Galaxieblau in den Himmel und verblendest alles.

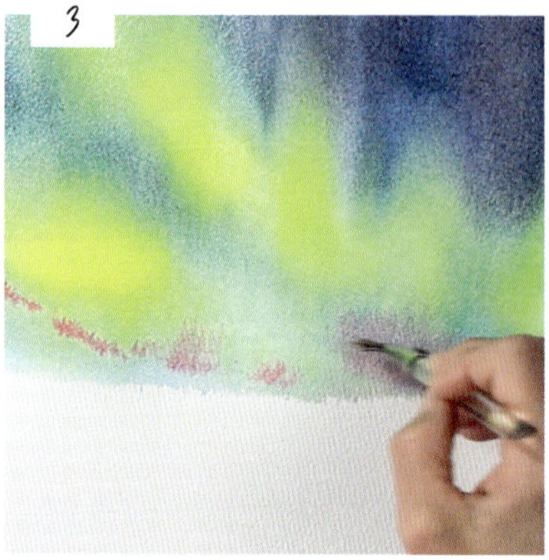

Mit einem Taschentuch tupfst du von dem lichten Streifen noch einmal ein wenig Farbe weg und gibst kräftiges Kadmiumgelb zitron hinein. Unter das Gelb kommt Purpur Magenta und wird von oben rechts mit Paynesgrau bläulich in den Himmel hinein verblendet.

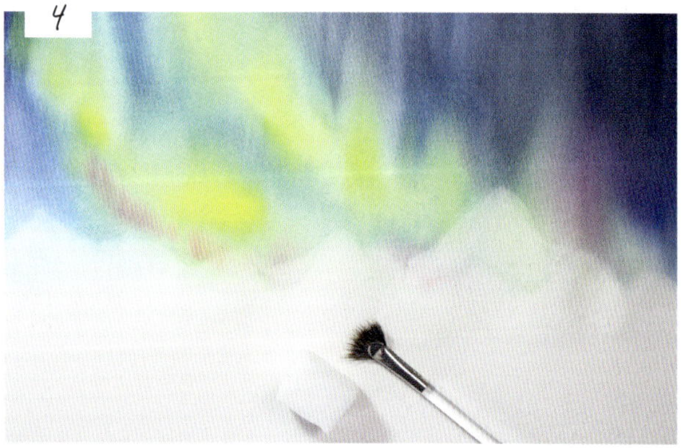

Trocknen lassen. Dann holst du mit der Auswaschtechnik und dem Radierschwamm Schneeberge aus dem Himmel heraus. Feuchte ihn dazu leicht an, reibe die Farbe an und tupfe sie mit dem Taschentuch ab.

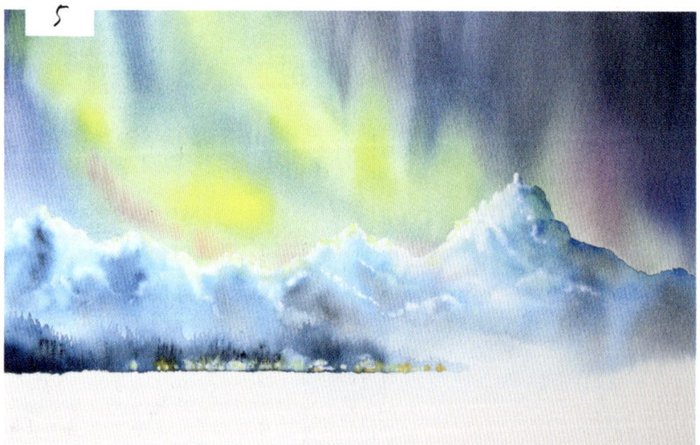

Feuchte eine Bergsilhouette an und male mit dem Casaneo und Gouacheweiß sowie mit Tupfen von Paynesgrau bläulich und Galaxieblau verzauberte Schneeberge an den Horizont. Im Vordergrund stippst du mit dem Ellastip und Paynesgrau bläulich ein Ufer vor die Berge und deutest mit Kadmiumorange hell und Kadmiumgelb zitron elektrische Lichter an.

Tipp

Verwende in Schneebildern ausschließlich saubere Taschentücher!

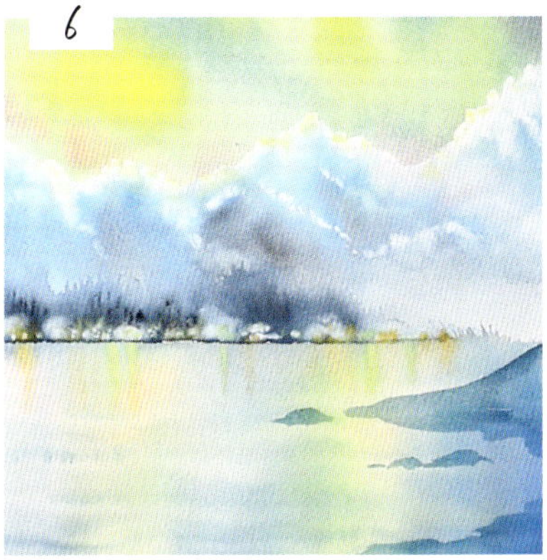

Feuchte das Blatt unten gut an und grundiere alles mit dem Ellastip und sehr verdünntem Galaxieblau. Ziehe verdünntes Kadmiumgelb zitron als Spiegelung der Lichter am entfernten Ufer ins Meer. Nach dem Trocknen mit dem Casaneo und Galaxieblau rechts Uferzungen anlegen.

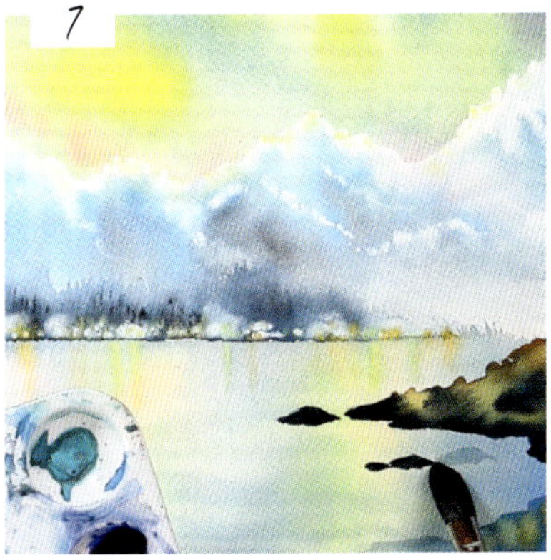

Mit dem Detailpinsel tupfst du in Kadmiumorange hell und Kadmiumgelb zitron Lichter in die feuchte Uferzunge. Solange alles noch nass ist, dunkelst du mit dem Casaneo und Paynesgrau bläulich die Uferlinie ab.

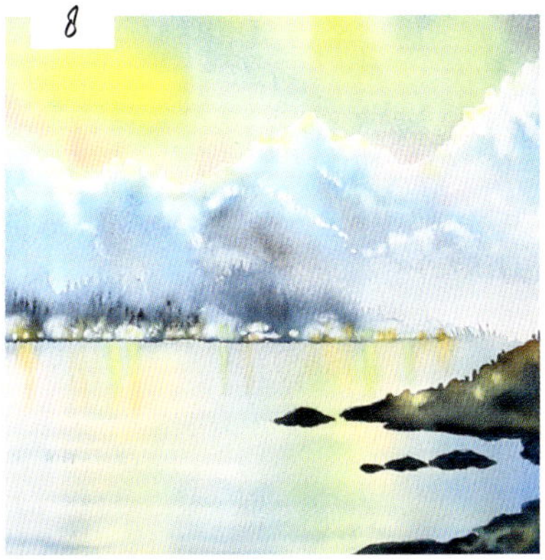

Nun mischst du ein wenig Gouacheweiß mit ein wenig Kadmiumgelb zitron und tupfst noch mal die Lichter am Ufer nach. Alles gut trocknen lassen.

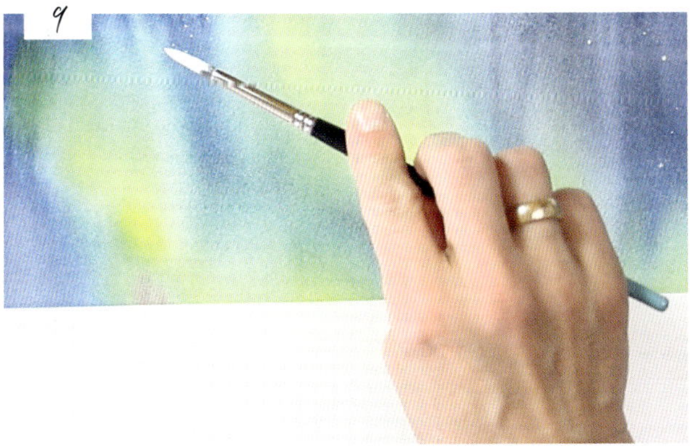

Mit einem alten Papier den unteren Bereich abdecken und an den Himmel mit ein wenig verdünntem Gouacheweiß die Sterne spritzen. Wiederum das Bild trocknen lassen.

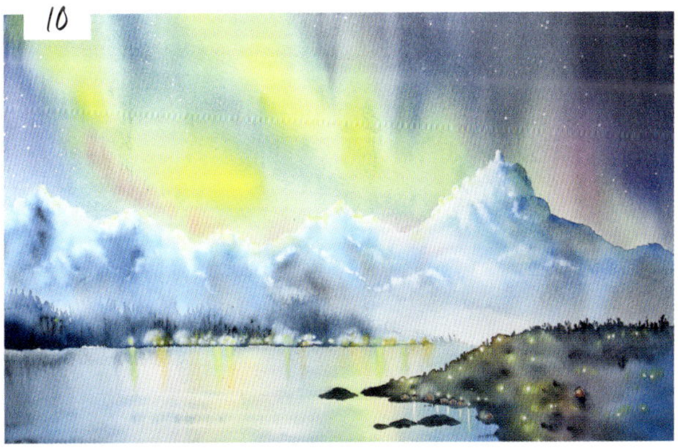

Mit dem Detailpinsel und einer hellroten Mischung aus Alizarin Karmesin und Kadmiumorange hell Häuschen an das Ufer malen. Konkretisiere sie noch ein wenig mit Gouacheweiß und dem Blackbird. Mit einer Mischung aus Gouacheweiß und Kadmiumgelb zitron ziehst du Lichtspiegelungen ins Meer. Mit dem Schriftenpinsel kannst du kleine Stege ans Ufer malen.

HEIMKEHR

Farben

Kadmiumorange hell

Zinnoberrot

Alizarin Karmesin

Ultramarinblau

Paynesgrau bläulich

Je näher der Winter mit seinen langen Nächten und kurzen Tagen kommt, desto öfter ertappe ich mich dabei, wie ich mich hinträume in ein Dorf mit erleuchteten Fenstern. Wie ich mir dieses heimelige Licht vorstelle, das in die dunkle Nacht scheint. Plötzlich bekommen die Wärme eines Feuers und die Gesellschaft lieber Menschen noch mehr Gewicht.

Material

AQUARELLPAPIER

- Jubiläumsblock von Gerstäcker 425 g/m² (30 × 40 cm)

PINSEL

- Ellastip
- Schriftenpinsel (Nova Synthetics No. 3 von Da Vinci)
- Casaneo No. 12 von Da Vinci
- Detailpinsel (Maestro No. 3 von Da Vinci)
- Blackbird (Cosmotop Spin No. 1 von Da Vinci)
- Schrubberpinsel

EFFEKTMITTEL

- Aquarellschwamm
- Taschentuch
- Garn, Reißnagel
- Bleistift
- weißer und schwarzer Buntstift
- Gouacheweiß

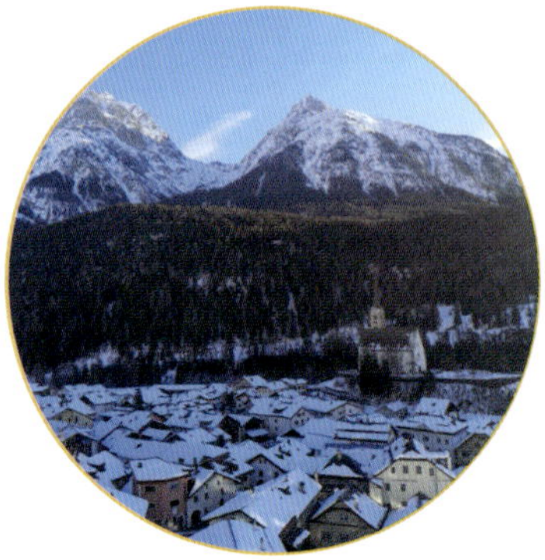

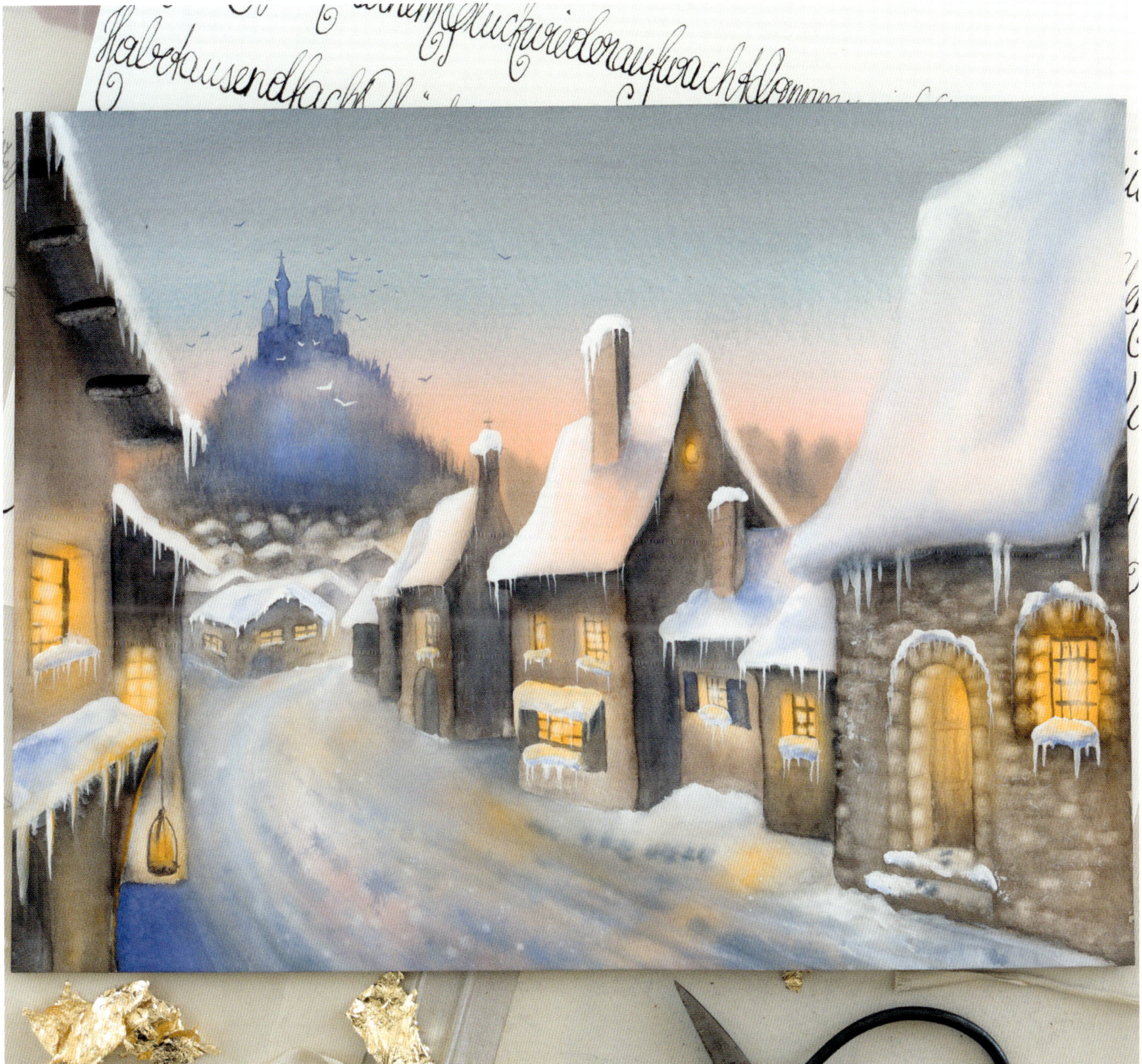

So geht's

1

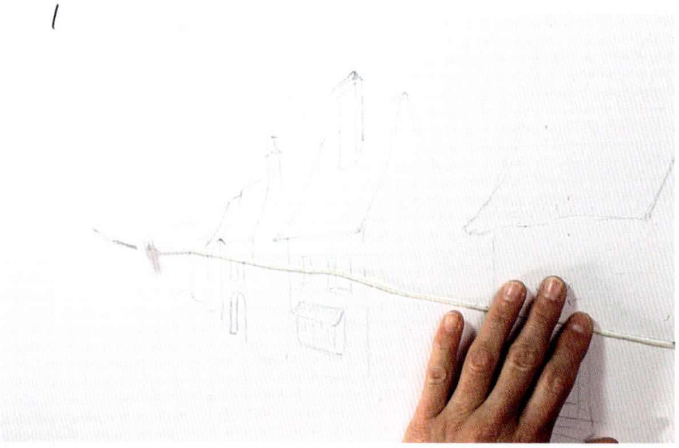

Hier kommt die Linearperspektive zum Einsatz. Fixiere dein Blatt auf einer Unterlage, in der du einen Reißnagel befestigen kannst. An den Nagel steckst du Garn, das uns das Lineal ersetzt. Ich habe mir den Fluchtpunkt am Ende der Straße gewählt. In diesem befestige ich Reißnagel und Garn und lege los.

2

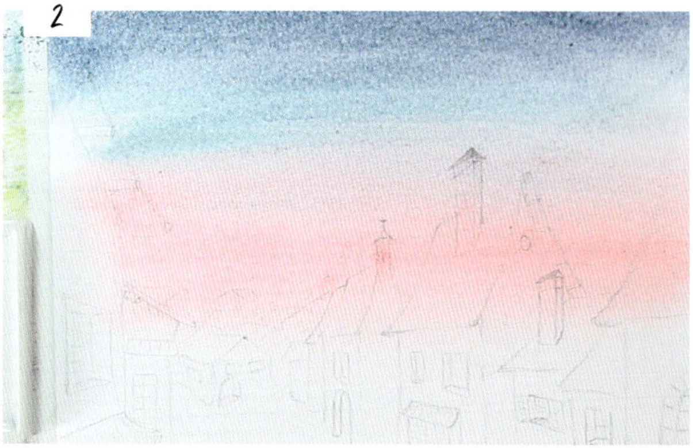

Wenn du die Vorlage fertig skizziert hast, feuchtest du das Blatt gut an und grundierst die Fläche mit dem Ellastip und Alizarin Karmesin, Ultramarinblau und ein wenig Paynesgrau bläulich. Starte beim Fluchtpunkt und verblende die Farben nach oben hin.

3

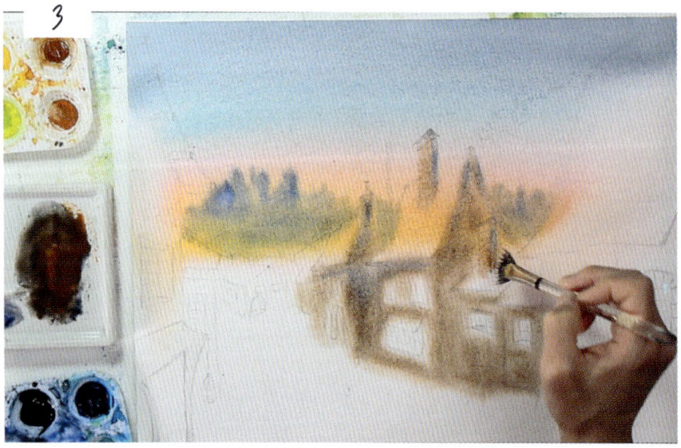

Direkt unter das Alizarin Karmesin malst du Kadmiumorange hell. Dann mischst du auf einer Palette einen Braunton aus Zinnoberrot und Ultramarinblau. Später, wenn du es dunkler brauchst, nimmst du noch Paynesgrau bläulich dazu. Grundiere auf nassem Untergrund mit Braun die Häuser vor. An die schattigen Stellen tupfst du Ultramarinblau und in die Fenster Kadmiumorange hell. Trocknen lassen.

4

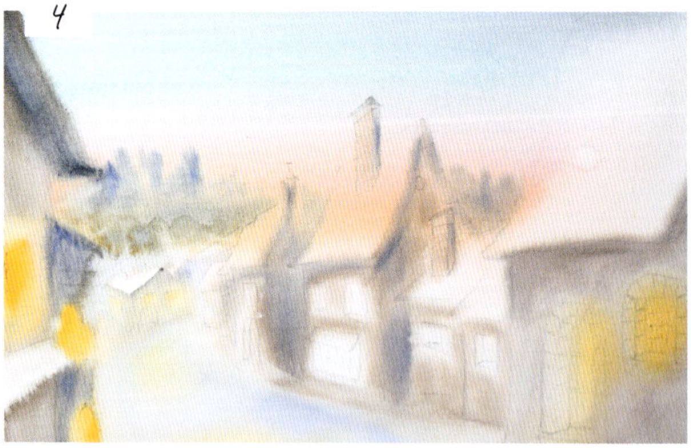

Mit dem Detailpinsel grundierst du die Häuschen in der Ferne, direkt unterhalb des Schlosses. Die Straße kann auch einen Hauch Farbe vertragen. Achte hier auf den Lichterschein der erleuchteten Fenster.

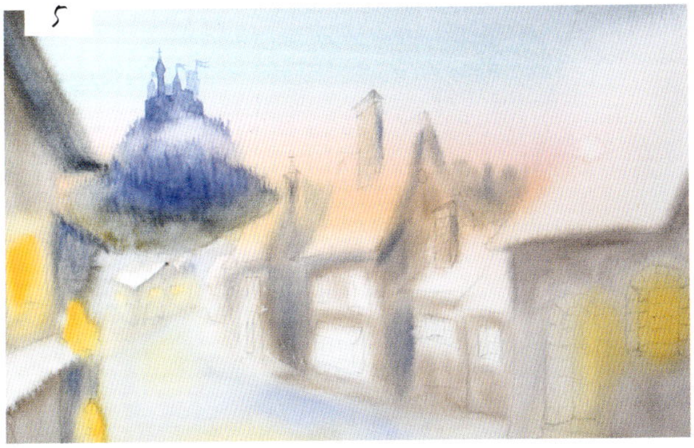

Mit dem Blackbird und dem Detailpinsel malst du auf dem Schlossberg eine Burg in Ultramarinblau. Mit dem Ellastip malst du den Berg in derselben Farbe und verblendest ihn nach unten ins Dorf hinein. Wenn der Schlossberg trocken ist, setzt du wieder mit dem Ellastip und Ultramarinblau an. Lass aber eine rosa schimmernde Stelle am Berg frei, so als läge der Berg im Dunst. Gegen unten zum Dorf hin nimmst du die Braunmischung dazu und schaffst einen Übergang.

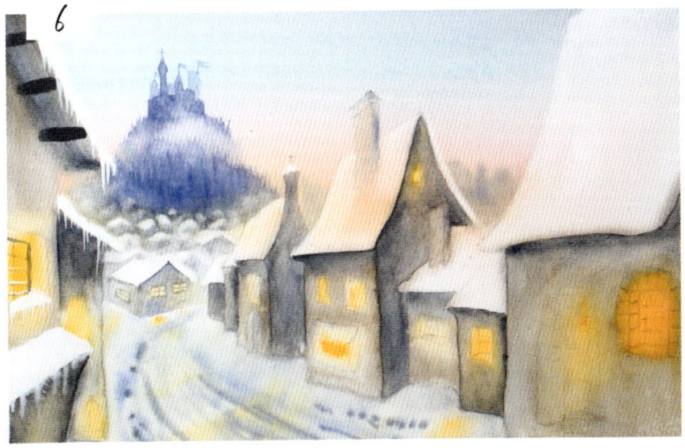

Nun konkretisierst du durch das Schattieren in Paynesgrau bläulich die Gebäude. Verwende dazu den Detailpinsel und den Casaneo. Die Fenster grundierst du mit Kadmiumorange hell. Mit dem Schrubberpinsel deutest du am Schlossberg verschneite Dächer an, indem du Farbe herauslöst und mit einem Taschentuch abtupfst. Mit dem Detailpinsel und Gouacheweiß habe ich die Häuser auf der linken Seite in Schnee gehüllt und Eiszapfen an die Dächer gemalt.

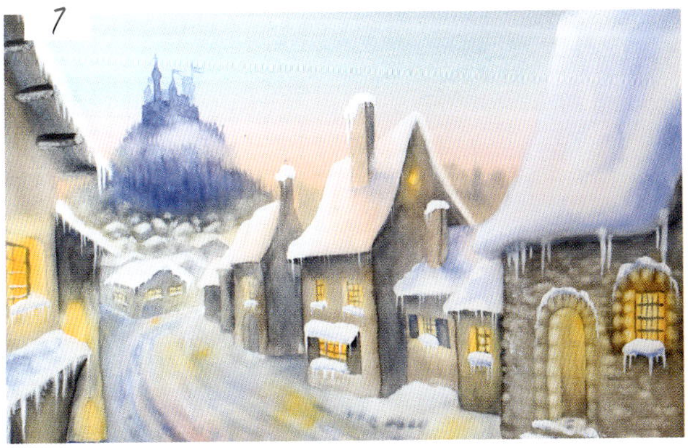

Male mit Paynesgrau bläulich und Ultramarinblau Spuren auf die Straße und „beschneie" die Häuser auf der rechten Seite. Vergiss die Eiszapfen an den Fenstern nicht. Wenn du möchtest, kannst du Fenstersprossen einsetzen. Ist alles getrocknet, schattierst du den Schnee mit Ultramarinblau. Mit dem Schrubberpinsel Mauerelemente bei dem Haus ganz rechts herauswaschen. Lege Schnee auf die Fensterlaibungen und teilweise auch auf die Steine der Mauer.

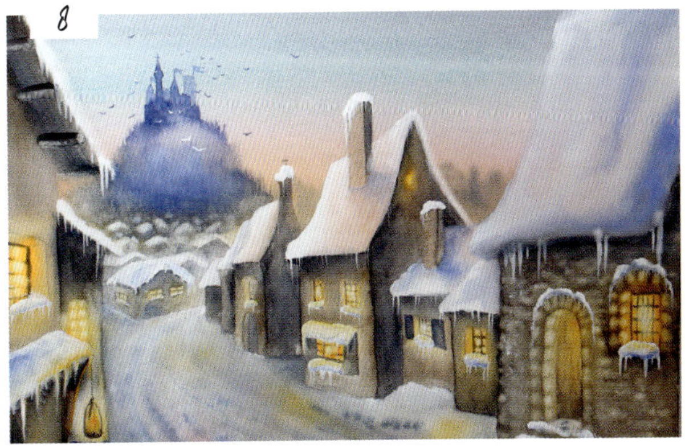

Übermale die Straße zart mit verdünntem Gouacheweiß. In die Feuchtigkeit ziehst du ein wenig wässriges Alizarin Karmesin und Kadmiumorange hell. Mit unverdünntem Gouacheweiß und Ultramarinblau spritzt du so hinein, dass die Straße ein wenig diffus wird. Lege auf den Schnee der Fensterbretter mit Kadmiumorange hell einen sanften gelben Glanz. Mit dem Blackbird und Ultramarinblau und Gouacheweiß malst du Vögel, welche die Burg umtanzen.

Zauber-STEINE

Farben

Titangelb

Kadmiumgelb zitron

Kadmiumorange hell

Zinnoberrot

Alizarin Karmesin

Tiefsee Grün

Paynesgrau bläulich

In den Bergen habe ich mich immer sehr glücklich gefühlt. Wandern ist wie Krafttanken für mich. Steine erzählen mir Geschichten. Die Kelten haben vielleicht noch um die Bedeutung der Steinkreise gewusst. Heute können wir nur erahnen, welche Bedeutung ihnen zukam. Was aber mit Sicherheit darüber gesagt werden kann, ist, dass es sehr besondere Kraftplätze sind, die uns tief berühren.

Material

AQUARELLPAPIER

- Hahnemühle The Collection Watercolour Echt-Bütten 300 g/m² und 640 g/m²

PINSEL

- Ellastip
- Schriftenpinsel (Nova Synthetics No. 3 von Da Vinci)
- Cosmotop Spin No. 1 von Da Vinci
- Maestro No. 3 von Da Vinci
- Casaneo No. 12 von Da Vinci
- Schrubberpinsel
- flacher Borstenpinsel

EFFEKTMITTEL

- runde, selbstklebende Etikette
- Aquarellschwamm
- Taschentuch
- weißer Buntstift
- Kreisschablone
- Gouacheweiß

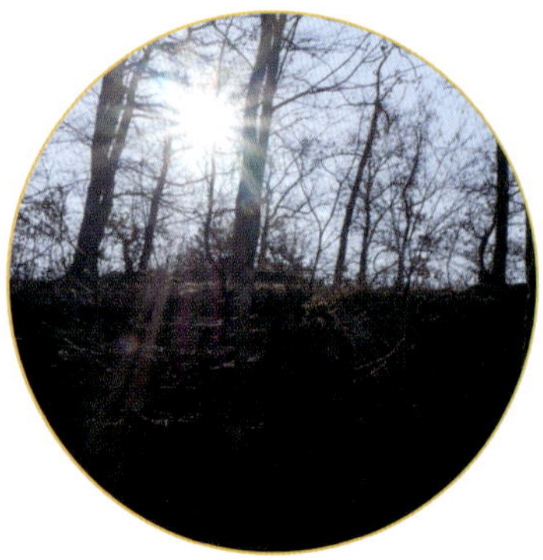

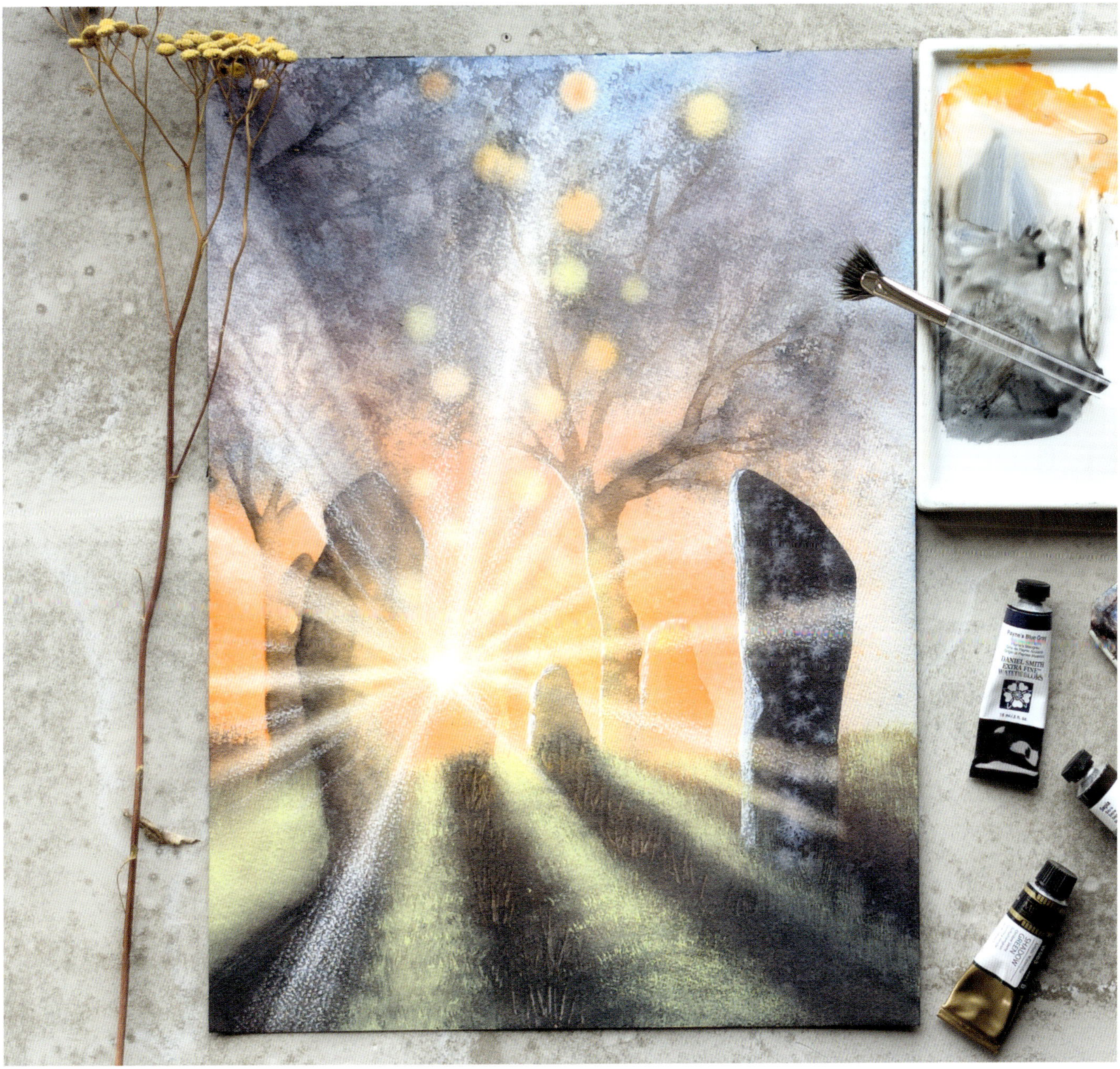
Payne's Blue Gray
DANIEL SMITH
EXTRA FINE
SHADOW
GREEN

So geht's

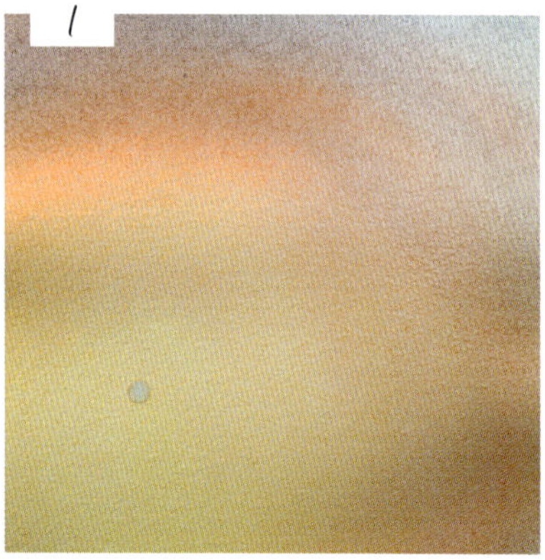

Mische ein Violett aus Alizarin Karmesin und Paynesgrau bläulich. Klebe ein Etikett links, knapp unter der Mitte, auf das Papier und befeuchte alles. Trage mit dem Ellastip von dem Etikett ausgehend Kadmiumgelb zitron, Kadmiumorange hell, Zinnoberrot, Karminrot und Richtung Blattrand Ultramarinblau auf.

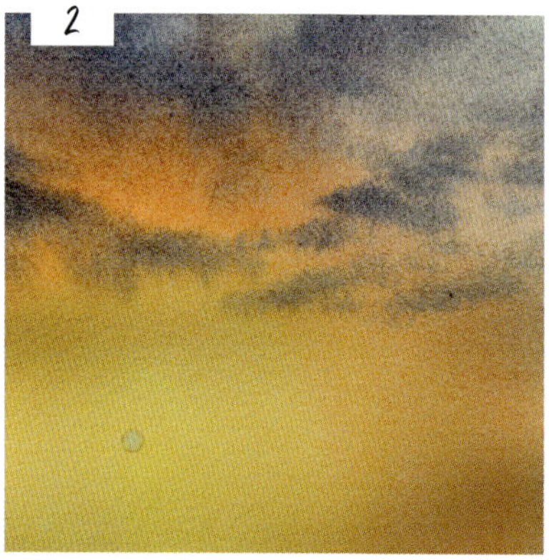

Verblende alle Farben fließend. In die nasse Farbe hinein tupfst du mit dem Ellastip das zuvor gemischte Wolkenviolett in flacher V-Form. Die Farbe beginnt zu fließen und sich neu zu mischen – es entstehen wunderschöne Farbklänge.

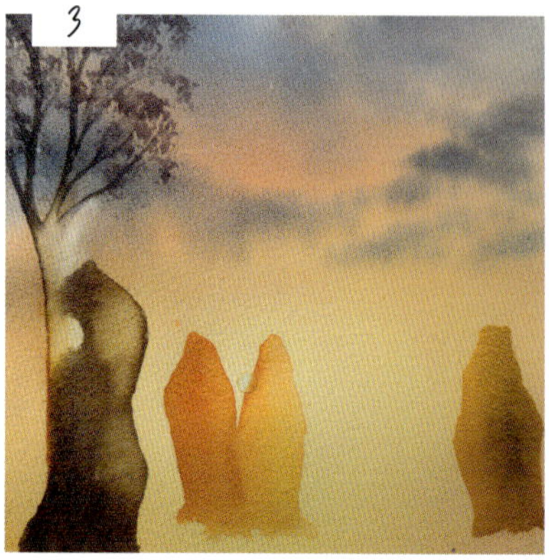

Mische aus Zinnoberrot und Ultramarinblau einen Braunton und male mit dem Schriftenpinsel ganz links einen Baum ins Bild. Tupfe in derselben Farbe mit dem Naturschwamm das Blattwerk. Daneben kannst du mit dem Casaneo in Gelb-, Orange- und Rottönen große Steine malen.

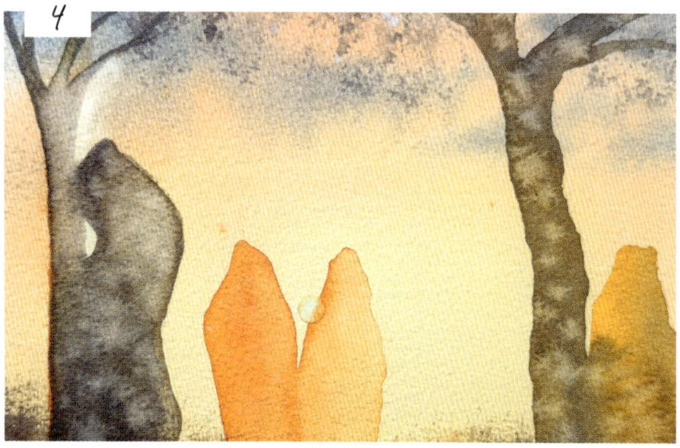

Mit dem Braunton und dem Maestro entseht auf der rechten Seite noch ein Baum. Spritze in die feuchte Rinde verdünntes Gouacheweiß. Mit dem Ellastip und dem Braunton wird die Wiese gestippt.

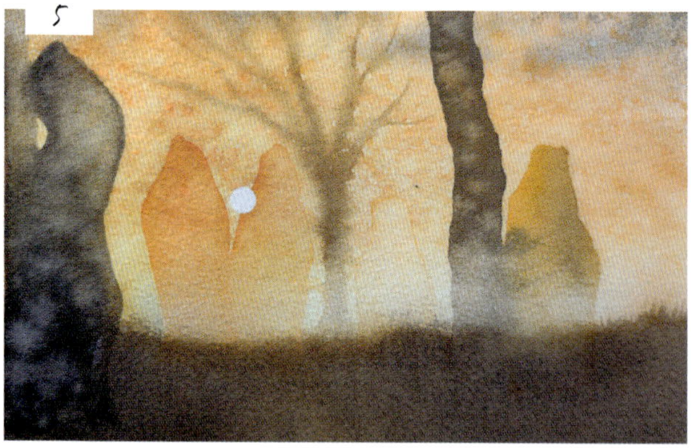

Male mit dem Schriftenpinsel und stark verdünntem Braun einen Baum, sozusagen im Dunstlicht der Sonne. Lass das Bild gut trocknen. Anschließend schrubbst du mit dem Schrubberpinsel und der Auswaschtechnik direkt über der Wiese einen Dunstschleier ins Bild. Entferne das Etikett von der Sonne.

6

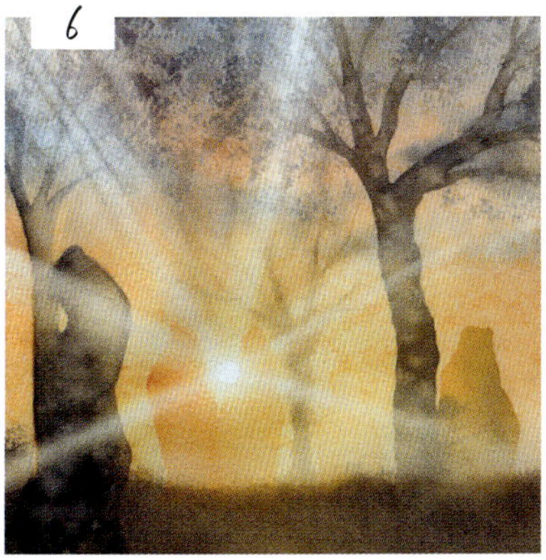

Mit dem Ellastip in breiter und in schmaler Haltung die Sonnenstrahlen von der Sonne ausgehend ins Bild ziehen. Um im richtigen Winkel zu malen, kannst du mit weißem Buntstift und Lineal die Richtung zart anzeichnen. Für stärkeres Weiß kannst du auch den Schrubberpinsel nehmen.

7

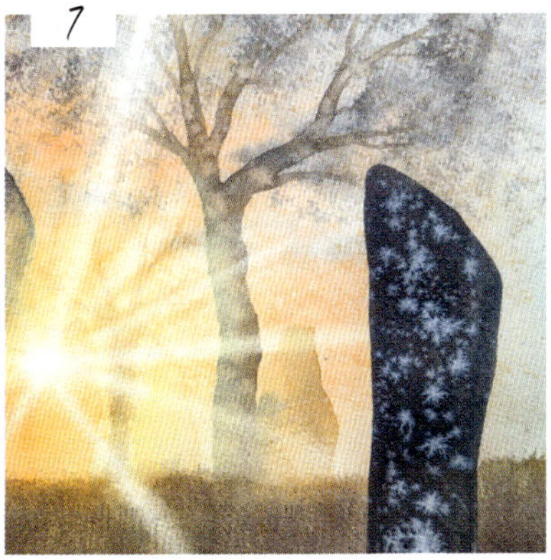

In der rechten Bildhälfte und ein wenig näher beim Betrachter, also mitten in der Wiese, malst du einen großen Stein. Mische dafür ein Sepiabraun aus Paynesgrau bläulich und Zinnoberrot. Spritze verdünntes Gouacheweiß in die feuchte Farbe.

Merke

Je weiter die Steine weg sind, desto kleiner sind sie. Je näher sie beim Betrachter stehen, umso größer musst du sie malen!

8

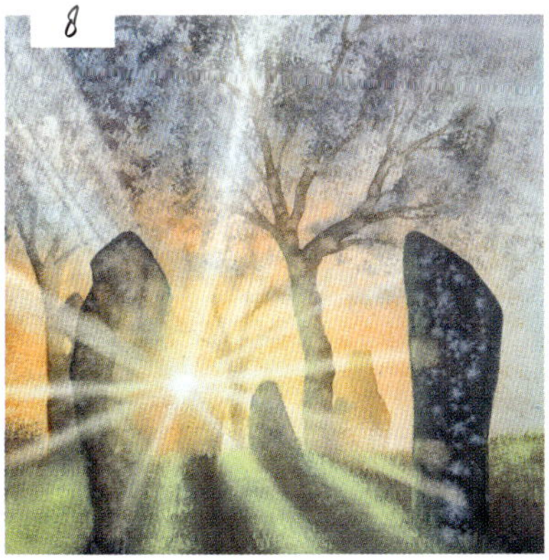

Füge weitere Strahlen ins Bild. Mit Titangelb und Paynesgrau bläulich stippst du Lichtstrahlen und Schattenwurf auf die Wiesenfläche. Achte auf den Schatten der großen Steine. Der Schatten geht immer von der Lichtquelle weg.

9

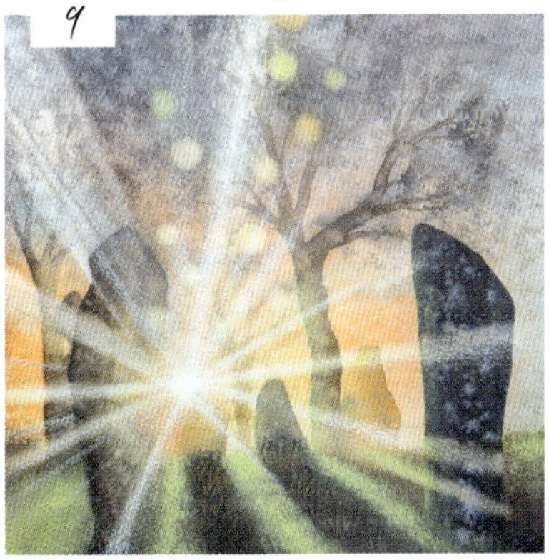

Lass das Bild gut trocknen und nimm anschließend die Kreisschablone und den flachen Borstenpinsel. Nun kannst du von der Sonne gegen oben gleißendes Licht mit dem Bokeh-Effekt andeuten.

MEHR ZUM THEMA LICHT AUF YOUTUBE

is.gd/RslVah

Morgen-NEBEL

Farben

Kobaltgrün Türkis

Tiefsee Grün

Shadow Green

Komm mit auf einen frühmorgendlichen Spaziergang am See. Wie verzaubert liegt das Wasser da. Eine glatte Fläche unter sanftem Dunst. Gib dich ganz dem Gefühl hin von verborgenem Glück, genieße die Nebelschleier, die dein Gesicht benetzen. Plötzlich steigt ein Vogel auf, wie Phönix aus der Asche!

Material

AQUARELLPAPIER

- Hahnemühle The Collection Watercolour Echt-Bütten 300 g/m^2 und 640 g/m^2

PINSEL

- Ellastip
- Nova Synthetics No. 3 von Da Vinci
- Cosmotop Spin No. 1 von Da Vinci
- Schrubberpinsel
- Maestro No. 3 von Da Vinci
- Casaneo No. 12 von Da Vinci

EFFEKTMITTEL

- Plastikkarte (zurechtgeschnitten)
- Aquarellnaturschwamm
- Taschentuch
- weißer und schwarzer Buntstift
- Bastelskalpell
- Gouacheweiß

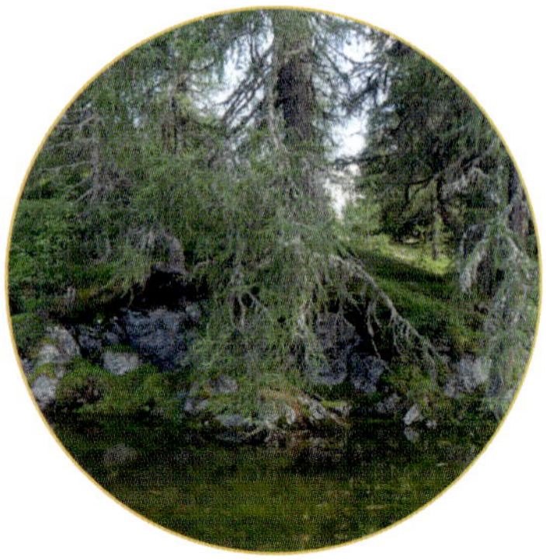

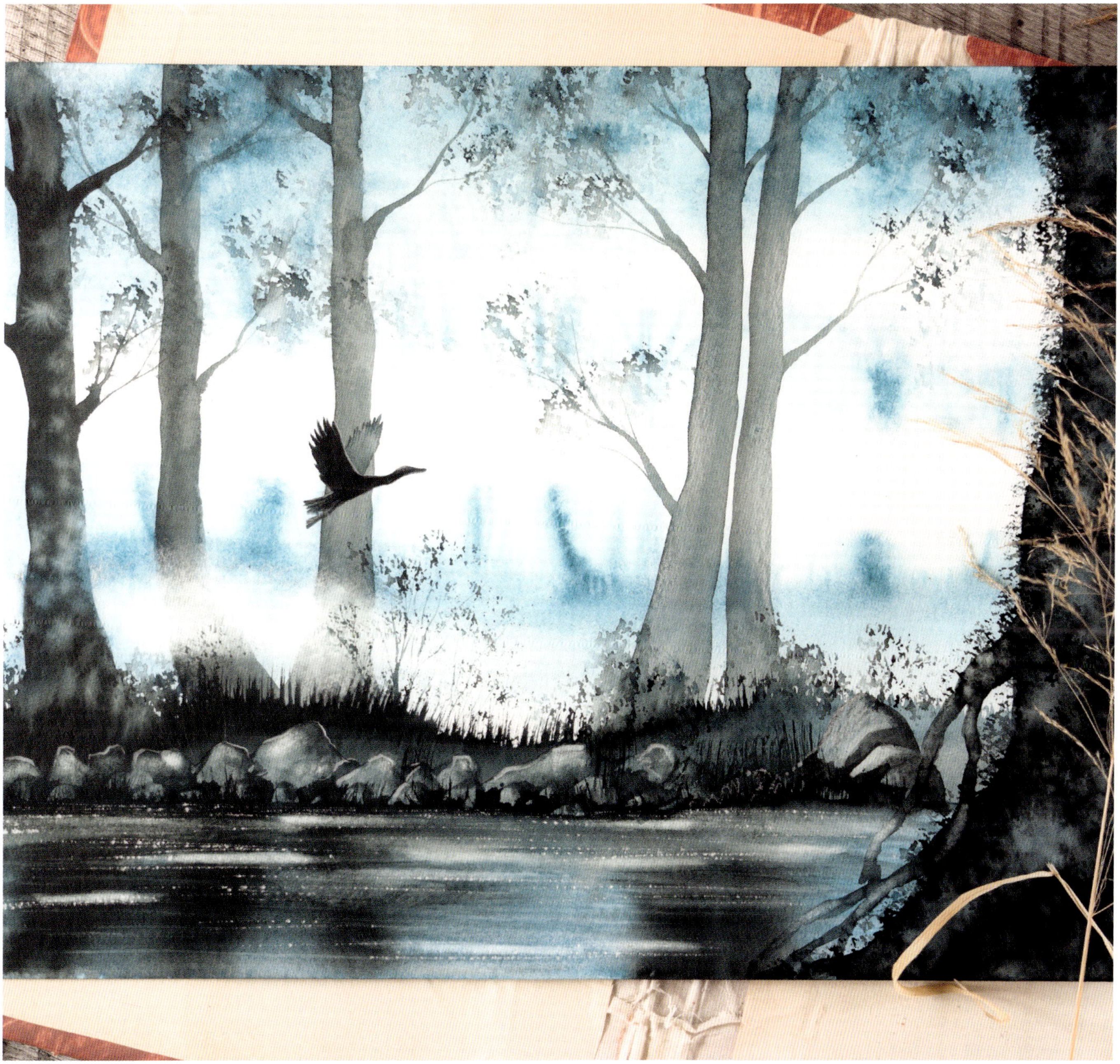

So geht's

1

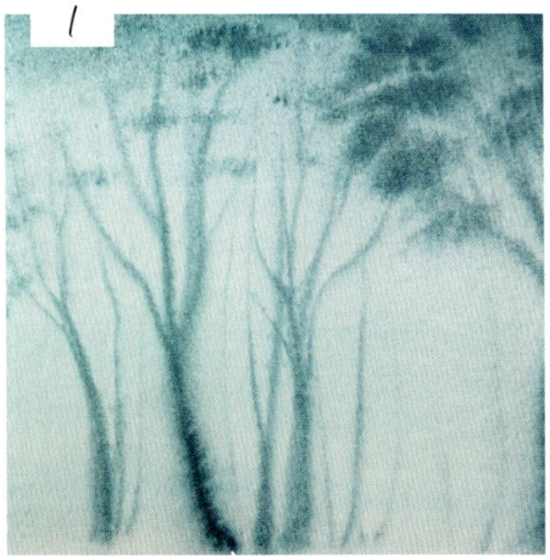

Feuchte die obere Blatthälfte an und grundiere sie mit dem Ellastip und Kobaltgrün Türkis. Ziehe mit Tiefsee Grün Bäume in den feuchten Untergrund. Verwende den Casaneo, den Maestro und den Schriftenpinsel. Tupfe mit dem Schwamm und einer Mischung aus Kobaltgrün Türkis und Tiefsee Grün die Baumkronen.

2

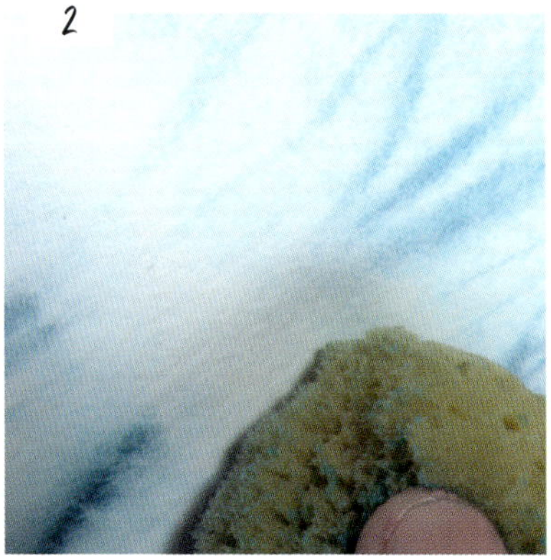

Stippe mit dem Ellastip in beiden Farbklängen einen Bodenbereich, den du nach unten hin auslaufen lässt. Nun muss alles gut trocknen, bevor du mit dem Aquarellnaturschwamm, nass und ausgepresst, mit der Auswaschtechnik Nebelschwaden vor die Bäume ziehst. Lass alles trocknen.

3

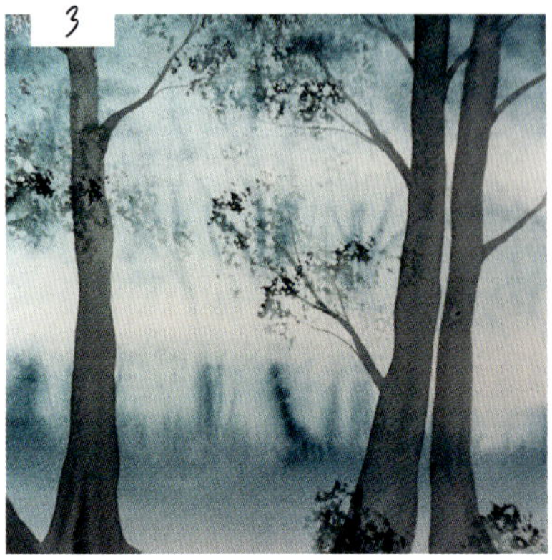

Mische in einer Palette Shadow Green mit Tiefsee Grün und ziehe Bäume ins Bild, die näher bei dir stehen und ein wenig kräftiger und vor allem konkreter zu sehen sind. Tupfe in derselben Mischung Laub in die Äste.

4

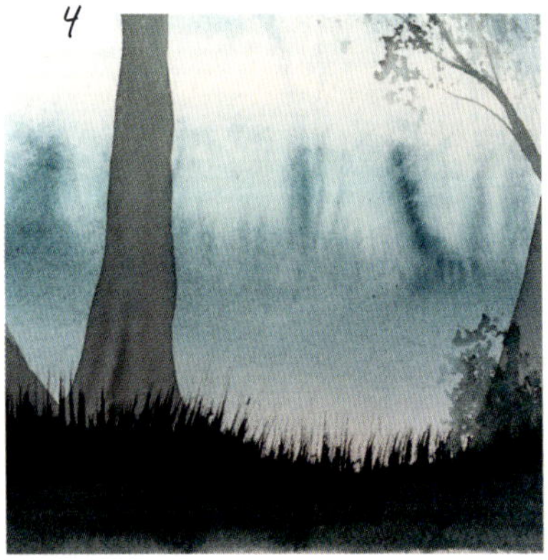

Mische mit dem Ellastip aus allen drei Farben eine dunkle Mischung und stippe einen Boden unter die Bäume. Tupfe mit dem Schwamm in derselben Farbe Büsche unter die Bäume.

5

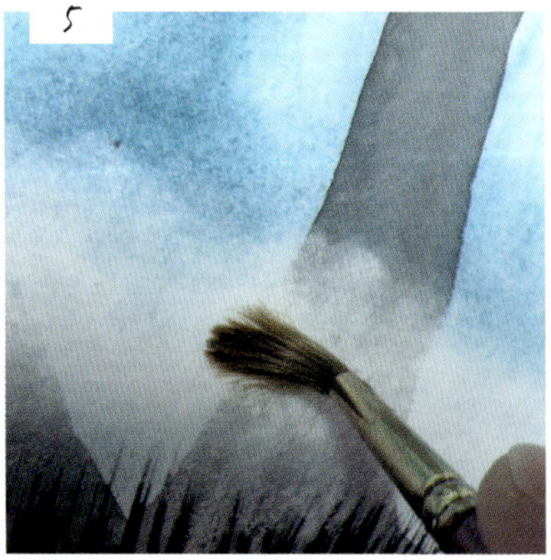

Wasche mit dem Schrubberpinsel über die mittleren zwei Bäume einen Nebelschleier. Verstärke den Effekt, indem du nach dem Trocknen mit Deckweiß den Nebelschleier noch verdichtest.

6

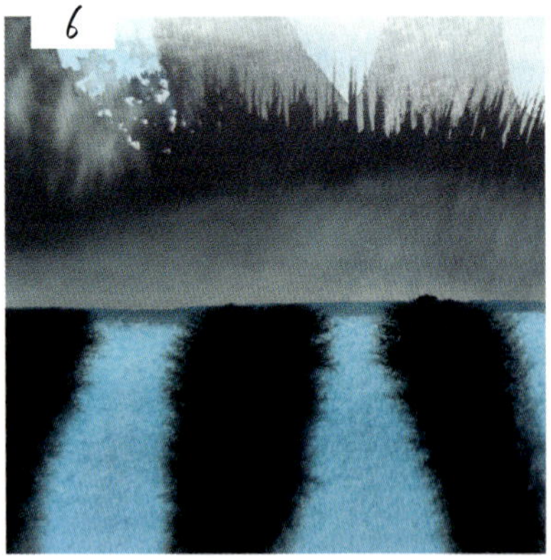

Feuchte den unteren Bereich des Blattes an und male mit dem Ellastip und Kobaltgrün Türkis, gemischt mit Tiefsee Grün, sehr kräftig das Wasser. Ziehe in die feuchte Fläche mit dem Casaneo und Shadow Green die Spiegelung der Uferbäume.

7

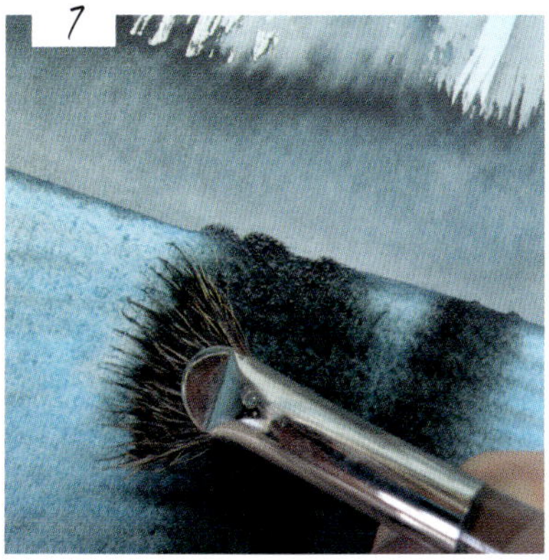

Sobald die Farbe ein wenig angezogen hat, nimmst du den sauberen Ellastip und benetzt die vordersten Härchen mit klarem Wasser. So ziehst du feine Glanzpunkte ins Wasser hinein. Dann feuchte das Ufer noch einmal mit ein wenig Tiefsee Grün an und kratze mit der Plastikkarte Steine hinein.

8

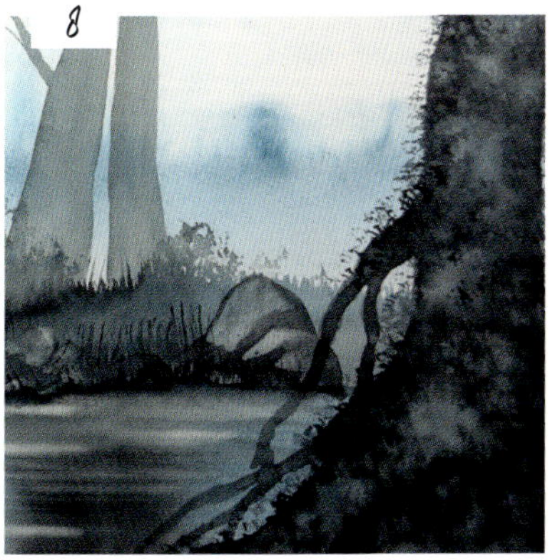

Mit Shadow Green ziehst du, nachdem alles wieder trocken ist, auf der rechten Seite einen großen Baum ins Bild und verwurzelst ihn kräftig.

9

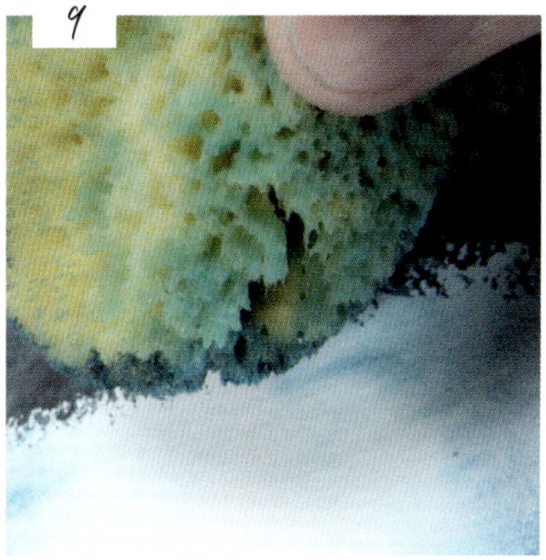

Tupfe mit dem Aquarellschwamm und Shadow Green Efeu an den Stamm und spritze mit Gouacheweiß über die nasse Stammoberfläche.

10

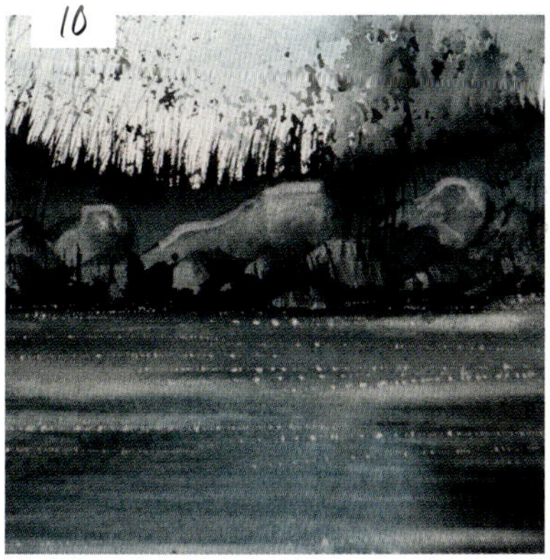

Lass alles gut trocknen und wasche anschließend mit dem Schrubberpinsel und der Auswaschtechnik helle Glanzlichter ins Wasser.

11

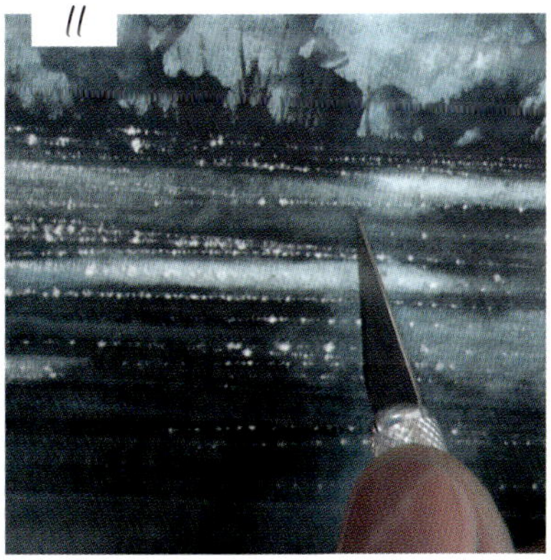

Wenn wieder alles trocken ist, kannst du mit dem Bastelskalpell feine und sehr helle Glanzlinien ins Wasser kratzen, was die Blattoberfläche ein wenig anritzt.

12

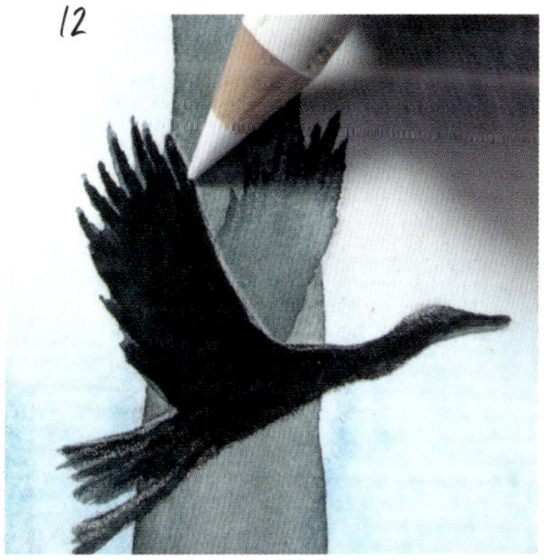

Übertrage mit schwarzem Buntstift den Fischreiher auf dein Bild. Grundiere ihn mit Shadow Green und dem Blackbird. Lass den hinteren Flügel etwas heller. Mit einem weißen Buntstift kannst du helle Stellen intensivieren und Sequenzen hervorheben.

Sternen-
RAUNEN

Farben

Kadmiumgelb zitron

Kadmiumorange hell

Alizarin Karmesin

Ultramarinblau

Paynesgrau bläulich

Ich liebe eisige Winter. Folge mir zu meiner Inspirationsquelle! Wir spazieren durch tiefen Schnee, er stiebt, denn es ist eiskalt. Es wird schon Abend und unsere Beine sind müde, wir müssen es aber noch bis zur Hütte schaffen. Über uns kreisen Bergdohlen, als wären sie verwundert über die späten Wanderer. Endlich sehen wir in der Ferne ein Licht.

Material

AQUARELLPAPIER

- Jubiläumsblock von Gerstäcker 425 g/m^2 (30 × 40 cm)

PINSEL

- Ellastip
- Nova Synthetics No. 4 von Da Vinci
- Cosmotop Spin No. 1 von Da Vinci
- Maestro No. 3
- Casaneo No. 12
- Schrubberpinsel

EFFEKTMITTEL

- Masking Tape
- Gouacheweiß
- Taschentuch

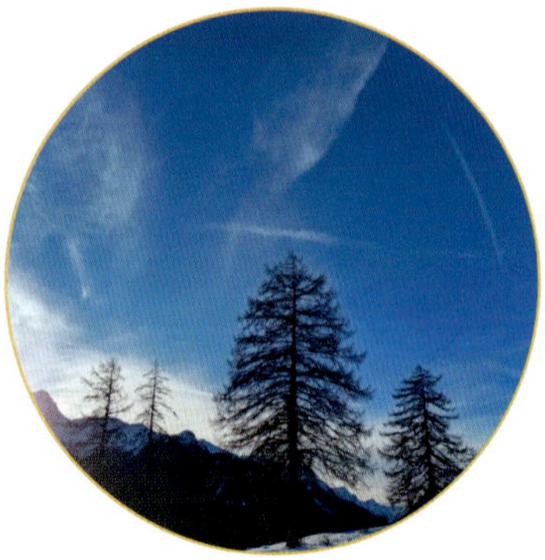

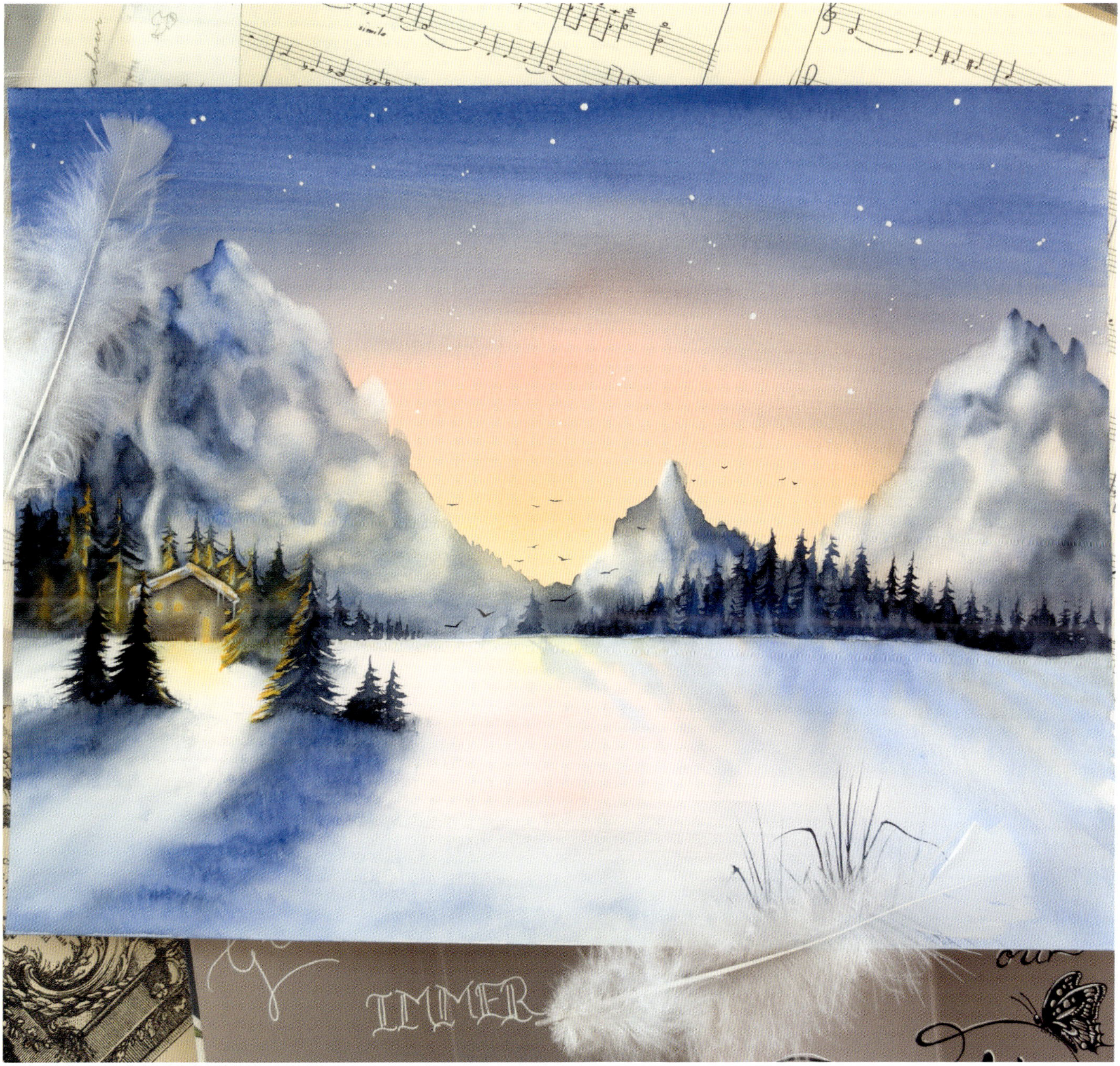
IMMER

So geht's

1

Feuchte das Aquarellpapier gut an und starte in der Mitte, indem du den Ellastip horizontal führst. Beginne mit Kadmiumgelb zitron, lass es gegen oben in ein Alizarin Karmesin übergehen und letztendlich zu den Blatträndern hin in ein Ultramarinblau. Unten in der Mitte trägst du ein Kadmiumorange hell auf. Achte darauf, dass alle Farben gut miteinander verblendet sind und fließende Übergänge entstehen. Lass das Bild trocknen und klebe dann ein Masking Tape auf die Horizontlinie.

2

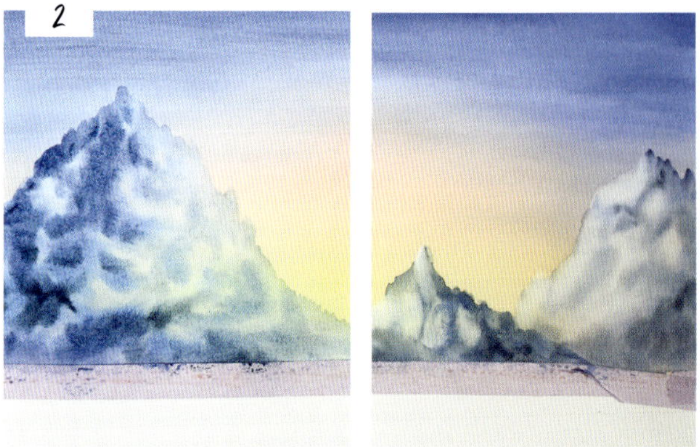

Starte mit einem Casaneo No. 12 und Gouacheweiß, Ultramarinblau und Paynesgrau bläulich. Ziehe Berge ins Bild. Hier ist es wichtig, dass sie unregelmäßig sind und keine fließenden Übergänge angestrebt werden. Sollte dir das zu diffus erscheinen, kannst du sogar mit einem Taschentuch hineintupfen. Wenn du das machst, kurz bevor die Farbe ganz getrocknet ist, bleibt die entstandene Struktur in der Farbe erhalten und sieht toll nach Gestein aus. Lass die Berge trocknen.

3

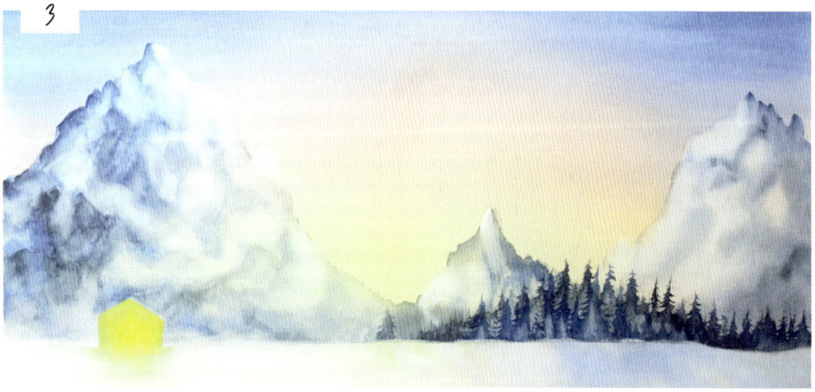

Mit dem Ellastip und Ultramarinblau und Paynesgrau bläulich malst du vor den Bergen einen Hügel mit Nadelwald. Wasche mit dem Schrubberpinsel ein Häuschen vor die Berge und koloriere es in Kadmiumorange hell.

Tipp

Viele weitere Winterbilder findest du auf meinem YouTube-Kanal!

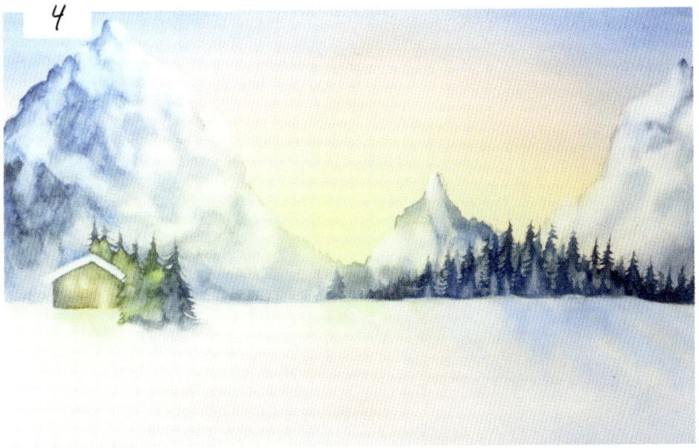

Entferne das Tape und feuchte den Schneebereich an. Mit dem Ellastip und sehr verdünnten Farben malst du den eisigen Schimmer auf die Schneefläche. Mische auf der Palette Ultramarinblau, Kadmiumgelb zitron und ein wenig Alizarin Karmesin zu einem hellen Braunton. Komplettiere damit das Häuschen. Lass Fenster und Tür frei. Um das Häuschen kannst du mit der Nadelbaumtechnik und dem Ellastip in Paynesgrau bläulich Nadelbäume malen. Mische an der Seite des Häuschens Gelb in die Bäume.

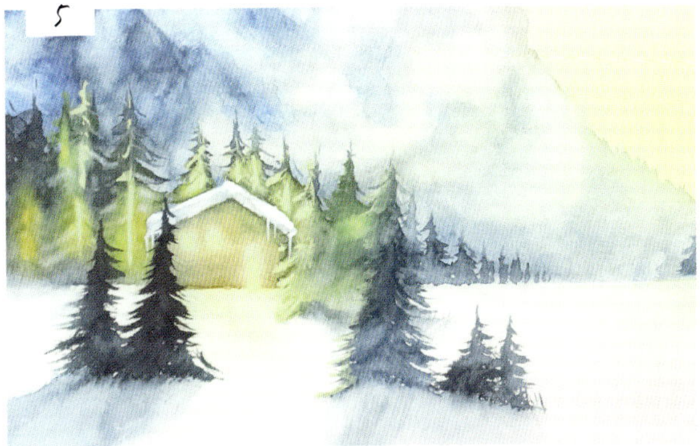

Male beim Häuschen weitere Bäume ins Bild. Mit einer Mischung aus Gouacheweiß und Kadmiumgelb zitron kannst du Glanz an die Bäume zaubern.

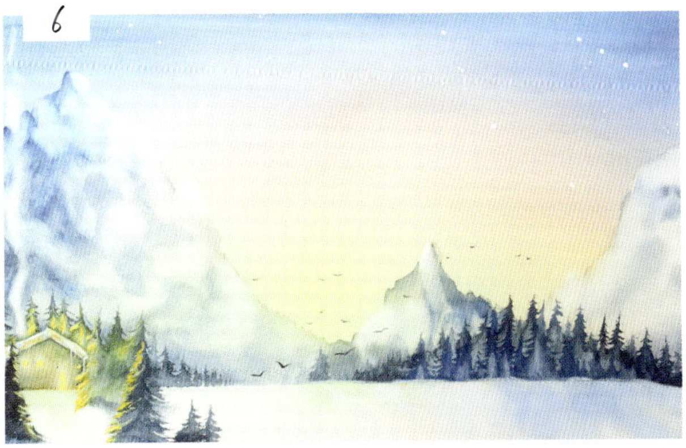

Dunkle den Glanz ein wenig ab mit Kadmiumorange hell. Ziehe anschließend mit dem Ellastip die Baumschatten über die Schneefläche und tupfe mit dem Maestro Sterne in Gouacheweiß an den Himmel. Erst wenn die Sterne trocken sind, kannst du mit dem Blackbird die Vögel an den Himmel malen.

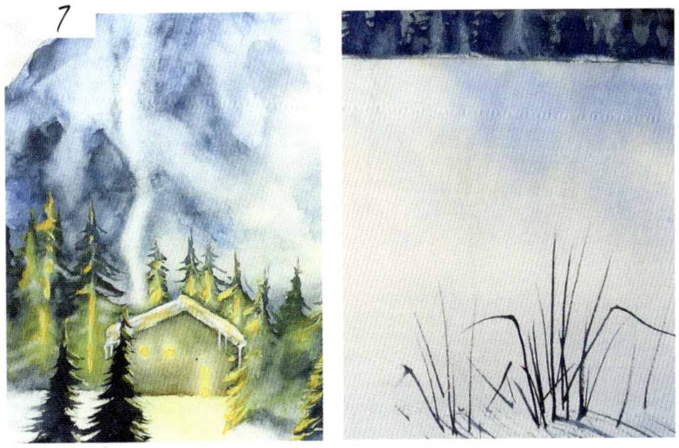

Mit der Auswaschtechnik und dem Schrubberpinsel entsteht Rauch über dem Häuschen. Im Vordergrund kannst du noch Wintergras ins Bild ziehen.

Fuchs-NACHT

Farben

Titangelb

Titangoldocker

Kobalttürkis

Heliocoelinblau

Paynesgrau bläulich

Sepiabraun

Neapelgelb rötlich

Die Inspiration für dieses Bild habe ich in vielen Mondnächten gesammelt. Aber dass ich in diesem Bild genau diese geheimnisvolle Stimmung eingefangen habe, ist „Jorinde und Joringel" zu verdanken. Bestimmt kennt ihr dieses mystische Märchen der Brüder Grimm, in welchem ein Liebespaar getrennt und geprüft wird durch eine Zauberin, die in dunklen Schlossmauern wohnt. Natürlich habe ich den Fuchs frei erfunden, da es um Freundschaft und Vertrauen geht. Zudem steht das Orange des Fuchsfells in schönem Komplementär zum Blau, der Grundfarbe des Bildes.

Material

AQUARELLPAPIER

- Hahnemühle The Collection Watercolour Echt-Bütten 300 g/m^2 und 640 g/m^2

PINSEL

- Ellastip
- Nova Synthetics No. 3 von Da Vinci
- Maestro No. 3 von Da Vinci
- Casaneo No. 12 von Da Vinci
- Cosmotop Spin No. 1 von Da Vinci
- Schrubberpinsel

EFFEKTMITTEL

- weißer und schwarzer Buntstift
- Gouacheweiß
- Taschentuch
- Aquarellnaturschwamm

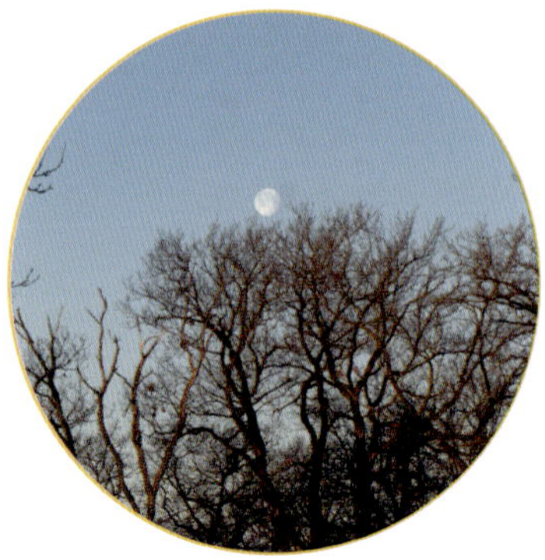

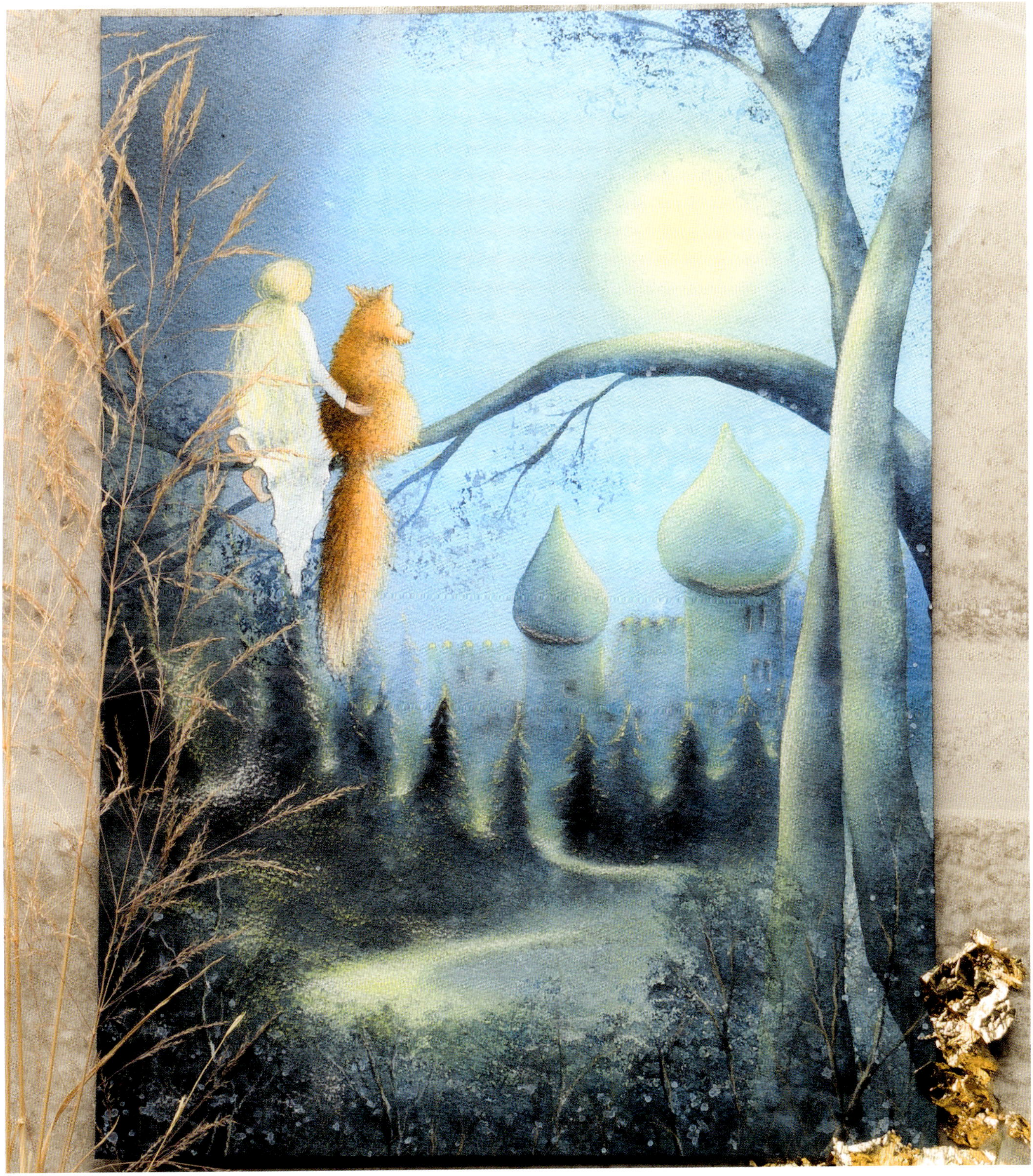

So geht's

Feuchte das Blatt an. Male mit dem Ellastip und Titangelb den Mond so, dass er ein wenig ins Weiß des Blattes überläuft. Mit Kobalttürkis das Titangelb verblenden und nach außen ziehen. Mische es mit Heliocoelinblau und komme von unten mit einer Mischung aus Sepiabraun und Paynesgrau bläulich entgegen. Streue Salz hinein.

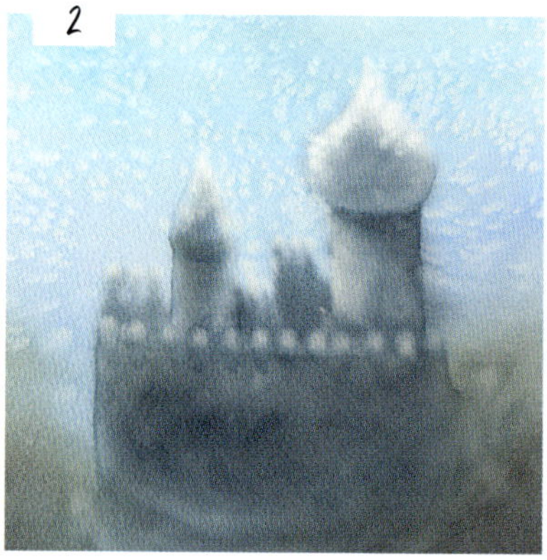

Male mit Paynesgrau bläulich und dem Maestro in die noch feuchte Unterlage eine Burg. Trocknen lassen. Mit dem Schrubberpinsel und der Auswaschtechnik weitere Details wie Mondschein herausarbeiten. Male mit dem Maestro und Paynesgrau bläulich dunkle Fenster in die Burg.

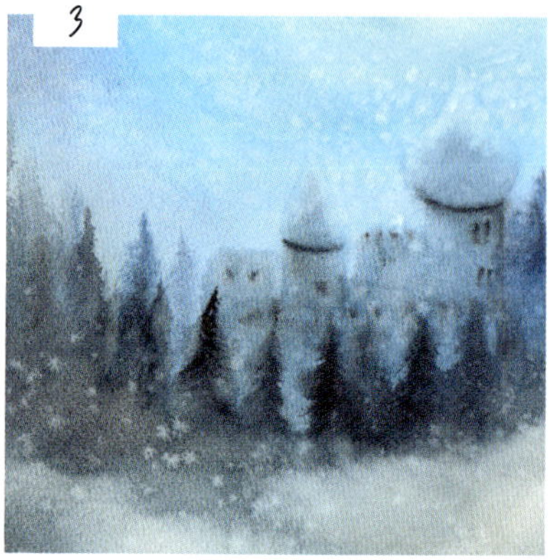

Mit Paynesgrau bläulich und dem Ellastip stippst du Nadelbäume um die Burg. Ziehe die dunkle Farbe bis zum unteren Blattrand und spritze Gouacheweiß hinein. Lass alles trocknen und wasche mithilfe des Naturschwamms und einem Taschentuch den Nebel hinein.

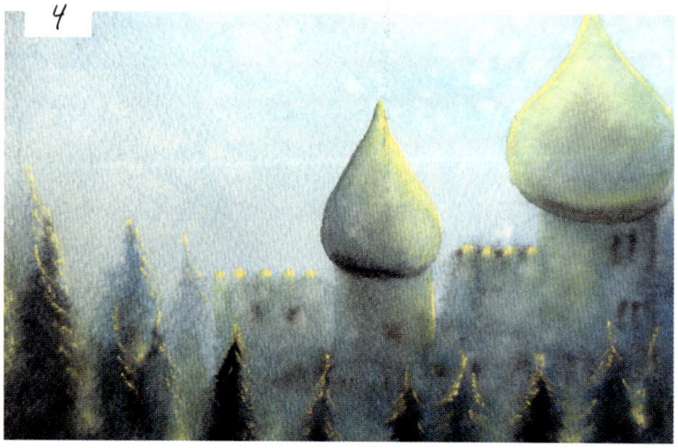

Male mit Titangelb den kühlen Glanz des Mondes sowohl auf die Burgdächer als auch auf die Nadelbäume.

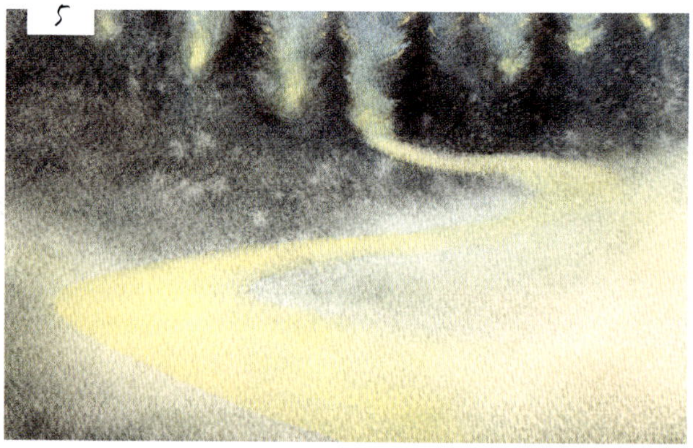

Wasche mit dem Schrubberpinsel einen Weg ins Bild, der auf dich zukommt. Koloriere den Weg sanft mit Titangelb. Vor dem nächsten Schritt muss alles gut trocknen.

6

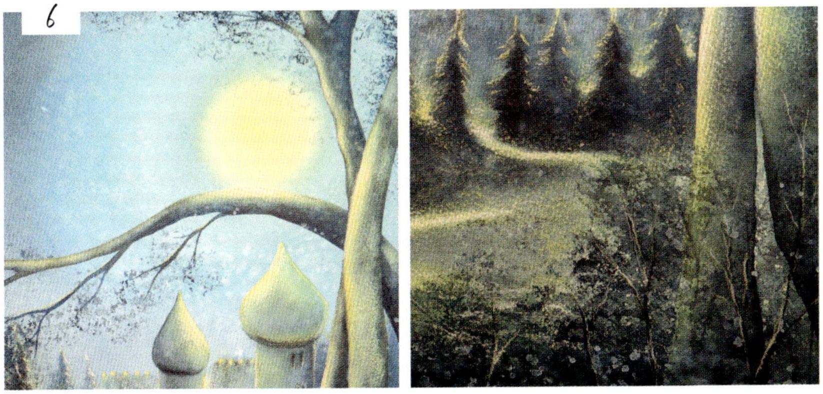

Male mit dem Casaneo und Paynesgrau bläulich rechts drei Stämme. Verzweige sie mit dem Schriftenpinsel zu Ästen und tupfe mit dem Schwamm Blattwerk hinein. Alles in derselben Farbe. Einen der Bäume ziehst du quer über das Bild, sodass ein Sitzplatz entsteht. Spritze Gouacheweiß in die feuchten Stämme. Sobald sie trocken sind, kannst du auf der Mondseite Licht hineinwaschen und mit Titangelb aufhellen. Tupfe mit dem Schwamm dunkle Büsche an den unteren Blattrand. Trocknen lassen. Mache die hellen Stellen mit weißem Buntstift noch geheimnisvoller. Mit kleinen „Kritzelbewegungen“ kannst du flächig malen.

7

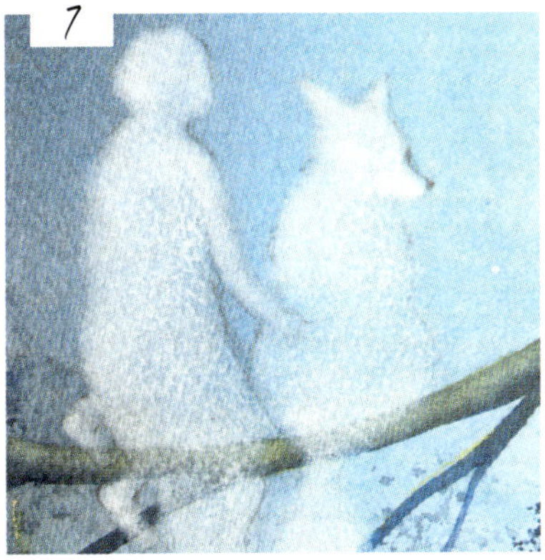

Das Bild kann an dieser Stelle fertig sein. Wenn du aber noch den Fuchs und das Mädchen auf den Ast setzen möchtest, suche dir die Vorlagen heraus, übertrage sie in dein Bild und wasche sie mit dem Schrubberpinsel aus.

8

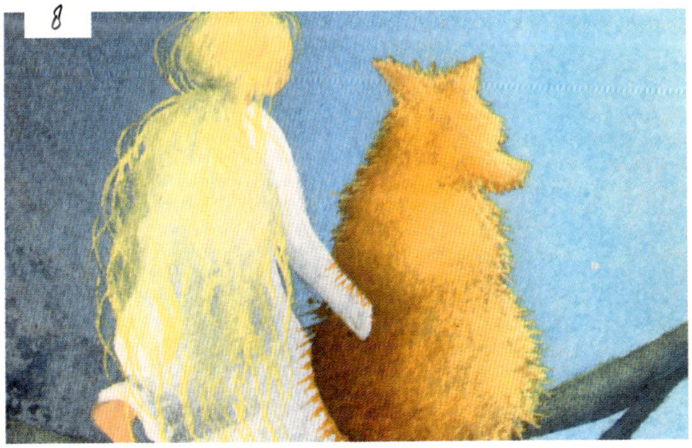

Grundiere die Figuren. Verwende für den Fuchs Titangelb und Titangoldocker mit dem Blackbird und dem Detailpinsel. Das Mädchen bekommt ein Kleid aus Gouacheweiß. Ihr Gesicht ist in Neapelgelb rötlich gemalt. Die Haare sind in Titangelb grundiert. Für die Haare verwendest du den Schriftenpinsel und ziehst zarte Strähnen gut sichtbar ins Blau.

9

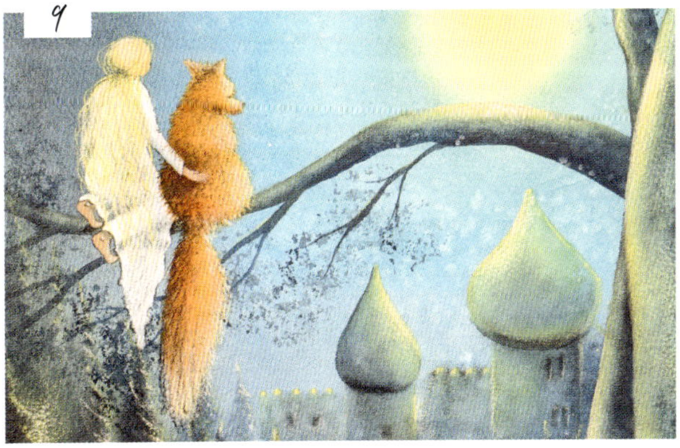

Schattiere mit Paynesgrau bläulich. Sobald alles trocken ist, kannst du mit einem weißen und einem schwarzen Buntstift die Figuren überarbeiten. Koloriere die Hand und komplettiere das Bild. Mache einen Schritt zurück, bevor du den Pinsel auf die Seite legst, und begutachte die entstandene Harmonie.

Über die Autorin

Die am Bodensee geborene Künstlerin Kerstin Schmolmüller – auch bekannt als ellathefay – lebt und arbeitet im Mühlviertel auf einem kleinen Hof zwischen Feld und Wald. Hier hat sie auch vor einigen Jahren ihre Aquarellmalschule eröffnet. Die freiberufliche Mallehrerin, Trainerin und Referentin von Seminaren in Österreich, Deutschland und der Schweiz, ist Autorin und Illustratorin verschiedener Kinderbücher und der Malschule „Traumlandschaften in Aquarell". Ihre Bilder konnten in Österreich und der Schweiz bereits mehrfach in Ausstellungen bewundert werden und wollen vor allem eines: den Betrachter in magische Landschaften entführen, Traumwelten entstehen lassen, Erinnerungen an verzauberte Kindertage wecken und Inspirationen in Imaginationen verwandeln. Für ihre Community auf YouTube erschafft Kerstin effektvolle Bilder mit einem leichten Weg zum fertigen Werk.

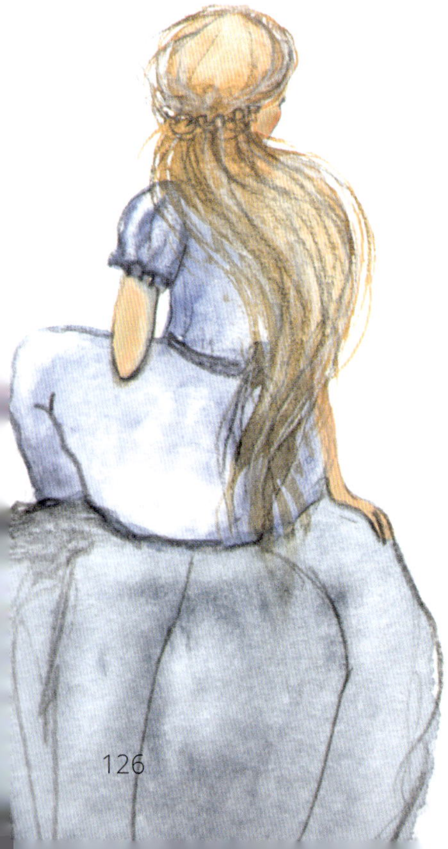

KERSTIN ONLINE

YouTube:

www.youtube.com/c/KerstinSchmolmüller

Homepage:

www.ellathefay.com

Patreon:

www.patreon.com/ellathefay

Bezugsquellen Ellastip:

www.ellathefay.com

Nachwort

Ein herzliches Dankeschön an dich, liebe Franziska, meine engagierte Ansprechpartnerin im wunderbaren EMF Verlag! Auch an dich den besten Dank, Ulrike, für dein geduldiges Lektorat. Vielen Dank überhaupt an den Verlag und insbesondere an Meritt für den Satz und das Cover und letztendlich ebenso an all diejenigen, die zum Gelingen dieses Buchprojekts beigetragen haben.

Herzlichen Dank auch an meine wunderbare Familie, die neben der Natur meine Muse ist und meinen künstlerischen Werdegang immer tatkräftig unterstützt hat.

Auch ein großes Dankeschön an meine Community auf YouTube, meine Patrons auf Patreon, meine Kanalmitglieder und meine vielen „malglücklichen“ Kursbesucher! Ein großer Dank!

Kerstin Schmolmüller

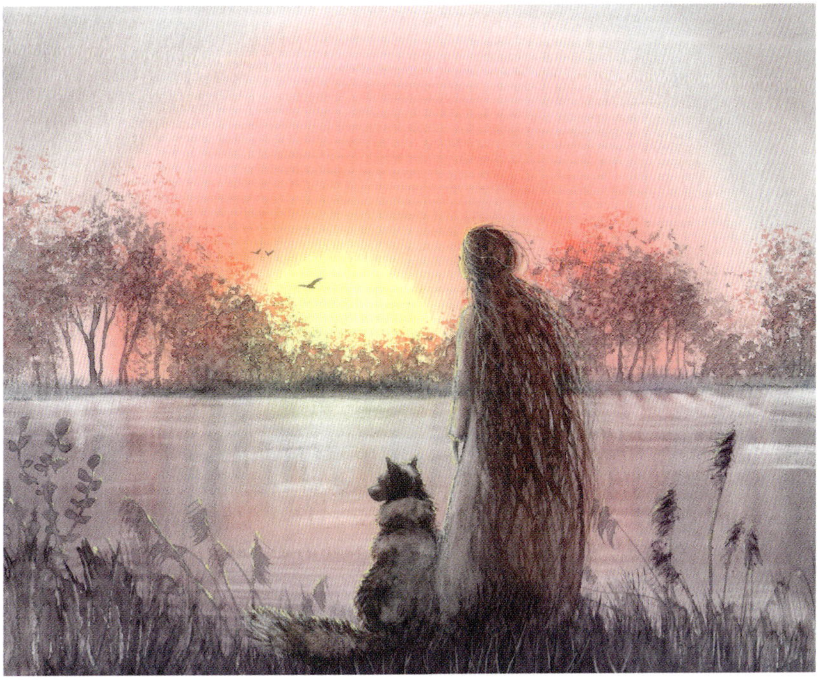

Impressum

Bibliografische Information der Deutschen Bibliothek.

Die Deutsche Bibliothek verzeichnet diese Publikation in der Deutschen Nationalbibliografie.
Detaillierte bibliografische Daten sind im Internet über http://www.dnb.de/ abrufbar.

EIN BUCH DER EDITION MICHAEL FISCHER

1. Auflage 2024

Covergestaltung, Layout und Satz: Meritt Hettwer
Redaktion und Lektorat: Dr. Franziska Witt-Klorer, Ulrike Hanninger

ISBN 978-3-7459-2410-7

Gedruckt bei PNB Print, Silakrogs, Ropazu novads, LV-2133, Lettland

www.emf-verlag.de